Arno Gruen

Verratene Liebe –
Falsche Götter

Klett-Cotta

Klett-Cotta
© J.G. Cotta'sche Buchhandlung Nachfolger GmbH, gegr. 1659,
Stuttgart 2003
Alle Rechte vorbehalten
Fotomechanische Wiedergabe nur mit Genehmigung des Verlags
Printed in Germany
Schutzumschlag: Finken & Bumiller, Stuttgart
Gesetzt aus der Minion von Steffen Hahn GmbH, Medienservice,
Kornwestheim
Aus säure- und holzfreiem Werkdruckpapier gedruckt und
gebunden von Clausen & Bosse, Leck
ISBN 3-608-94246-7

Bibliographische Information Der Deutschen Bibliothek
Die Deutsche Bibliothek verzeichnet diese Publikation in der
Deutschen Nationalbibliographie; detaillierte bibliographische
Daten sind im Internet über <http://dnb.ddb.de> abrufbar

Inhalt

Anstatt eines Vorwortes –
Warnung vor einer neuen Katastrophe   9

Prolog – über unsere leidvolle Geschichte
mit falschen Göttern   13

Das Problem Liebe   25
   Die Schuld wird zur »Rettung«   25
   Die Grundspaltung   33
   Die Notwendigkeit der Feindbilder   36

Der Feind in der Liebe   41
   Nochmals: die Situation des Kindes   41
   Abhängigkeit und Gehorsam   48

Die Suche nach Erlösung   57
   Identität durch Verschmelzen   57
   Verschmelzung als Sicherung
   für das Selbst   72
   Das Grundproblem:
   Wir kämpfen nicht mit dem wahren,
   sondern mit dem halluzinierten Feind   79

Die Bürde des ungelebten Lebens   90
   Das Ungelebte   90

Die Angst, selbst zu sein, ist die Angst
vor der Nähe 95

Die Suche nach falschen Göttern 107
Wer wird zu einem falschen Gott? 108

Der Psychopath als falscher Gott 126

Die Wissenschaft als falscher Gott 144

Über das Psychologisieren 149
Der Kindstod ist eine allgemeine
Erscheinung 152

Verletzlichkeit und Größe 161
Größe als Beweggrund 167

Das Zeitalter der Psychopathen
und Bürokraten 183

Was tun für den Frieden? 190
Ein Merkmal der falschen Götter 197
Aufgaben für den Frieden 203
Die Zukunft 208

Über den Gehorsam 213

Epilog – der Haß wächst 238

Anmerkungen 269

Literaturverzeichnis 281

Personenregister 290

Für Simone

Anstatt eines Vorwortes –
Warnung vor einer neuen Katastrophe

Der Schmerz war und ist groß. Dieses Buch zu lesen, setzt eine persönliche Konfrontation mit dem täglich verbannten Leid voraus, das uns allen unerträglich geworden ist.

Die Geschichte des 20. Jahrhunderts ist die Geschichte eines ungeheuren Schmerzes und dessen Verleugnung. Damit verbunden ist die Unmöglichkeit, lieben zu können. Denn: Schmerz ohne Liebe, Liebe ohne Schmerz gibt es nicht. Sie sind wechselwirkend miteinander verbunden durch die empathische Fähigkeit, die unsere Menschlichkeit bestimmt und erst möglich macht.

Es ist mehr als kurz vor zwölf. Nicht erst die kriegerische Konfrontation 1991 am Persischen Golf brachte uns dieser Verheerung näher.* Solange wir wegsehen, uns vom Leid abwenden, ja das Leid verneinen, obgleich wir es tagtäglich erleben, wer-

---

* Diese Ausgabe ist die völlig überarbeitete und erweiterte Neuausgabe meines Buchs, das unter dem Titel »Falsche Götter« bei dtv, München 1991 erschienen ist.

den wir solchen Katastrophen nicht ausweichen können.

So richte ich mich an jene, die noch hören wollen, jene, die noch zweifeln können, die verletzbar sind, die sich noch nicht daran gewöhnt haben, ihren Schmerz zu verbannen, ihn deswegen tragen können. Bei ihnen liegt unsere Hoffnung. Sie haben das Potential der wahren Stärke, sich und somit die Welt zu retten.

Es ist nach zwölf. Die Welt steht wieder am Persischen Golf erneut vor einer Katastrophe, deren Ausmaß dieses Mal durch den von ihr erzeugten Haß alles zu vernichten droht. Wieder geht es um verratene Liebe, wieder sind es falsche Götter und falsche Helden, die uns dorthin führen. Sie maßen sich an zu wissen, was für uns alle richtig ist. Ein blutiger und demütigender Krieg wird weder den USA und England noch der Welt Sicherheit bringen. Er wird vielmehr die Flammen eines Hasses schüren, der nicht mehr zu tilgen ist und der den Terror endlos nähren wird. Und Terror, unter welchem politischen, ideologischen oder religiösen Deckmantel er sich auch zu tarnen versteht, ist immer das Resultat eines Hasses auf das Leben selbst. Er ist ein Bündnis mit dem Tod.

Es scheint mir, daß unser Hang, dem Aggressor beizutreten, der wesentlichste Aspekt unserer gegenwärtigen Lage ist. Dadurch zementieren wir den Gehorsam. Dieser fesselt den Menschen und ist zugleich die Quelle einer unendlichen Wut und der Neigung zur Gewalt. Ihm angemessen und besser entgegentreten zu können, gehört zum Anliegen dieses Buches. Denn wenn wir nicht lernen, unsere eigene Geschichte, unsere eigene Vergangenheit in die Zukunft hineinzunehmen, dann wird es bald keine Zukunft mehr geben. Dann wird nur noch der Tod das Leben bestimmen. Das tut er ja schon, wenn man uns weismacht, daß das Leben durch ökonomische Ziele bestimmt werden kann. Es ist das Zwischenmenschlich-Gemeinschaftliche, das wir wieder zurückholen müssen. Und die Zeit läuft uns davon.

Dieses Buch verkörpert auch meine persönliche Hoffnung für meine Tochter Zoë Gruen und mein Enkelkind Zoe Rosenberg-Gruen. Indem es ihrer Zukunft gewidmet ist, ist es allen unseren Kindern gewidmet.

Ich möchte allen meinen Patienten danken, deren eigener, oft verzweifelter Kampf um ihre persönliche Wahrheit mir Anstoß und Anlaß zu den hier entwickelten Ideen war und bleibt.

Mein Dank geht auch an Suzanne Maiello, Martti Siirala und Christa Wolf. Sie alle lasen Anfang der neunziger Jahre das Manuskript im Werden zum Buche und trugen zur Schärfung und Ermutigung bei. Bei dieser Gelegenheit möchte ich auch dem Personal der Luzerner Zentralbibliothek danken für seine unermüdliche und freundliche Hilfsbereitschaft. Helmut Holzapfel danke ich für seinen persönlichen Einsatz, das vorletzte Kapitel »Über den Gehorsam« verständlicher zu gestalten. Mein Dank geht in ganz besonderer Weise an meine Lektorin Monika Schiffer für ihren Einsatz und ihr Verständnis. Immer wieder gelingt es ihr, meine Gedanken so im Deutschen auszudrücken, wie ich sie im Amerikanischen gedacht und formuliert hatte.

Prolog – über unsere leidvolle Geschichte mit falschen Göttern

Geschichte dreht sich um Helden, um »große« Männer und manchmal um »große« Frauen. Wir bauen Denkmäler und finden das auch noch richtig. Aus der Annahme, es gäbe Größe im Sinne von großen Gestalten oder Führernaturen, die tatsächlich unsere geschichtliche Entwicklung bestimmen würden und bestimmt hätten, gehen zwei Grundhaltungen menschlichen Fühlens und Denkens hervor: Sie lenkt das Bewußtsein ab von der eigentlichen Natur des Menschen, und zugleich »hilft« sie den Menschen, ihrer Hilflosigkeit und Verzweiflung zu entkommen. Das macht Menschen zum Werkzeug derer, die nach »Größe« streben.

Geschichte, so wie wir sie in der Schule lernen, entfernt sich damit von der Wahrheit um den Menschen.

Wir lernen zu akzeptieren, daß Größe die Triebkraft unserer »Entwicklung« ist, weil es unserem Bedürfnis nach Selbstverleugnung entspricht. Wir sind so sehr davon überzeugt, daß wir sogar bereit sind, uns schuldig zu fühlen. Um der Entwicklung willen lassen wir die Zerstörung der Natur zu. Entwicklung heißt Größe, und für Größe opfern wir alles, denn nur »Größe« rettet ein unbedeutendes Selbst.

Die Wahrheit, die von der »Geschichte« vertuscht wird, ist die Wahrheit über die Natur des Menschen. Hinter dem Trieb nach Größe steht jedoch die Unfähigkeit, mit Hilflosigkeit umzugehen. Und diese Unfähigkeit läßt das Schamgefühl verkümmern. Menschen, die fähig sind, sich zu schämen, werden aus Großmannssucht weder die Natur noch das Leben mißachten. Der Schlüssel zur menschlichen Natur liegt deswegen nicht im Schuldgefühl, sondern in der Scham darüber, daß Menschen im Namen des Menschseins das Leben zerstören.

Der Holocaust wirft die Frage auf: Wie konnten *Menschen* etwas tun, so daß sich sogar Gott entfernen mußte? George Steiner schrieb: »Die Vernichtungslager, die Aschenhügel sind Ausdruck davon, daß es kein Abkommen zwischen Gott und Mensch mehr gab. Der Gott, der *nicht* in Auschwitz oder Belsen war ...«[1]

Es war nicht nur das Leben, das verbrecherisch zerstört wurde. Der Haß, der dieses Zerstören antrieb, richtete sich gegen das Transzendentale in uns, unsere Fähigkeit, keine Maschinen, sondern individuelle Wesen zu sein. Nicht Summierung von Teilen, sondern kreative Integration kennzeichnet das Menschsein.

Das Ungeheuerliche des Holocausts war die Rache derer, die das Menschsein haßten, eine Rache gegen die Individualität, die auszurotten sie sich berechtigt fühlten. Menschen wurde ihr Name genommen und durch eine Nummer ersetzt. Individualität sollte ausgelöscht werden. Der Mensch wurde zum Besitz, durch den das Selbstwertgefühl des Besitzers erhöht werden sollte. Dieser Art von Magie verfällt ein Täter ohne Person, und er muß seine Opfer zu *Un*personen machen, um sich selbst fühlen zu können. Nur ein Opfer fühlt die bodenlose Verzweiflung, wenn das Ich, das noch Ich ist, auf kein Echo stößt.

Paul Celan schrieb in seinem Gedicht ›Psalm‹[2] die Verse:

Niemand knetet uns wieder aus Erde und Lehm,
Niemand bespricht unseren Staub.
Niemand,
…
Ein Nichts
waren wir, sind wir, werden
wir bleiben, blühend:
die Nichts-, die Niemandsrose.

Das sollte der Grund sein für unsere Scham. Und solange wir uns dieser Scham nicht stellen, weil uns der »Fortschritt« blendet, wird die »Geschichte« sich wiederholen. Menschen, die Menschen zum Eigentum oder zur Funktion reduzieren, hat es immer gegeben. Tschingis Aitmatow schildert in der Erzählung ›Ein Tag länger als ein Leben‹[3] eine solche Entwicklung an den Mankurts, Sklaven des Juanjuan-Stammes in der Say-Osek-Steppe. Durch ein sadistisches Vorgehen wurden sie um das Bewußtsein ihres Ichs gebracht, wußten nicht, wer sie waren, woher sie stammten, erinnerten sich nicht an die Kindheit, nicht an Mutter oder Vater. Aber ihr Leben hatte noch Wert, und deswegen wurden die Bedürfnisse ihres Leibes anerkannt.

Das Auslöschen eines Wesens zu einem Nichts ist ein Charakteristikum der Entwicklung im Dritten Reich: Es geht hier nicht nur um Barbarismus. Es geht hier um den Grad der Verkommenheit der Täter als Ausdruck einer ganzen Epoche, ihrer herrschenden Clique und ihrer Mitläufer. Nur das Mörderische zu sehen bedeutet, die Steigerung nicht zu sehen, die Steigerung der Rache der Liebesunfähigen gegen das Menschsein. Die Steigerung des Selbsthasses wurde in Deutschland durch die Nazis in seiner ganzen Perversion offenbar. Selbsthaß führt dazu, andere zu reduzieren, um durch Rache am Menschsein ein eigenes Sein zu erhalten.

Jean-Paul Sartre[4] schrieb 1946 in seiner Arbeit über den Antisemitismus: Wenn man einen anderen seiner Identität beraubt, gelangt man ohne Anstrengung und Mühe zu einer eigenen, falschen Identität. Sartre sah aber nicht, daß das Auslöschen der *Person* im anderen für den Zerstörer bedeutet, am Leben zu sein.

Menschen, die ihr Lebensgefühl aus Unterdrücken, Besitzen und Herrschen beziehen, bestimmen die Geschichte. Mir scheint, daß Geschichte ein mühsamer Kampf ist zwischen jenen, die dem Leben verbunden sind, und den zerstörerischen Kräften der Nichtgeliebten. Geschichte als dialektischer Vorgang spiegelt dies in ihrer Entfaltung nicht einfach wider.

In bezug auf menschliche Entwicklung ist die Idee einer angehenden moralischen Entwicklung von Urzeiten her ein Mythos. Er dient dazu, unsere moralischen Defekte zu verdecken und zu schönen. Die Behauptung von *menschlicher* Primitivität unserer Vorfahren hat keine Basis. Der Mensch trägt von Geburt an alle Fähigkeiten in sich, die über sein Sein entscheiden. Entweder seine Empathie wird zum Kern seines Seins, oder er wird ihr dauernd entkommen wollen. In diesem Sinne ist menschliche Entwicklung immer die *Geschichte der Schädigung* seiner menschlichen Anlagen.

Menschlich zu werden ist relativ einfach. Es ist das Böse im Menschen, das eine komplizierte Entwicklung braucht. Brecht sagte einmal: »... wie anstrengend es ist, böse zu sein.« Der Mensch, der mit seinem Inneren in Verbindung bleibt, ist ein integrierter Mensch und handelt auch danach. Der nach außen verlagerte Mensch hat ein gespaltenes Bewußtsein und eine gespaltene Wahrnehmung. Sein Wirken wird immer gegen das Ganzheitliche gerichtet sein und bei allem technischen Fortschritt gegen das Leben verstoßen.

Wie schon betont, ist die Empathie der ursprünglichste Weg der zwischenmenschlichen Kommunikation. Forschungen auf dem Gebiet der Neurologie[5] zeigen genau diesen Zusammenhang: Das Erlernen der Sprache bringt abstrakte, unverbalisierte Denkvorgänge mit sich, die unsere empathischen Wahrnehmungen verdrängen und zerstören. Erst mit einer Sprachhemmung, ausgelöst von einer Gehirnschädigung, kommen Menschen auf ihre früheren Wahrnehmungsmöglichkeiten zurück.

Da die rechte Hirnhälfte für die Integration der Gefühlserlebnisse und die linke für das logische Denken zuständig ist, läßt sich diese Interaktion zwischen kulturell bestimmter Wahrnehmung und empathischem Grundgefüge besonders deutlich bei vielen neurologischen Patienten erkennen. Martin Keller, ein Schweizer Neuropsychologe, schildert seine Erfahrung mit Patienten, die an einer strukturellen Spaltung der Gehirnsphären leiden, so: »Die linke Seite versteht nicht, was die rechte wahrnimmt. Wenn das spontane Emotionale nicht ins logische Schema paßt, muß es immer noch im Rahmen des schon programmierten Denkens erfaßt werden.«[6] Keller äußert die Vermutung, daß bei diesen Menschen gerade die rechte Hirnhälfte von einem Schlaganfall betroffen wurde, weil die hier angesiedelten emotionalen und spontanen Wahrnehmungen sie am meisten quälten. Meine Arbeit mit solchen Patienten bestätigt die Schlußfolgerung, daß rigide Denkweisen und Charakterstrukturen einen Schlaganfall begünstigen.[7] Die Verdrängung des Empathischen gehört als wichtiger Bestandteil zu unserer geschichtlichen Entwicklung.

Geschichte entsteht aus der Interaktion derer, die Territorien, die Natur und andere Menschen erobern müssen, um sich zu bewahren, und denen, die an falschen Göttern hängen, um sich ihren Zusammenhalt zu sichern. Anders gesagt: Die einen lehnen in ihrer Großmannssucht jegliche Verantwortung für ihre Mitmenschen ab, und die anderen haben keine Kraft für Verantwortung, weil sie das Böse benötigen, um sich ihm zu unterwerfen.

Diese zwei miteinander vernetzten Gruppierungen werden zu den Triebkräften der Gewalt in der menschlichen Geschichte. Sie bewegt nicht der Fortschritt oder das Leben, sondern sind gegen das Leben eingestellt – sie bewegt das Anti-Leben. Da das Anti-Leben immer in Bewegung sein muß, um sich lebendig zu fühlen, vermittelt es den Anschein des Lebendigen. Erich Fromms ›Empirische Untersuchungen zum Gesellschaftscharakter‹[8] lassen Rückschlüsse über die Verbreitung dieser feindseligen Eigenschaft in unserer Gesellschaft zu.[9]

Empirische Forschungen haben gezeigt, daß sich viele Eigenschaften und Merkmale von Lebewesen entsprechend der Gaußschen Normalverteilung[10] verhalten. Diese Häufigkeitsverteilung hat drei Standardabweichungen vom Mittelwert: Auf die Bereiche innerhalb der ersten Standardabweichung rechts und links vom Mittelwert entfallen jeweils 34 Prozent der gemessenen Merkmale, auf den zweiten Bereich kommen knapp 14 Prozent und auf den dritten, also in der größten Entfernung vom Mittelwert an den Enden der Kurve, jeweils 2 Prozent.

Auch Charakteristika wie Lebensfeindlichkeit beziehungsweise Lebenszugewandtheit verteilen sich auf diese Weise. Eine derartige Statistik von »Anti-Leben« versus »Pro-Leben« wird in meinem Buch ›Der Fremde in uns‹ (2000)[11] beschrieben. Ich gehe dort näher auf die Studie von Henry Dicks (1950)[12] mit deutschen Kriegsgefangenen im Zweiten Weltkrieg ein. Das Ergebnis war eine Gaußsche Normalverteilung, an der sich zeigt, daß das Ausmaß der erlebten elterlichen Liebe eine dem Leben zugewandte oder entgegengewandte Haltung bestimmt. Wenn sich unseren klinischen Erkenntnissen zufolge der Erfahrungsbereich »Liebe und Zuwendung während der Kindheit« als ein Kontinuum verstehen läßt, an dessen einen Ende das Erleben von Nichtliebe und am anderen das Für-sich-Geliebtwerden steht, dann dürfen wir annehmen, daß Fromms Forschungsergebnisse[13] statistisch einer Gaußschen Kurve entsprechen. In Fromms Untersuchung des Gesellschaftscharakters eines mexikanischen Dorfes zeigte sich, daß 5 Prozent dominant destruktiv waren, 16 Prozent dominant autoritär. Dies stimmt mit dem überein, was man statistisch auf der Basis der Normalverteilung erwarten würde, also die ersten zwei Abweichungen (2 Prozent plus 14-16 Prozent). Wenn wir dies extrapolieren auf die Bevölkerung in Gesellschaften, die Herrschen und Besitzen fördern, dann können wir erwarten, daß 16 Prozent der Bevölkerung zum Anti-Leben gehören und durch Nicht-Liebe geformt wurden.

Fromm beschreibt die autoritär-ausbeuterischen Dorfbewohner in seiner Studie als Menschen, die das Leben erleben wie »einen Dschungel, wo (sie) andere fressen müssen, um nicht selbst gefressen zu werden«. Er stellte fest, daß ihr Narzißmus sie davor bewahrte, sich über ihre ausbeuterischen Motive gegenüber den anderen Dorfbewohnern klarzuwerden. Sie glaubten, daß positive bewußte Werte ihren eigentlichen Handlungsweisen zugrunde lagen. Fromm fand auch zwei Gruppierungen innerhalb der ausbeuterischen Gesamtheit: Die dominant ausbeuterischen, die er »produktiv«, und die sekundär ausbeuterischen Bewohner, die er »nichtproduktive« nannte. Die ersteren sind die Führer, die Unternehmer, die die anderen lenken. Fromm schreibt: »Die ausbeuterischen Unternehmer gehören zu den am stärksten entfremdeten Dorfbewohnern. Unserer Erfahrung nach haben sie trotz ihrer materiellen Erfolge weniger Freude am Leben als irgendwer sonst. Sie sind gegen die Fiestas, das Wohlergehen anderer interessiert sie nicht, wenn es ihnen keinen Profit bringt ... Die meisten dieser Männer üben einen destruktiven Einfluß auf ihre Kinder, ihre Ehefrauen und die übrigen Dorfbewohner aus.«

Diesen etwa 16 Prozent stehen am anderen Ende der Skala etwa 16 Prozent durch Liebe geformte Menschen gegenüber. Die ungefähr 64 Prozent in der Mitte sind das Ziel der dem Leben sowie dem Anti-Leben Verpflichteten. Sie sind diejenigen, deren Umwerbung das politische Leben kennzeichnet.

Das Paradox ist, daß die, die am meisten gegen das Leben verstoßen, so oft zu Göttern erkoren werden – zu den falschen.

Die menschliche Sucht nach Erlösern ist so alt wie die Geschichte der Menschheit und so alt wie die Lieblosigkeit, die gewalttätig macht. Solange wir aber das Zerstörerische und Lieblose in uns nicht erkennen, werden die Verachtung und der Haß auf das Leben, die dieses Verneinen fördern, für politische Zwecke mißbraucht werden.

Falsche Götter sind beides: Erzeugnis wie auch Erzeuger einer vergeblichen Suche nach einer Identität, die uns rettet. Solange wir uns der uns umgebenden Lieblosigkeit nicht wirklich stellen, werden wir zu keiner eigenen, in uns ruhenden Identität gelangen. In diesem Fall muß Identität auf einem äußerlichen Gehege basieren: Rollenspiele und zur Schau getragene Haltungen, in denen das Posieren von Gefühlen und Werten an die Stelle einer inneren Identität rückt. Dadurch werden Menschen in eine Abhängigkeit von äußeren Strukturen getrieben – wie Status, Besitz, Ordnung, Pflicht und Gehorsam. Wenn diese Strukturen durch ihre Eigendynamik ins Wanken geraten, brechen die Menschen, die ihre Identität darauf aufgebaut haben, auseinander. Das ist der Nährboden, der falsche Götter nicht nur zuläßt, sondern begünstigt! Das Göttliche, das Erlösende, das Menschen suchen, wird außerhalb eines eigenen Seins gesucht.

Jakob Böhme schrieb: »Darum sehe ein jeder zu, was er thut! Es ist ein jeder Mensch sein eigener Gott ... Er formet (ihm) in seinen Willen selbst ein Centrum zu seinem Sitze ...«[14] Er verstand, daß Gott nur da Einzug halten kann, wo der Mensch sein Selbst hat. Gott und Selbst stehen in einer Wechselbeziehung, die auf Ebenbürtigkeit baut. (Das ist nicht dasselbe wie Gleichsein!)

Wenn aber die Suche nach Erlösung davon bestimmt ist, daß man den eigenen Kern der erlebten Lieblosigkeit und Gewalttätigkeit leugnen möchte, dann kann das eigene Selbst nicht gefunden werden. Man sucht dann einen Erlöser, um von den Folgen der eigenen Selbstverachtung und des Selbsthasses befreit zu werden. Das definiert die Entwicklung und den Werdegang der falschen Götter.

Diese hat es immer gegeben, und immer haben sie die Menschheit in die Katastrophe geführt: Robespierre, Napoleon, Bismarck, Hitler, Mussolini, Stalin, Kennedy, Johnson, Nixon, Reagan, Thatcher, Saddam Hussein und viele andere ungenannte sind nur einige Beispiele dafür.

Es geht in diesem Buch um beide: um die, die Erlöser benötigen, und um die anderen, die sich zu falschen Göttern erheben. Beide sind eingebettet in gesellschaftliche, politische wie auch ökonomische Strukturen, die verhindern, den Teufelskreis ihrer Verletzung zu durchbrechen.

Ich möchte versuchen, einen Ansatzpunkt zu finden, der diesen Teufelskreis durchbrechen kann. Ohne die Bedeutung der Umstrukturierung der gesellschaftlichen Formen leugnen zu wollen, benutze ich einen anderen Hebel: einen, der sich im Grunde genommen auf die Analyse der Bedingungen stützt, unter denen Liebe entsteht. Wird diese Fähigkeit zur Liebe früh gebrochen, entwickeln sich Menschen, die nie zu sich selbst finden werden.

Die Lehre Christi ist hier unausweichlich, denn sie zeigt uns, was uns durch Liebe möglich ist. Dadurch diagnostiziert sie auch, worum es geht, wenn die Liebe verzerrt wird. Tschingis Aitmatow hat dies in einem fiktiven Gespräch Jesu mit Pontius Pilatus dargestellt. In seinem Roman ›Der Richtplatz‹[15] sagt Jesus: »Du hast ... vorerst keinen Bedarf, römischer Herrscher, du erduldest keine Leiden und hast kein Verlangen nach einer anderen Lebensweise. Die Macht ist dein Gott und Gewissen. Daran hast du aber keinen Mangel. Und Höheres gibt es nicht für dich.«

Aus diesem Grund werde ich mich viel mit der Liebe beschäftigen. Denn das Problem unserer Unfähigkeit, richtig und ganz zu lieben, Angst zu haben, Liebe anzunehmen wie auch die Nähe eines anderen zu tolerieren (obgleich wir glauben, sie zu wollen), all dies ist untrennbar verbunden mit dem Problem der Sucht nach falschen Göttern und nach Erlösung.

Das Schicksal der Entwicklung der Liebe in unserer Kultur wird so zum Grundstein und zum Ausgangspunkt meiner Analyse werden.

Das Problem Liebe

Die Schuld wird zur »Rettung«

Wir alle wollen Liebe. Tatsächlich aber gehen viele lieblos mit sich selbst und anderen um. Trotzdem wollen auch sie Liebe. Andere dagegen lehnen dieses Bedürfnis ab. Manche hassen sich selbst oder andere dafür. In dem Maße wie das Bedürfnis nach Liebe zu einem Verhängnis für den einzelnen wird, gefährden solche Menschen uns alle. Sie lassen uns nicht in Frieden. Sie stiften Unruhe, um sich aus der Hoffnungslosigkeit ihrer Lage zu befreien.

Diese Menschen spüren im Destruktiven und Tödlichen ihre Form der Lebendigkeit. Nicht Liebe, sondern Haß läßt sie sich selbst spüren. Jakob Wassermann[16] beschrieb dieses Problem schon in den dreißiger Jahren in seinem Roman ›Christian Wahnschaffe‹. Der Mörder Nils Heinrich Engelschall kann sich nur dann groß vorkommen und sich erleben, wenn er etwas Heiliges und Reines packt, um es niederzuzwingen, auszulöschen und zu zerschmettern. Denn derjenige, der lieblos aufwächst, fühlt sich klein und bedeutungslos.

Um sich auf diese Art spüren zu können, muß ein

solcher Mensch dauernd in Bewegung sein. Die Bewegung selbst verleiht den Anschein der Lebendigkeit. Immerzu sind solche Menschen von etwas Neuem getrieben, darin sehen sie ihre Lebensquelle. Die römischen Gemetzel im Kolosseum und die politischen und sportlichen Massenveranstaltungen unserer Zeit sind Ausdruck dieser Art von Lebendigsein.[17]

Wir wollen es nicht wahrhaben, aber es ist die Lieblosigkeit, die uns gewalttätig macht. Weil wir das Zerstörerische und das Lieblose in uns vereinen, können Verachtung und Haß auf das Leben für politische Zwecke mißbraucht werden. Die Securitate-Truppen von Nicolai Ceauşescu, die auf grausamste Art und Weise gegen das rumänische Volk vorgingen, wurden aus ehemaligen Waisenkindern rekrutiert.[18] Gezielt wurden Menschen, die vom Liebesentzug sehr früh entstellt waren und Hoffnungslosigkeit zutiefst erlebt hatten, zum Töten erzogen. Und das von Menschen, die unter dem Deckmantel der väterlichen Liebe Kinder verachteten.

Liebe und Haß sind eng miteinander verbunden. Der, der sich selbst liebt, wird andere lieben können und nicht dem Haß verfallen. Doch der von Haß Getriebene, auch wenn er sich dessen nicht bewußt ist oder ihn verneint, wird nicht lieben können. Solch ein Mensch mag von Liebe sprechen und sich ihr sogar ergeben denken, aber seine »Liebe« wird alles, was lebendig ist und wächst, verzerren. Tief verbunden mit diesem Haß ist die Verachtung für das Leben.

Menschen, die keine Liebe erlebt haben, können sich nicht selbst lieben und empfinden sich deshalb als ungenügend und unbefriedigend. Dennoch sind wir verwirrt, wenn es darauf ankommt, Liebe zu erkennen. Unsere Kultur fördert eine gesellschaftliche Sicht, die den Zugang zum eigentlichen Sachverhalt der Liebe verschleiert, die die Wahrheit unseres Gefühlslebens verdreht. Wir leben in einer Kultur des Rollenzwangs. Wir sehen und empfinden uns als liebend, ohne daß eine echte Forderung zu lieben tatsächlich besteht. Im Gegenteil, das Menschsein wird nicht gefördert.

Mütter und Väter zum Beispiel glauben sich in der Rolle liebender Eltern, weil sie ihre Kinder als Wunschkinder bezeichnen. Wer diese Auffassung als Ausdruck tatsächlicher Liebe in Frage stellt, verstößt gegen die gesellschaftliche Sicht der Idealisierung der Mutter-Vater-Kind-Beziehung.

In Wahrheit jedoch – das zeigt eine Studie der finnischen Psychologin Pirkko Niemelä[19] – wird diese idealisierende Mutter-Kind-Vorstellung (das Wunschkindimage) gerade von denen propagiert, die ihre negativen Gefühle gegenüber dem Kind nicht sehen wollen, aus Gehorsam zum Bild, das die Gesellschaft von einer »guten« Mutter vermittelt. Dieser Rollenzwang isoliert die Mutter von ihren wahren Gefühlen und von den Gefühlen ihres Kindes. Je verzweifelter sie sich in ihrem Innern fühlt, desto weniger wird sie sich das selbst wissen lassen. Das Resultat für solch eine Mutter und ihren Ehepartner ist eine Flucht nach vorn, wodurch die

Überzeugung zur Bestätigung dieser selbstisolierenden Position führt. Sie läßt keinen Spielraum für die ambivalenten Gefühle, die in jeder Mutter-Kind-Beziehung ganz natürlich entstehen. Das wiederum verstärkt die Mutterisolierung, die ohnehin schon in jeder industriellen Gesellschaft gefördert wird. Aber das Image einer fröhlichen Mutter-Kind-Beziehung wird nicht nur Teil der Wirklichkeit, sie wird zur einzigen erkannten Realität. Das macht den Zugang zu den tatsächlichen Vorgängen fast unmöglich, weil dieses Image mit aller Kraft und Gewalt verteidigt werden muß.

Wenn die Orientierung an einem solchen Mutterimage an die Stelle wirklicher Gefühle tritt, erkennen die Eltern die Gefühls- und Bedürfnislage ihrer Kinder nicht mehr. Die Folgen für das Bewußtsein für unser Liebes- und Wärmebedürfnis sind irreparabel.

In sogenannten »primitiven« Gesellschaften dagegen erlaubt die Kultur in Ritualen und Zeremonien den Ausdruck ambivalenter Gefühle und komplexer Phantasien.[20] Indem unsere Kultur es dem Mann erschwert, sich um Mutter und Kinder emotional zu kümmern, wird dieser mütterliche Idealisierungsvorgang verstärkt. Mehrere Studien[21] zeigen, daß da, wo Mütter mit ihren Ehemännern tatsächlich ihre wahre Gemütslage teilen können, diese Verneinung der Ambivalenz weniger Raum im Selbstbild einnimmt.

Im Gegensatz zu anderen Gesellschaften wie zum Beispiel den Yequena in Venezuela oder den Montagnais-Naskapi im früheren Quebec,[22] die ihre Kinder in ihrem Sein völlig akzeptieren und nicht versuchen, deren Gefühlswahrnehmungen zu programmieren, werden unsere Kinder in die Abhängigkeit gestürzt: Je mehr sie körperlich und seelisch als Kinder aufwachsen, desto mehr werden sie im Namen ihres »Kleinseins« unterdrückt.

So erfahren unsere Kinder zum Beispiel schon in den ersten Lebensmonaten, daß ihre eigenen empathischen Wahrnehmungen von den Erwachsenen als kindisch, unerfahren, unrealistisch, gefährlich abgetan werden. Tatsächlich jedoch sind Kindeswahrnehmungen äußerst reif und werden nur durch den Sozialisierungsprozeß täglich behindert.[23] Der »put down«, das heißt die Erniedrigung, die Demütigung unserer Kinder, mit der Eltern oft unbewußt ihren eigenen Selbstwert stärken, ist in den alltäglichen zwischenmenschlichen Beziehungen unserer Gesellschaft eine Grundregel. Sie ist Bestandteil des Drucks, dem wir alle ausgesetzt sind und der uns dazu bringt, uns dem gleichförmigen sozialen Verhalten, Denken und Fühlen zu ergeben. Dieser Druck kommt von allen Seiten, von Eltern, Geschwistern, Priestern, Politikern, überhaupt von all denen, deren Träume vom »lebendigen Wesen« erstickt worden sind.

Ein Beispiel aus der psychotherapeutischen Praxis: Ein Patient erzählt, wie er als kleiner Junge auf seine schluchzende Mutter zuging, um sie zu umarmen und zu trösten. Sie hatte gerade einen schrecklichen Streit mit dem Vater gehabt. Sie lehnte jedoch die Liebe und seine Wahrnehmung ihrer Verletzung und Verzweiflung ab und wies ihn empört zurück: »Was fällt dir denn ein!« schrie sie ihm ins Gesicht. Bis ins Erwachsenenalter hinein hielt er sich in seiner Wahrnehmung von der Not anderer für dumm und schwach. Der Konformismus, die Unterwerfung unter die »Realität« durch den herrschenden andern, fordert einen hohen, wenn auch unbewußten Preis. Wenn nämlich die empathischen Wahrnehmungen eines Kleinkindes nicht den programmierten Wahrnehmungen der Eltern/Gesellschaft entsprechen, wird die Diskrepanz zwischen den zwei Welten (die des Kindes und die der Eltern) zum »Fehler« des Kindes. Indem das Kind die Diskrepanz zum eigenen Fehler macht, erhält es sich paradoxerweise am Leben. Denn von Eltern abgelehnt zu sein, sich als nicht geliebt zu erleben, das bedeutet, der Hoffnungslosigkeit ausgeliefert zu sein.

Jeder hat das verzweifelte, leere und öde klingende Schreien von Kindern im Ohr, das Einsamkeit und ungestilltes Verlangen ausdrückt. Aber wir verschließen uns, weil darauf einzugehen hieße, unser eigenes untolerierbares Leiden von damals wieder zu erleben. Und so stellen wir uns sogar gegen das Kind. Sein Ausdruck der Aussichtslosigkeit, ja Verzweiflung wird damit abgetan, daß ihm ja in »Wirklichkeit« nichts fehle. Aber für das Kind ist die Situation gleichbedeutend mit dem Tod.

Ein Patient sprach über die Todesangst, die er als Kind empfand: »Allein im Bett zu sein und zu schreien, für mich war es, wie lebendig begraben zu sein. Man kann an die Wände klopfen, und es kommt niemand. Man wird für immer, für ewig allein sein.« Mit diesem schrecklichen Abgrund kann ein Kind nicht leben. Es kann sterben, sich von der Welt entfernen oder auf selbststimulierende oder autistische Weise weiterleben[24], so daß es die Eltern als die es spiegelnde Instanz seines werdenden Selbst nicht braucht.

Wenn aber ein Kind in seiner Familie weiterleben möchte, muß es Verantwortung – das heißt in diesem Fall: Schuld – übernehmen für die Lieblosigkeit von Mutter oder Vater oder beiden. Dies ist kein logischer, bewußter Vorgang, sondern ein Prozeß, der von der Notwendigkeit, nicht allein zu sein, bestimmt ist. Allein zu sein ist – außer für ein autistisches Kind – eine Unmöglichkeit. Man kann ohne Echo nicht leben. Der Autist sichert sein Überleben, indem er sich ständig selbst durch wiederholendes mechanisches Verhalten stimuliert (Gruen & Prekop 1986).[25] Für die meisten jedoch, die weder sterben noch autistisch werden, wird die unannehmbare Lieblosigkeit annehmbar, indem sie selbst die »Verantwortung« dafür übernehmen. Wenn ein Kind die Ursachen für den Mangel in sich finden kann, entsteht die Möglichkeit, seinen hoffnungslosen Zustand von sich fernzuhalten und sein Schicksal durch große Anstrengung in den Griff zu bekommen. Es entwickelt sich die Illusion – die Einbildung einer

Macht –, Kontrolle über das eigene Leben zu haben, parallel zur Angst vor dem immer lauernden Abgrund der Hoffnungslosigkeit und Schuld.

Der Preis ist der Haß auf das eigene Sein, das nun für immer die Schuld für die Lieblosigkeit übernommen hat. Die Lieblosigkeit der Eltern wird als Klage gegen das eigene werdende Selbst verinnerlicht.

Das passiert sogar dann, wenn ein Kind bewußt daran denkt, sich von der Mutter zu trennen. Ein Patient erinnerte sich in der Therapie, wie er plötzlich seine Mutter als böse erlebte. Sie schickte ihn in einen Wald, der voller Granaten war, um Beeren zu pflücken, sie warnte ihn sogar, weil ein Nachbarskind von einer Granate zerrissen wurde. In diesem Moment erlebte er die Mutter als tödlich, obgleich er sich gleichzeitig, völlig abgespalten von dieser Wahrnehmung, weiter an ihre »Liebe« klammerte. Er verachtete sich, weil er in einem Teil seiner Seele ihre »Nicht-Liebe« als gerechtfertigte Reaktion auf seine Unvollkommenheit sah. Was ins Unbewußte verdrängt wurde, war das verzweifelte Bedürfnis des Kindes, doch einmal von dieser Mutter bestätigt zu werden.

Henry Miller formulierte es so:

»Draußen, für immer draußen! So sitzen wir auf der Schwelle des Mutterschoßes… Wir brauchen den Trost und die Sicherheit ihres Schoßes, jene Dunkelheit und Behaglichkeit, die für den Ungeborenen den Ersatz für die Erleuchtung und Bejahung des wahrhaft Geborenen darstellt …«[26]

Die Grundspaltung

Unter solchen Voraussetzungen verläuft die Entwicklung in zwei entgegengesetzte Richtungen, die für die Menschheit schreckliche Folgen haben. In der einen Entwicklung ringt ein Kind ständig mit dem Verinnerlichten. Es versucht verzweifelt, sich zu bessern, den Wünschen der Eltern bewußt oder unbewußt zu entsprechen, ohne die Hoffnung auf das eigene, autonome Selbst aufzugeben. Aber immer wieder erlebt es sein Versagen durch seinen Gehorsam gegenüber den negativen Erwartungen seiner Eltern. Indem es jedoch versagt, entspricht es ihren negativen Erwartungen. Nur so kann es sie und sich vor der Wahrheit ihrer mangelnden Liebe retten.

In der anderen Entwicklungsrichtung werden der Haß und die Verachtung des eigenen Selbst nach außen projiziert. Hier entsteht jene Abspaltung von dem eigenen gehaßten Selbst, die Feinde notwendig macht, um mit sich selbst leben zu können.

Die einen entwickeln sich zu den »seelisch Kranken« unserer Gesellschaft, denn sie leiden und »belästigen« uns damit. Letztere dagegen, weil sie sich dem Diktat ihrer Eltern angepaßt haben und gleichzeitig den inneren Haß auf einen Feind nach außen lenken, kennen weder Unruhe, Leid, noch Zweifel. Im Gegenteil: Da der Feind sie vor dem Erleben der inneren Unbehaglichkeit bewahrt, werden sie dem Image entsprechen, das die Gesellschaft erwartet.

Das sind die beiden Extreme dieser Entwicklung. Dazwischen gibt es verschiedene Mischungen von seelisch krank und angepaßt.

Die Angepaßten müssen, um die eigene Krankheit zu vermeiden beziehungsweise zu unterdrücken, dauernd mit einem Feind ringen. Und da gibt es viele von der Gesellschaft gebilligte Vorbilder, die zur Verfügung stehen: Juden und Ausländer zum Beispiel, auf die das, was man in sich selbst haßt, die eigene zurückgewiesene Menschlichkeit, als Feindbild projiziert werden kann. Außerdem können die Kraft und die Energie des Hasses in ein Ringen nach außen gewandelt werden, getrennt vom Bewußtsein und Erleben seiner Quelle. Die Psychoanalyse nennt diesen Vorgang Sublimation und verschleiert damit den destruktiven Ursprung in der Unterwerfung.

Aber ob sich der Haß direkt oder sublimiert ausdrückt, Außenlenkung führt zur Steigerung des nach außen gelenkten Seins und zur Notwendigkeit, den Feind (oder das, was ihn symbolisiert) zu besitzen, zu beherrschen, um ein Ringen mit sich selbst zu vermeiden. Alles, was zum Inneren führen könnte, wird verpönt. Sich wirklich selbst besitzen zu können, bei sich zu sein, wird unmöglich.

Eugene O'Neill, der amerikanische Dramatiker und Nobelpreisträger, schilderte diesen Prozeß am Beispiel der politischen Entwicklung der USA. Er schreibt: Amerikas »zentrale Idee gleicht dem fortwährenden Spiel, die eigene Seele durch den Besitz von etwas zu gewinnen, was außerhalb ihrer Grenzen liegt; dadurch verliert man aber die eigene Seele und das Eroberte«.[27] Dieser Vorgang führt zu einer Selbsttäuschung, die darin liegt, daß man tatsächlich die Macht entwickeln kann, um der Unzulänglichkeit durch Selbsthaß und Selbstverachtung zu entkommen. Und so jagen Menschen einer vorgetäuschten Stärke nach, einer halluzinierten Stärke,[28] weil sie glauben, daß man sich durch Besitzen, Herrschen, Unterdrücken Sicherheit schaffen könnte. Und im Grunde ist dieses Streben nach Sicherheit das Bedürfnis nach Liebe, die man nie erhielt. Diese Jagd aber entstellt die Liebe nicht nur, sondern rückt sie auch für immer in unerreichbare Ferne.

Da das Projizieren von inneren Gefühlszuständen nach außen innere Spannungen reduziert, merken wir nicht, daß diejenigen, die Feindbilder fördern, uns in eine Welt voller Gefahren versetzen. Viele von uns nehmen ihre Art von Paranoia als Wahrheit und echte Kommunikation an, weil solche Menschen, die nicht mit sich selbst ringen und deswegen keine Gefühle von Zweifel und Verantwortung haben, auch keine Unsicherheit ausstrahlen. Das erlöst nun jene, die selbst voller Unsicherheiten sind und Unsicherheit als Krankheit abtun.

Die Notwendigkeit der Feindbilder

Die Grundkrankheit der Menschheit kreist um jene, die ihre Persönlichkeitsstrukturen nur durch Feindbilder aufrechterhalten können und ihren Selbsthaß, ihre Unsicherheit und ihre Verantwortungslosigkeit dem eigenen Sein gegenüber verdecken. Ich spreche hier nicht von denen, die im psychiatrischen Sinn paranoid sind, sondern von jenen Angepaßten, die genau wissen, wie sie sich den gesellschaftlichen Normen gegenüber zu verhalten haben. Die wirklich Kranken ringen mit sich selbst, jene jedoch nie. Im Gegenteil, anstatt Verantwortung für die eigenen Bedürfnisse und Motivationen zu entwickeln, verfolgen und zerstören sie das Lebendige und Liebende als böse.

Klaus Barbies Eingeständnis,[29] als er zur Folterung und Ermordung des französischen Widerstandskämpfers Jean Moulin befragt wurde, bekommt in diesem Zusammenhang Bedeutung. Er sagte: »Als ich Jean Moulin verhörte, hatte ich das Gefühl, daß er ich selbst war.« Je mehr er in Jean Moulin sein eigenes, zurückgewiesenes, rebellisches und menschliches Selbst erkannte, um so mehr mußte er ihn – also sich – hassen und töten. Solche Menschen müssen foltern und töten, um den Selbsthaß nach außen zu lenken.

Es gibt unterschiedliche Steigerungen des Selbsthasses und unterschiedliche Notwendigkeiten für die Aufrechterhaltung der eigenen Persönlichkeitsstruktur durch Feindbilder. Barbie verhielt sich in seiner Jugend, geprägt durch die religiöse Ausrichtung seines katholischen Elternhauses, konform. Erst als das bürgerliche Gefüge der gesellschaftlichen Strukturen mit dem Tod des Vaters, der ein gewalttätiger Trinker war, auseinanderfiel und eine akademische Laufbahn nicht mehr in Frage kam, trat für ihn die Naziideologie an die Stelle der Frömmigkeit.

Da das Feindbild in eine aktive, gewalttätige Verhaltensform mündet, fällt es oft mit wirtschaftlichen, sozialen und/oder politischen Verunsicherungen zusammen. Das Auseinanderfallen des gesellschaftlichen Rahmens führt für den auf Anpassung Ausgerichteten zum Auseinanderfallen seiner Welt. Wenn das äußere Gefüge des Angepaßten auseinanderbricht, wird seine auf Gespaltenheit basierende Integration bedroht. Sein abgespaltenes Inneres gefährdet ein Bewußtsein, das nicht mit diesem Inneren verbunden ist. Solch ein Mensch braucht äußere Strukturen und Autoritäten, um sich vom Eigenen, das er haßt, fernzuhalten. Um auf abgespaltene Art »integriert« zu bleiben, verstärkt sich in Zeiten der gesellschaftlichen Umwälzungen das Bedürfnis nach einem Feind. Der Autorität, die solch ein Feindbild zuläßt, wird er sich enthusiastisch ergeben.

Kriege nur ökonomisch und politisch zu erklären entfernt von der wirklichen Analyse. Kriege werden immer »notwendig«, wo Menschen die Fähigkeit verloren haben, andere Menschen als lebendige Wesen zu sehen. Der Vorgang im Menschen, der Feindbilder erzeugt, ist auf folgende Weise zu skizzieren: Wenn der wahre Feind – das heißt der schlechte Vater, die schlechte Mutter – nicht gesehen werden darf, weil sich das Kind ihrer »Nicht-Liebe« unterwarf, muß es später als Erwachsener das Gegenbild zur schlechten Mutter und zum schlechten Vater hassen. Die »gute Mutter«, der »gute Vater« könnten bei dieser Entwicklung die Bedürfnisse nach wirklicher Liebe erwecken und bringen sie so mit den wirklichen bösen Eltern in Gefahr! Liebe und liebevolle Personen werden zum Feind, weil sie die früheren zurückgewiesenen Bedürfnisse nach echter Liebe und damit den alten Terror zu wecken drohen.

Es ist das Menschliche im anderen, das man haßt, um das Erlebnis der schlechten Mutter und/oder des schlechten Vaters wider die eigenen Gefühl als gut zu verteidigen. Diesen Haß des Menschlichen im anderen empfand Graf Moltke, ein Kämpfer gegen Hitler, als er kurz vor seiner Hinrichtung seiner Frau schrieb: »Ich werde nicht getötet, weil ich dies oder das getan habe, sondern weil ich Christ bin.«

Diese Umkehrung von Liebe und Haß zeigt sich auf politischer Ebene immer wieder: Wir bewundern und unterwerfen uns gerade jenen, die die Menschheit am meisten verachten.

Indem das Menschliche zum Feind erklärt wird, verteidigen wir den Zusammenhalt eines Selbst, das sich von seinen Bedürfnissen nach echter Liebe entschieden getrennt hat. Kriege machen es möglich, den inneren Feind außerhalb des Selbst zu bekämpfen und sich dabei noch geheiligt zu fühlen. Was auch immer die äußeren Anstöße für Aggression sein mögen, Kriege vertuschen für den einzelnen, daß der Aufbau des Selbst auf einer Lebenslüge basierte. Sie ersparen ihm eine Auseinandersetzung mit dieser Erkenntnis. Die Grundlüge unserer Existenz besteht darin, daß wir die Verantwortung für die unzureichende Liebe unserer Eltern übernommen haben.

Und so suchen Menschen die Liebe, wo sie nicht existiert. Natürlich drückt das die Sehnsucht nach Liebe aus. Daß sie aber für so viele in weiter Ferne bleibt, hängt damit zusammen, daß sie sie fortwährend bei den Falschen suchen. Die daraus entstehende Verzweiflung treibt Menschen in einen Drang nach Erlösung. Die Unerträglichkeit einer lieblosen Existenz setzt Menschen den Versprechungen jener Demagogen aus, die mit falscher Liebe operieren. Sie sind erfolgreich, weil wir wahre Liebe gar nicht ertragen können und der falschen nachjagen, mit der wir uns schon von früher Kindheit an selbst täuschen.

Im Grunde macht wahre Liebe angst, weil wir uns der ursprünglichen Verhüllung der mangelnden elterlichen Liebe und vor allem der der Mutter stellen müßten. Hier liegt die Quelle für unsere allgemeine Unfähigkeit, mit uns selbst und unserer Welt realistisch umzugehen. Aber gerade diese Unfähigkeit wird als Realismus bezeichnet, weil sie uns davon abhält, uns mit der tiefsten Verzweiflung und dem tiefsten Schmerz unserer Vergangenheit zu konfrontieren.

Der Feind in der Liebe

Nochmals: die Situation des Kindes

Wir denken, wir wissen alles über Liebe. Das ist nichts anderes als ein Selbstschutz. Und deshalb mißtrauen wir jenen, die Liebe und Politik, Liebe und Geschichte, Liebe und menschliche Entwicklung in einen dynamischen, beziehungsweise einen (einander) bedingenden Zusammenhang bringen. Würden wir diesen Zusammenhang annehmen, wären wir offen für eine das eigene Selbst erschütternde Nachdenklichkeit, die nicht nur unser Verständnis und unser Wissen über Liebe in Frage stellte, sondern alles, was wir zu wissen glauben.

Das Ungeheuerliche unserer Gattung ist, daß sie den Feind zum Erlöser erwählt. Als Kinder können wir nicht überleben mit dem Wissen, daß die Liebe unserer Eltern mangelhaft ist. Das bleibt der unbewußte Grundsatz unseres seelischen Lebens. So lernen wir früh, *nicht* zu sehen, daß die, die uns zum Leiden bringen, weil sie uns die Liebe, auf die wir ein Recht haben, entziehen, die Ursache unseres Leidens sind. Der amerikanische Psychoanalytiker Harry Stack Sullivan[30] sagte einmal, daß nur *eine* positive Erfahrung genüge, um im Menschen den Drang nach dessen Wiederholung auszulösen. Mit Hilfe seine Phantasie kann ein Kind entweder die eigene Schuld für das elterliche Defizit übernehmen oder das Wunderbare des Erlebnisses aufrechterhalten.

Tania Blixen, die dänische Schriftstellerin, schildert diesen Vorgang aus ihrer intuitiven Tiefe heraus in ihrem traurigen und erschütternden Essay ›Das träumende Kind‹.[31] Hier überlebt ein der äußersten Armut und Lieblosigkeit ausgesetztes Waisenkind durch ein Gebäude lebhafter Phantasien: Es war das verlorengegangene Kind reicher und edler Eltern. Es träumte von ihrem Haus, ihrem Wesen und ihrer Liebe. Seine Pflegemutter dagegen war für es ein neutrales Faktum. Eines Tages wurde es von einem wahrhaft reichen und aristokratischen Ehepaar, das selbst keine Kinder hatte, adoptiert. Das war die Erfüllung des Traumes. Als die künftige Mutter den kleinen Jungen abholte, strahlte sein Gesicht. »Jetzt darf ich wieder heim mit dir«, sagte er. Es war mit Tania Blixens Worten »der Träumende, dessen Träume wahr wurden«.

»Die wahren Räume mit den Seidenvorhängen, die Süßigkeiten, seine Spielsachen und neuen Kleider, die Freundlichkeit und die Fürsorge seines Papas und seiner Mama, sie waren allesamt von größter Wichtigkeit, denn sie bewiesen die Wirklichkeit seiner Visionen … Aber in sich selbst waren sie fast bedeutungslos für ihn, sie hatten keine Macht, ihn zu halten.« Denn je mehr seine Phantasien Wirklichkeit wurden, desto mehr stiegen Leid und Schmerz seiner Vergangenheit in ihm empor. Jetzt konnte er dem Schrecken der Grausamkeit und Lieblosigkeit nicht mehr entfliehen, und er fing an dahinzusiechen. »›Weißt du, Mutti‹, sagte er, ›daß in meinem Haus die Stiegen so finster und voller Löcher waren, daß man sich hinauftasten mußte und es das Beste war, auf allen vieren zu krabbeln?‹ ›Aber‹, erinnerte ihn seine Mutter, ›dies hier ist dein Haus.‹ ›Ja‹, sagte er, ›dies ist mein schönes Haus. Aber ich habe noch ein anderes Haus, das gruselfinster und schmutzig ist. Du kennst es, du bist schon dort gewesen. Wenn die Wäsche aufgehängt wurde, mußte man sich auf dem ganzen Dachboden hindurchschlängeln, oder die riesigen, nassen, kalten Laken erwischten einen, als ob sie lebendig wären.‹ ›Oh, wie viele Ratten es da gab, Mama‹, sagte er, ›so furchtbar viele Ratten. Sie waren überall im Haus... Nachts sind sie mir übers Gesicht gelaufen... Wenn ich nicht mehr krank bin, werde ich zurückgehen und dir eine holen. Die Ratten mögen die Menschen mehr, als die Menschen sie mögen. Denn sie finden, daß wir gut sind und schön schmecken...‹« Er konnte der Wirklichkeit seines vergangenen Lebens nicht mehr ausweichen und starb.

Kindermythen und Märchen kreisen auch um diese grausamen Wirklichkeiten. Nur können die Grausamkeiten hier erlebt werden, ohne daß die wahren Quellen bewußt werden. Walter Scherf, ein außergewöhnlicher Forscher auf diesem Gebiet, nannte sie deswegen

»Provokation des Grausigen«.[32] In Mythen, Märchen und Kinderspielen kann die Lieblosigkeit der Eltern als Grausamkeit gegenwärtig und zum Objekt gemacht und wiederbelebt werden, ohne den Schuldigen anzuklagen. Das Grausame wird überlebt, weil es durch Märchen wiedererlebt werden kann.

Ein Beispiel aus Scherfs Arbeit beleuchtet das eindrucksvoll: Das Kind ruft die Mutter voller Angst um Hilfe, sie aber hört nicht. »›Mutter, der Brei brennt an.‹ ›Ist denn keine Butter in der Pfanne?‹ ›Doch.‹ ›Aber der Brei brennt trotzdem an.‹ ›Rühr den Brei um, damit die Butter nach oben kommt.‹ ›Mutter, der Brei brennt an!‹« Indem sie die Gefahr, die dem Kinde droht, nicht wahrnimmt, drückt sie die Unfähigkeit aus, auf die Bedürfnisse ihres Kindes eingehen zu können: Der Ruf ist jedoch verschlüsselt, das Kind kann ja nicht direkt um Liebe bitten. Das würde die Wahrheit enthüllen. Die Teilnahmslosigkeit der Mutter wird zur Schuld des Kindes. Aber im Unbewußten wissen diese Kinder der Märchen, um was es geht.

Das wirkliche Leben ist anders. Cordelia Edvardson gibt uns in ihrem erschütternden Lebensbericht ›Gebranntes Kind sucht das Feuer‹[33] eine Darstellung dieser die Liebe verdrehenden Vorgänge. Gleichzeitig zeigt sie nicht nur, wie das Vertuschen das Image der Mutter aufrechterhält, sondern auch wie ein Kind sein eigenes Selbst für immer von wirklicher Liebe fernhält: »Man stelle sich folgende Situation vor: Eine

Mutter erhält eines Tages ein Schreiben, sie solle sich gemeinsam mit ihrer vierzehnjährigen Tochter auf einer Behörde einfinden. Dort wird dem Mädchen eröffnet, die Mutter habe eine Adoption der Tochter arrangiert, um die Gesetze zu umgehen, was als Hochverrat betrachtet werden müsse. Falls das Mädchen jedoch bereit sei, sich den geltenden Bestimmungen zu unterwerfen, werde man der Mutter nichts tun. Das Mädchen schaut der Mutter in die Augen – und unterschreibt. Eine gute literarische Vorlage, wenn es sich nicht um die schreckliche Wahrheit handelte. Denn die Behörde ist das Hauptquartier der Gestapo, die Mutter die Schriftstellerin Elisabeth Langgässer und die Tochter Cordelia Edvardson, unehelich geborene ›Dreivierteljüdin‹, die nach dieser Unterschrift einen Weg durch die Hölle antritt, der sie bis nach Auschwitz vor die Augen des berüchtigten Dr. Mengele führt.«

Die Tochter ahnte, daß es einen Zusammenhang gab zwischen der »Ahnungslosigkeit« ihrer Mutter und ihrem eigenen Selbsthaß. Aber »die Mutter wagt(e) sie nicht zu hassen, denn die Tochter ihrer Mutter zu sein…, das heißt, auserwählt und auserkoren zu sein«.

Wir überleben, indem Liebe zu etwas wird, was wir uns vormachen. Und in Cordelia Edvardsons Fall (wie auch in jedem, der dem ihrem ähnelt) mußte sie den Mann, der ihr wahre Liebe gab und den sie heiratete, verlassen. Wahre Liebe kann nicht ertragen werden, wenn die Unzulänglichkeit der Mutter verdeckt werden muß. Wirkliche Liebe, die einem später entgegenkommt, wird unerträglich, denn sie würde die ursprüngliche Verletzung bloßlegen.

In einem erweiterten und überpersönlichen Sinn wird Liebe zum Feind, wenn das, was dem Kind entgegenkommt, nicht seinen Bedürfnissen entspricht. In einer optimalen Eltern-Kleinkind-Beziehung sind die Bedürfnisse des Kindes leicht zu entziffern und können vorausgesagt werden.[34] In solch einer Beziehung reagieren Kinder sehr schnell auf die Handlungen und Reaktionen ihrer Eltern. Solche Kinder vereinfachen die erzieherische Aufgabe ihrer Eltern.

Das Gegenteil passiert, wenn die Interaktion problematisch wird, wenn Eltern nicht auf die Bedürfnisse ihrer Kinder eingehen können. Das Schreien von Kindern nehmen wir als normal an und verschleiern damit den Tatbestand einer Beziehung, in der das Ineinandervernetzen nicht funktioniert. Ein Säugling oder ein Kleinkind wird nur hilflos, wenn Eltern seine Bedürfnislage nicht erkennen. Erst dann wird ein Kind abhängig von den Eltern. Wir denken, daß Kinder an ihren Eltern hängen wollen. In dem Moment, wo Eltern das denken, zerstören sie das Selbstwertgefühl des Kindes. Erst so entsteht Abhängigkeit.

Trotz dieser *Denkweise* ist es immer jenen Eltern, überhaupt jenen Müttern, die das Lebendige in ihren Kindern lieben, möglich, dieser gesellschaftlichen Sicht entgegenzuwirken. Mit solch einer Liebe kommen eine

Mutter und ein Vater dem Bedürfnis ihres Kindes für selbstgesteuertes und zielstrebiges Verhalten entgegen. Wenn das passiert, lernt ein Kind, daß seine von innen heraus gesteuerte Motivation zu erfolgreichen Interaktionen mit seiner Welt führt.[35]

Da wir aber in einer Gesellschaft leben, die unser Mitleid derart verstümmelt hat, daß wir Mitleid mißbrauchen, um unseren Selbstwert zu stärken, reagieren Mütter und Väter auf die Schwächen ihrer Kinder mit einem Verhalten, das diese Schwächen unterstützt. Meistens werden Kinder »liebevoll« gewogen, und das holt ihre Passivität hervor. Wahre Liebe jedoch würde Lebendigkeit dort, wo sie nach Erwiderung fragt, unterstützen.

Ein Beispiel: Ein sieben Monate altes Kind mit niedrigem Muskeltonus ermüdete leicht, wenn es versuchte, seinen Körper gegen die Schwerkraft aufrecht zu halten. Es zog sich dann zurück und weinte. Es zeigte aber große Fähigkeiten, auf die Stimmung und Gefühle anderer zu reagieren und Wärme und Unterstützung von ihm vertrauten Personen aufzunehmen.[36] Indem diese Stärken im Kontext eines Körperspiels, bei dem sich das Körpergewicht verlagerte, genutzt wurden, vollzog sich eine Wende. Das Kind konnte körperlich aktiv werden!

Uns entgeht, daß die Kultur selbst unsere eigenen Ansätze zum Unlebendigen unterstützt. Sie tut dies, indem sie uns für angeblich liebevolles Verhalten belohnt. Wir denken, wir seien liebevoll – tatsächlich empfinden und tun wir das Gegenteil. Indem wir uns den Regeln und Gesetzen der Gesellschaft anpassen, nicht selbst denken, uns nicht fühlen, sondern nach Mustern leben, treiben wir unsere Kinder in die Abhängigkeit. Das verstrickt beide, Kind, Mutter/Vater, miteinander in einen destruktiven Teufelskreis mit gesellschaftlichen Auswirkungen, die die Geschichte der Menschheit weitgehend prägen.

Abhängigkeit und Gehorsam

Ob Eltern die Ansätze des Kindes zur Autonomie unterstützen, hängt von ihrer Fähigkeit ab, diese als solche zu erkennen. Wenn sie selbst als Kinder in ihrem autonomen Begehren gedrosselt wurden, können sie denselben Drang in ihren eigenen Kindern weder erkennen noch akzeptieren. Ihre Kinder erwecken das Leid und die Wut, die sie sich nicht eingestehen können. Aus diesem Grund werden sie ihre Kinder als eigensinnig einstufen, um die Erinnerung an ihre eigene Unterdrückung zu blockieren. Für ihre Kinder bedeutet das, daß sie von den Quellen ihrer eigenen Lebendigkeit abgeschnitten werden. Um sich »lebendig« zu erhalten, müssen sie abhängig werden von der Steuerung ihrer Eltern. Und Eltern wundern sich dann, wenn ihre Kinder ihnen lästig werden, wenn sie nichts ohne die Eltern anfangen können, nicht aus dem Auge gelassen werden dürfen. Ohne es zu wollen, haben sie sich zur ständigen Quelle der lebenserhaltenden Stimulation ihrer Kinder gemacht.

Diese Abhängigkeit ist der Grundstein des Gehorsams, den unser Sozialisierungsprozeß verlangt. Mit diesem werden Empathie und Autonomie, die von der Empathie ausgehen,[37] gedrosselt. Damit fängt der Selbsthaß an.

Liebe bedeutet, die Individualität eines anderen Wesens erkennen und schätzen zu können; Freude zu haben am Wachsen des anderen. Aber wie ist das möglich, wenn man selbst im eigenen Wachstum, in seiner Lebendigkeit unterdrückt wurde? Was bedeutet es, von einem so geschädigten Menschen geliebt zu werden? Und wenn wir alle auf verschiedene Weise von unserer Entwicklung zum eigenen Sein abgehalten wurden, sind wir dann nicht alle, unterschiedlich gewiß, geschädigt? Was heißt es dann, daß wir alle Liebe wünschen, alle glauben, geliebt werden zu wollen und auch Liebe geben zu können?

Die Antwort hängt mit dem eigenen Selbst zusammen. Dabei ist nicht einmal wichtig, ob wir es tatsächlich entwickelt haben oder was dafür an seine Stelle gerückt ist – ein Verhaltensmuster, das uns elterliche und gesellschaftliche Bestätigung bringt. Wichtig ist allein, ob wir an der Möglichkeit, ein eigenes Selbst zu haben, wie unbewußt, wie ungenau auch wahrgenommen, festhalten.

Ronald Laing, einer der ersten, der die Psychiatrie mit ihrem gesellschaftlichen Umfeld verband, beschrieb diesen Zustand in seiner extremsten Form in der Schilderung der verzweifelten und erschütternden Schreie einer schizophrenen Patientin. Dieses Mädchen, das sich sein Leben lang wehrte, sich dem Willen seiner Mutter zu unterwerfen, indem es alles von sich fernhielt, leer und tot wurde, sagte: »Sie wurde geboren unter einer schwarzen Sonne ... Ich bin die Prärie. Sie (sie spricht über sich in der dritten Person) ist eine zerstörte Stadt ... Der Krug ist zerbrochen, der Brunnen ist trocken.« Aber sie hielt trotzdem an der Gewißheit fest, daß in ihrer Tiefe, wie weit entfernt auch, ein wertvolles Eigenes existierte, »daß etwas von großem Wert in ihr verloren oder tief begraben sei, bis jetzt unentdeckt von ihr oder von einem anderen. Wenn man tief in die Tiefe ... gehen könnte, würde man ›die Perle auf dem Meeresgrund‹ entdecken«.[38]

Dies zeigt, daß die, die ihr Selbst einmal gespürt, es im Grunde nie verleugnet haben – auch wenn sie es vor sich selbst verdecken –, die Möglichkeit aufrechterhalten, sich selbst zu lieben. Das ist die Liebe, die die Grundlage ist für die Liebe zu einem anderen Menschen.

Was aber geschieht mit denen, die sich selbst schon ganz früh verleugnet haben, die auf der »Liebe« der Eltern ein Selbst entwickelten, wo Liebe für gute Leistungen gegeben wird? Diese Art Liebe hat nichts mit Liebe für das eigene Sein zu tun, sie erlebt den anderen nicht und nicht die eigene Freude, das eigene Leid. Liebe wird zum Schauspiel, in das man verwickelt wird, für »gutes« Auftreten, für »gute« Darstellung, für erfolgreiches Handeln.

Dies ist der wahre Narzißmus, der von unserer Gesellschaft verlangt und gefördert wird. Ich sage »wahrer Narzißmus«, denn der Narzißmus, den die Psychoanalyse als einen Mangel darstellt, ist wenigstens noch ein Versuch, etwas Eigenes, wenn auch nur die eigene Physiognomie, zu lieben, etwas vom Eigenen zu retten. Aber dieser Narzißmus führt vom Eigenen weg und führt zu einem Gehorsam, welcher der Abstraktion und nicht dem Leben dient. Er führt zu jenen Zuständen, wo Menschen sich – unter dem Deckmantel von Pflicht und Treue – dem Zerstörerischen ergeben. Sie ordnen sich einem übergeordneten Abstrakten ein und verbreiten im Namen der Liebe Tod.

Eichmann ist ein Beispiel für solchen Narzißmus. Er konnte sich und andere für »Treue« lieben, aber nicht für menschliche Zuwendung. In das Gästebuch eines Klosters, in das er sich 1934 für eine Woche zur Erholung zurückzog, schrieb er: »Treue um Treue.«[39] Man liebt sich für »korrektes« Verhalten und fordert das gleiche von anderen. Es ist eine Liebe, die Zwang ausübt, denn wenn der andere nicht mit »korrektem« Verhalten erwidert, würde das eigene Gerüst ins Schwanken geraten.

Wie dann Liebe? Was suchen solche Menschen in

der Liebe? Sigmund Freud dachte, das Verliebtsein gleiche einer Psychose, in der man sein eigenes Spiegelbild im anderen liebt. Das bringt uns der Lösung etwas näher, wenn wir beim Spiegelbild die Vorgänge mit einbeziehen, die zu diesem Bilde führen.

Die Frage heißt: Was bedeutet, sich selbst lieben, wenn das Selbst, das hätte entstehen können, nicht vorhanden ist, wenn sein Fundament, die eigene Lebendigkeit, sogar gehaßt wird? Wenn man mit dem Zurückweisen des Eigenen kollaborierte, um Leid und Schmerzen zu entkommen, in die einen eine ungenügende Liebe stürzt, dann kann das Selbst, welches das Eigene ersetzt, nur auf Gehorsam aufgebaut sein. Solch ein Selbst, das sich auf Verhaltensregeln und Bilder stützt, kann nur dem Gehorsam selbst gewidmet sein.

Dies bedeutet, daß überall da, wo Gehorsam zum Baustein eines Selbst wurde, Haß auf das Lebendige entsteht. Dies kann zu schrecklichen Tragödien führen. Überhaupt sind Männer häufig von der Lebendigkeit der Frauen angezogen, nur um diese Lebendigkeit in den »Griff« – das heißt in Besitz – zu bekommen. Es geht ihnen um beides, die Lebendigkeit in extenso zu besitzen *und* zerstören zu können. Das wird dann Liebe genannt. Die Frau, die sich dagegen wehrt, wird bald als Verräterin eingestuft, und wenn ihre Kraft unter solchem gesellschaftlichen Druck nicht groß genug ist, wird sie notgedrungen krank werden.[40]

Was also liebt man, wenn das eigene Selbst auf Gehorsam gebaut ist? Den Gehorsam im anderen. Natürlich wird das nicht offen ausgetragen. Wir verneinen ja, was wir tun, denn wir sehen uns nicht als gehorsam. Das Image, dem wir entsprechen wollen, umfaßt auch Unabhängigkeit! Die Frau wird gesucht, die dem Bild einer angenehmen, gefälligen Frau entspricht und das Image des Mannes bestätigt. Und von dieser Frau wird der Mann vorgezogen, der dem Image eines starken, angstlosen, sicheren und entschlossenen Mannes entspricht.

Diese Liebe baut auf gegenseitigen Betrug, weil kein wahres Selbst vorhanden ist. Aber es funktioniert, solange Männer und Frauen gegenseitig an diesem Image festhalten. Sie werden sich sogar in einem Zustand des Verliebtseins befinden können, der das Gefühl des Sich-im-anderen-Auflösens ermöglicht. Das vermittelt natürlich die Illusion von wahrer Liebe, denn im Zustand der Liebe kann man sich für Momente im anderen auflösen. Man fühlt sich mit dem anderen sicher, aber hier eigentlich nur, weil jeder den Vorstellungen des anderen, nicht seiner eigenen Wirklichkeit entspricht. Dafür braucht es die Kraft, die aus einem eigenen Selbst kommt, so daß die Ekstase des wirklichen Miteinanderkostens und -spürens ein solches Selbst nicht bedrohen kann. Das fürchten aber jene, die kein eigenes Selbst haben. Für diese ist es deswegen so wichtig, nur sich selbst im anderen zu erleben. Das bedingt natürlich, daß beide sich auf halluzinatorische Weise etwas vormachen, tatsächlich das zu tun, was der andere wünscht. Da in unserer Gesellschaft Frauen fast immer benachteiligt werden, sind sie oft die ersten in einer Partnerschaft, die Enttäuschung spüren. Aus dieser Enttäuschung kann wahres Wachstum werden, aber nicht, wenn Frauen völlig von ihren Ehemännern abhängig sind. Deshalb wollen Männer finanziell unabhängige Frauen so ungern tolerieren.

Noch etwas geht vor sich. Das Selbst, das man verloren hat, gibt keine Ruhe. Ein Mensch, der sich selbst haßt und diesen Haß nach außen projiziert, ist ständig von der inneren Bewegung betroffen, die um dieses gehaßte Selbst kreist. Das ist eine der Quellen für jene »Liebe«, die das verlorene Eigene fortwährend in der Lebendigkeit eines anderen sucht, um sie dann zurückzuweisen, zu zerstören. Deshalb ist die fortwährende Suche nach einem Partner ein Beweis dafür, daß nie ein richtiger Partner gefunden werden kann, weil man kein wirkliches Selbst hat. Am Ende bezweifeln solche Menschen die Möglichkeit einer wirklichen Liebe. Ihr Zynismus verstärkt die hintergründige gesellschaftliche Einstellung, daß Liebe nicht realistisch sein kann.

Diese vergebliche Suche hat auch mit der Fixierung auf die Mutter zu tun, die keine Liebe geben konnte. Indem das Kind die Schuld dafür in sich selbst sucht, »lernt« es, für immer dem nachzujagen, der nichts zu geben hat, weil es eine eingebildete Wirklichkeit an die Stelle der verletzenden Wahrheit setzt.

Im Klartext heißt das: Ein Mensch, der zurückhaltend ist und nichts gibt, ist die Person, von der wir Liebe möchten. Denn es entspricht dem alten Vorbild, daß derjenige, der wenig oder nichts gibt, etwas geben kann, wenn wir nur den Schlüssel dazu finden. Diejenigen, die Liebe leicht geben, deren Liebe ist verdächtig. Sie ist entweder wertlos oder nur Mittel zum Zweck. Was wir nicht merken: Um Liebe zu akzeptieren, müssen wir uns erst als der Liebe wert empfinden. Wie aber kann das sein, wenn wir kein Selbstwertgefühl haben?

Und so faszinieren uns Männer und Frauen, die wenig geben. »Irgendwie hat er mich nie so fasziniert. Wahrscheinlich war er einfach zu nett«, zitiert Robin Norwood eine Frau in ihrem Buch ›Wenn Frauen zu sehr lieben‹.[41] Wenn man alles tut, um den anderen zu beherrschen, braucht man sich nicht für Liebe zu öffnen. Sich für Liebe zu öffnen heißt, vom Partner so angenommen zu werden, wie man ist. Aber das macht angst, wenn sich Menschen im Grunde nicht lieben können. Eine Patientin sagte einmal stolz, daß sie bei ihrem Partner bleiben konnte, weil er ja nicht wußte, wer sie sei! Das, so wurde bald klar, würde ihr ungeheure Angst machen, denn dann könnte sie nie entkommen.

Wir glauben, daß wir Nähe möchten, weil wir fortwährend auf der Jagd nach Liebe sind. Aber wenn sie uns entgegenkommt, wird uns der, der sie uns entgegenbringt, sehr bald langweilig oder sogar lästig.

Plötzlich fühlen wir uns von seinem/ihrem Lächeln befremdet. Wir fühlen nur, daß er/sie uns ausnützen, ausbeuten, etwas nehmen will. Wir merken deswegen gar nicht, daß mangelndes Selbstwertgefühl uns hindert, Liebe anzunehmen. Aber wir können unsere Liebe jemandem geben, der sie nicht so leicht akzeptiert. In unserer Überzeugung sind wir in einem Zustand des Liebens, der sehr wenig mit der Wirklichkeit des anderen zu tun hat. Wir haben dann das Gefühl, daß wir lieben, und wir denken: Das ist Liebe.

Dieser Zustand des Verliebtseins ist einem anderen sehr nahe, der uns weiterhin darin bestätigt, daß wir Liebe geben und akzeptieren können. Es ist der Zustand des Sich-Ergebens.

Die Suche nach Erlösung

Identität durch Verschmelzen

Ein Mensch, der kein eigenes Selbst gehabt hat, ist nie bereit zu sterben. Nur Menschen, die wahrhaft gelebt haben, die Lebendigkeit durch Freude und Leid erlebt haben, können dem Tod mit Gleichmut entgegensehen.

Das Merkmal von Menschen ohne Selbst ist das Ausweichen vor dem Tod. Erfolg, Besitz und Beherrschung von Natur und Mensch sind Ausdruck eines vergeblichen Versuchs, sich lebendig zu fühlen. Aber zur Liebe führt all das nicht, nur zum Bau jener gewaltigen Monumente aus Stein oder Ideologie, durch die die Illusion eines ewigen Lebens aufrecht erhalten wird.

Und wiederum ein Paradox: Menschen, die nicht sterben können, verherrlichen den Tod. Menschen, die dem Tod ausweichen wollen, weil sie nie gelebt haben, drängen ihn anderen auf. Anders gesagt: Das Ausweichen vor der Gültigkeit des eigenen Todes führt zur Destruktivität.

Solange der gesellschaftliche Rahmen hält – das heißt, solange man seine eigene Identität, seine Bedeutung, durch die äußeren Strukturen aufrechtzuerhalten in der Lage ist –, kann die innere Malaise des nichtautonomen Selbst gezügelt werden. Da diese Menschen aber keine komplexe Sicht ihrer Lage ertragen, sind sie auch die ersten, die die Strukturen gefährden, wenn diese ins Wanken geraten, wenn zum Beispiel die Gesellschaft von Arbeitslosigkeit und dem Verfall ihrer Regeln bedroht ist. Solche Menschen haben nicht die inneren Kräfte, etwas Neues aufzubauen, weil ihnen ein empathischer Kern fehlt. Eigennutz, Konkurrenz und Wettbewerb, »Realismus«, all das führt zur Unterdrückung der Empathie, die einem für das Leiden Kraft geben könnte. Statt dessen tauchen Aggression, Wut und Haß auf. Jede auf Macht beruhende Gesellschaft trägt so die Selbstzerstörung in sich. Die römischen Diktatoren setzten wie Hitler, Stalin und Khomeini dagegen Massenveranstaltungen, die sowohl momentanes Ventil für die angestaute Wut waren als auch die Flucht vor dem Selbst in eine Gruppe möglich machten. Aber der Zerfall der Identität durch den Zerfall der Arbeitsmöglichkeiten schwächt das nach außen orientierte Selbst am stärksten. Und so steuert die verengte Vision der dem Erfolg und Profit Verfallenen auf den Untergang ihrer Welt zu.

Dies ist ein unentrinnbarer Vorgang, denn ein nach außen gelenktes und von außen bestimmtes Selbst kann keine Änderungen ertragen. Wir sehen das in jedem Staat, der ökonomischen Krisen ausgesetzt ist, und die Extremisten geben uns hier Aufschluß über das, was wirklich passiert. Die Extremisten, vor allem die von rechts, verfechten mit Gewalt den Status quo. Der Ausdruck ihrer Gewalttätigkeit dreht sich immer um Symbole der Identität wie Rasse, Nationalismus, Religion und Freiheit. Nie geht es um die aktuelle Analyse der Bedrohung. Wenn der gesellschaftliche Rahmen zerbricht, bleiben Menschen, die für ihren Selbstwert und ihre Bedeutung davon abhängig sind, ohne Halt. Sie sind jetzt dem inneren Haß ausgeliefert. Dieser Haß richtet sich auf alles, was an die eigene verschmähte Lebendigkeit erinnert.

All dies sagt etwas über die Gewalttätigkeiten aus, die immer wieder die Geschichte unserer auf Macht aufgebauten Zivilisationen erschüttern. Der Kult des Todes drückt sich aber nicht nur in Todesschwadronen aus. Man findet ihn auch in dem uns alltäglich umgebenden Leben.

Viele Menschen suchen verzweifelt die Erlösung von der Unerträglichkeit eines Selbst, das nicht das eigene ist. Sie suchen sie durch Verneinung des Todes, der Lebendigkeit, des Leids und der Freude. Dieses Suchen geschieht unbewußt. Es wird uns durch ideologische Strukturen verhüllt, so daß wir unser wahres Ich nicht erkennen. Dies geschieht auf individueller Ebene und auf der Ebene gewalttätiger wie auch weniger gewalttätiger gesellschaftlicher Umwälzungen.

Viele unserer intellektuellen Tätigkeiten drücken das Verlangen aus, uns in irgend etwas aufzulösen. Dieser

Vorgang rückt uns ab von einem unzulässigen Selbst, wobei weder dieser Vorgang noch das unzulängliche Selbst erkannt werden. Dazu gehört auch die Suche nach künstlicher Intelligenz.

Hans Moravec, der Direktor des »Mobilen Roboter-Laboratoriums« der Carnegie Mellon University, eine der angesehensten der USA, beschreibt in seinem Buch ›Mind Children‹ eine Vision der Zukunft, in der innerhalb von vierzig Jahren Roboter dem Menschen gleichwertig sein werden.[42] Hier sehen wir ein Auflösen des Ichs in eine technische Welt, um beidem, dem Verlust des Selbst wie auch seiner möglichen schmerzhaften Wiederherstellung, zu entkommen. Moravec beschreibt, wie ein Roboter-Gehirnchirurg allmählich Teile eines bewußten Gehirns auswechselt, indem er die Aktivitäten dieser Gehirnteile in aktive Programme eines wartenden Computers versetzt: »Schließlich ist Ihr Schädel leer, und die Hand des Chirurgen befindet sich tief in Ihrem Hirnstamm. Dennoch haben Sie weder das Bewußtsein noch den Faden Ihrer Gedanken verloren. Ihr Geist ist einfach aus dem Gehirn in eine Maschine übertragen worden. In einem letzten, unheimlich anmutenden Schritt nimmt der Chirurg seine Hand aus Ihrem Schädel. Ihr plötzlich sich selbst überlassener Körper verfällt in Krämpfe und stirbt … Ihr Geist ist jetzt an den glänzenden neuen Körper angeschlossen, dessen Form, Farbe und Material Sie selbst ausgesucht haben.«

Wichtig ist nicht die Frage, ob es tatsächlich

möglich wäre, solch einen Roboter zu bauen. Wichtig ist die Frage, was Moravec bewegte, sich das auszudenken!

Moravec stellt uns eine Welt ohne Bewußtsein, ohne Erkenntnis des Leidens und der Freude vor. Schmerz ist nicht Teil eines Computersystems. Was ein Mensch durchleiden muß, um zum Menschsein zu gelangen, die langen Jahre seines Wachstum, sein Ringen mit Kräften, die nicht auf ihn eingestimmt sind, dieses Menschsein, das durch Schmerz und Verzweiflung entsteht, das alles existiert hier nicht. Wenn wir Moravec richtig lesen und nicht vom »Fortschritt« seiner Vision verblendet werden, erkennen wir seine wahren Beweggründe in dem Versuch, dem Leid und dem Tod zu entkommen, wodurch das Lebendige selbst zerstört wird. Moravec folgert aus der künstlichen Intelligenz, daß eine menschliche Identität auf einen Computer übertragen werden kann, nur weil dieser Informationen über die Person erworben hat. Er glaubt sogar, daß auf diesem Weg lange verstorbene Gestalten der Geschichte und deren Bewußtsein durch das Anhäufen der verschiedensten Informationen über sie wieder lebendig gemacht werden können. Auf diese Weise werden dann auch Computer der Zukunft jeden Aspekt der Vergangenheit wieder herstellen können. – Hier haben wir ihn, den Traum, daß der Tod von Lebewesen überwunden werden kann.

Daß am Ende der Tod Moravecs eigentliches Ziel ist, geht aus seiner Phantasie für einen »Doomsday«-

Computer hervor, in der er sich damit beschäftigt, eine enorme Zahl von Universen zu zerstören. Das ist die »Lebendigkeit« eines Mannes, der nie wirklich gelebt haben kann. Er träumt in der Tat von einer Erlösung, die ihn von den unerkannten Qualen eines Nicht-Ichs durch Zerstörung alles Lebendigen retten wird.

Dieser individuelle Versuch, Erlösung zu finden, zieht sich durch die menschliche Geschichte. Sie ist Ausdruck und zugleich Quelle einer absoluten Hilflosigkeit, die im Grunde der Antrieb für eine positive Lösung sein könnte, niemals aber ist. Denn die Lenkung von Demagogen ist von Anfang an zum Scheitern verurteilt, weil die Hilflosigkeit ideologisch maskiert und sie immer von Haß begleitet wird – ein schrecklicher Teufelskreis.

Diese Zusammenhänge sind erkannt worden, zum Beispiel von dem englischen Historiker Norman Cohen.[43] Er schreibt darüber in seinem grundlegenden Werk über die gesellschaftlichen Umwälzungen des Mittelalters: »Revolutionäre Bewegungen der Armen, angeführt von messianischen Gestalten ... nahmen ab Ende des 11. Jahrhunderts zu. Sie ereigneten sich fast alle ... in ziemlich genau abgegrenzten Gebieten ... Es waren Gebiete, in denen die Überbevölkerung überhandnahm und ein rascher wirtschaftlicher und sozialer Wandlungsprozeß eingesetzt hatte ... Sie traten nur in Gebieten auf, wo der Lebensstil sich bereits grundlegend von der behäbigen bäuerlichen Kultur unterschied, die während der tausendjährigen Spanne des Mittelalters die herrschende Norm gewesen war.«

Nicht »die Armut und Not und die oft bedrückende Abhängigkeit« waren es, schreibt Cohen, die von sich aus zu der revolutionären Erwartung des Tausendjährigen Reiches geführt hatten. »In einem schwer zu überschätzenden Ausmaß wurde das bäuerliche Leben von gesellschaftlicher Routine, die in Sitte und Brauchtum verankert war, gestaltet und aufrecht erhalten ... Die gesellschaftlichen Beziehungen innerhalb des Dorfes waren von Normen bestimmt, die sich zwar von Dorf zu Dorf unterschieden, aber immer von der Tradition sanktioniert waren und durchweg als unverletzlich galten.« Das Netz der sozialen Beziehungen sorgte dafür, daß eine durchgreifende Orientierungslosigkeit gar nicht erst aufkommen konnte. Und solange dieses Netz intakt blieb, »konnten weder die anhaltende Armut noch gelegentlich auftretende Gefahrensituationen (ihm) etwas anhaben«. Erst als Europa ab dem 11. Jahrhundert in einem solchen Grade befriedet wurde, daß die Bevölkerung sich vermehren konnte und der Handel sich entwickelte, begann ein Wandel dieser Ordnung einzutreten.

Die sprunghaft angewachsene Bevölkerung flüchtete zum Teil in die aufstrebenden Handelszentren. So entstand ein städtisches Proletariat. Es ging ihnen nicht besser als den Bauern, doch zusätzlich »litten sie an einer Orientierungslosigkeit. Es gab hier keinen uralten Sittenkodex, auf den sie sich berufen konnten ..., vor allem stand ihnen kein soziales Beziehungsgeflecht zur Seite, wie es die Bauern hatten ... In diesen Bevölkerungsgruppen am Rande der Gesellschaft entstand eine ausgeprägte Neigung, sich einem Laien oder auch einem ehemaligen Klosterbruder oder Mönch als religiöser Führungsfigur zuzuwenden, welche sich nicht nur als heiliger Mann, sondern als Prophet und Retter der Seele oder gar als Verkörperung Gottes ausgab. Gestützt auf Eingebungen oder Offenbarungen, von denen er sagte, sie seien göttlichen Ursprungs, gab ein solcher Führer seinen Anhängern eine verbindende Missionsaufgabe. Die Überzeugung, im Besitz eines Missionsauftrages zu sein und die göttliche Berufung zu einer großen Aufgabe empfangen zu haben, gab den Desorientierten und Gescheiterten ein neues Lebensziel und neue Hoffnung.«

Nicht der Wunsch nach besseren gesellschaftlichen Bedingungen steckt hinter solchen rebellischen Bewegungen, sondern das Bedürfnis, bestehende Strukturen festzuschreiben. Das gilt auch für andere ideologische Systeme. Diese Erkenntnis unterhöhlt die gängige Auffassung, die auf der Trennung von Ideologie und Persönlichkeit besteht. Das Tragische ist die Wiederholung in der Geschichte. Die Rolle der unzureichenden Identität und ihre Begleiterscheinung, der Haß, sind die Ursache für den ständigen Amoklauf der Welt.

Zum Beispiel fand der amerikanische Historiker John Bushnell heraus, daß in den Revolutionsjahren 1905 und 1906 die Einheiten der russischen Armee, die ständig meuterten, dieselben waren wie die, die sich an der Niederschlagung der Aufständischen maßgeblich beteiligten. Die Soldaten wechselten in rascher Folge ihr Verhalten und durchliefen innerhalb von zehn Monaten zweimal den kompletten Zyklus von Revolte und neuer Loyalität.[44]

In meinem Buch ›Der Wahnsinn der Normalität‹ wies ich darauf hin, daß dieses wechselnde Verhalten der Soldaten nichts mit ihrer Behandlung oder ihrer politischen Anschauung zu tun hatte. Bushnell veranschaulicht, daß das einzig Ausschlaggebende die gerade akzeptierte Autorität war – nur sie gab dem Selbstgefühl der Soldaten Halt. Glaubten sie, das alte Regime sei am Ende, dann revoltierten sie. Glaubten sie aber, daß es noch Befehlsgewalt habe, dann gingen sie gegen die Zivilisten vor.

Das Bedürfnis nach Strukturen ist kennzeichnend für Menschen, die kein eigenes Selbst haben. Autoritäre Strukturen verleihen ihnen das Gefühl einer Identität, und daher gibt ihnen, solange die Autorität autoritär bleibt, solch ein Gefüge persönliche Bedeutung und Sicherheit. Es ist das Auseinanderbrechen dieser Strukturen, das die angestaute Wut zum Ausbruch bringt. Die Rebellion, die dadurch ausgelöst wird, hat nicht Freiheit zum Ziel, sondern sie will sich neuen Autoritäten/Strukturen ergeben. Diese erneute Unterwerfung, getrieben von der Angst vor Identitätsauflösung und innerem Haß, ist Erlösung.

Die neue Unterwerfung ist eigentlich die alte Unterwerfung, und sie ist um so willkommener, je mehr die neue Autorität der angestauten Wut und Gewalttätigkeit nicht nur freien Lauf läßt, sondern sie auch als heilig deklariert. Zum Führer wird der erkoren, der dies am besten fördert – und nicht der, dem es wirklich um die Freiheit geht. Die Gefahren, die jeder Reformbewegung drohen, könnten auf einen Nenner gebracht werden: Die Ketten der früheren Anpassung an das Schlechte, das man für gut hielt, weil seine Autorität einem ein Sicherheitsgefühl gab, können gesprengt werden. Aber für den Erfolg jeder Revolution, Reform und Erneuerung muß die menschliche Abspaltung vom seelischen Inneren berücksichtigt werden. »Denn ein nicht auf Autonomie gegründetes Selbst revoltiert nicht, weil sich seine Natur grundlegend gewandelt hat. Es ändert nur die Richtung seiner Gewalttätigkeit. Revolutionen mögen an den Formen der Knechtschaft etwas ändern oder nicht – an der Knechtschaft selbst ändert sich nichts, solange die Autoritätshörigkeit nicht überwunden wird. Dann wird weiterhin das Böse als das Gute verteidigt, und es findet keine wirkliche Befreiung des Selbst statt. Erst sie würde zurückführen zu den wahren Bedürfnissen nach Liebe und den Teufelskreis der Zerstörung durchbrechen.«[45]

Wenn aber die Autoritätshörigkeit eine Revolte bestimmt, dann kommt nur zum Ausdruck, was jede Unterwerfung bestimmt: das Verlangen nach Erlösung durch Identifikation mit einer Autorität.

Wenn die sozialen und wirtschaftlichen Veränderungen alte Wertvorstellungen zerstören und selbst zur allgemeinen Notlage und Verarmung beitragen, muß sich der angestaute Haß entladen. Und wenn dann diejenigen, die von inneren moralischen Hemmungen frei sind, die Erlaubnis erteilen, unter dem Decknamen eines heiligen Auftrags zu zerstören und zu erobern, dann werden die letzten Reste des inneren Widerspruchs zwischen Liebe und Haß abgeschüttelt. Dadurch gibt der Mensch sein eigenes Selbst auf; er läßt es mit einem berauschenden Rachegefühl verschmelzen, das sich als die Liebe selbst tarnt. Das Verschmelzen wird eben als Liebe empfunden, denn es wurzelte im Schein der Geborgenheit.

Das zum Beispiel nutzte der Faschismus aus. Er wandte sich direkt an das Rachegefühl im Menschen und stellte dieses ohne inneren Widerspruch als heilig hin. Was allen Führern ihre Macht verleiht, ist nicht so sehr die Tatsache, daß sie uns ein besseres Leben versprechen, sondern vor allem, daß sie uns von dem inneren Kampf befreien, von dem Widerspruch zwischen Liebe und Haß. Sie liefern uns Feinde, die wir töten und uns dafür noch lieben können.

Wenn Menschen sich ihrer Kultur entfremdet haben, weil diese es nicht mehr ermöglicht, ihr Selbst »offiziell« zu definieren, dann kann persönliche »Ganzheit« sich nur noch zeigen, wenn zum Ausdruck kommt, womit dieses Selbst bis zum Rande gefüllt ist: der Haß.

Damals wie heute sprechen ihre Führer niemals den Urgrund eines neuen Identitätsgefühls an – noch die mörderische Wut, die davon bestimmt ist. Doch weder die Opfer ihrer Zerstörungswut (damals waren es Ungläubige und Juden) noch ihre Unterwerfung unter neue Unterdrücker brachten eine Lösung für ihre Situation. Die Suche ist blind, denn gesucht wird ein Weg, dem wahren Selbst zu entkommen. Die Flucht vor der echten Auseinandersetzung mit den Ursachen der Misere und den damit verbundenen Schmerzen bedeutet, anderen Menschen Schmerz zuzufügen.

Nichts anderes passiert in der heutigen Gesellschaft. Auch die Jagd nach Konsumgütern ist blinde Suche und Flucht. Durch diese Güter erlebt der einzelne sein persönliches Wertgefühl. Deshalb bildet die Werbung einen so wichtigen – wenn auch oft geleugneten – Faktor in der Aufrechterhaltung der kulturellen Ideologie des persönlichen Bedeutungsgefühls.

Da aber liegt das Problem. Die Kultur fördert ein Selbst, das von seinem Kern abgespalten und in äußeren Besitztümern verankert wird. Indem aber diese Kultur die Abspaltung der Empathie vom Gefühlshaushalt fördert, kümmern sich Menschen immer weniger um das Elend und den Schmerz der anderen. Die Verfolgung selbstsüchtiger Ziele schneidet einen großen Teil der Mitmenschen vom Zugang zu Konsumgütern ab. Es verwundert daher nicht, wenn Verbrechen und Aggressivität zur Aufbesserung des eigenen Status zunehmen. Verbrechen ist nichts weiter als ein Teil jenes Wahnsinns, der die Suche nach äußerer Identität hervorbringt.

Solange aber Identität nicht auf Einfühlungsvermögen basiert, muß sie auf der Zugehörigkeit zu einer Gruppe gründen, die den Selbsthaß zur gemeinsamen Grundlage hat. Selbstverständlich gibt es auch eine begründete Wertschätzung kultureller Errungenschaften, Sitten, Gebräuche, Sprachen, ja ganzer Gemeinwesen mit ihren Einrichtungen; aber wehe, wenn die nationale Zugehörigkeit zum Werkzeug wird, um das persönliche Selbst- und Identitätsgefühl aufzubessern.

Die wirklichen Lösungen haben etwas mit der Verteilung von Wirtschaftsgütern und Reichtum in der Welt zu tun. Die Lösungen werden aber nicht gefunden, solange die Menschen nicht den Zugang zu ihren einfühlsamen Formen der Wahrnehmung finden.

Damit kommt automatisch die Art von Selbst ins Spiel, die auf natürliche menschliche Gefühle gründet, die Fähigkeit, Freud und Leid wirklich zu erleben. Wenn das Zusammenleben auf Einfühlungsvermögen gegründet sein wird, haben wir eine bessere Welt erreicht. Wir werden dann unsere Bedürfnisse wirklich auf die Bedürfnisse der Natur abstimmen können, anstatt den Versuch zu machen, sie und unsere Mitmenschen zu beherrschen.

Der Nationalismus ist Ausdruck eines Leidens, allerdings eines nicht erkannten Leidens. Wenn der Mensch nicht mehr lieben kann, weil er sich selbst haßt, gleichzeitig aber außerstande ist, sich dieser Tatsache zu stellen, weil durch den Selbsthaß seine Selbstachtung untergraben wurde, dann kann er zu sich selbst nur noch auf halluzinatorischem Weg in Beziehung treten.

Aus diesem Grund wird die nationale Identität so wichtig – viel wichtiger als die persönliche Identität. Wenn heute in aller Welt Minderheiten und andere benachteiligte Gruppen im Namen des Nationalismus verleumdet und sogar getötet werden, dann hat dieser Nationalismus nichts mit Liebe zu tun, nicht einmal mehr mit Liebe zur eigenen Nation. Er speist sich lediglich aus dem Verlust jeglicher Identität und aus dem Bedürfnis nach Gewalt, damit man sich des Verrats am eigenen Selbst nicht bewußt wird.

Letzten Endes ist das Verschmelzen des eigenen Selbst mit einer Gruppe nicht nur eine Flucht vor der Verantwortung, sondern auch die Angst, in dem allgemeinen Wettlauf einer konsumorientierten Gesellschaft, in der sich die Bedeutung und der Wert eines Menschen an seinem Besitz orientiert, zurückzubleiben.

Die wirkliche Angst, die dahintersteckt, ist aber in allzu vielen Fällen die Angst vor der selbstverantwortlichen Konfrontation mit dem eigenen Selbst. Wenn aber das Besitzen von Konsumgütern mit Identität gleichgestellt wird, findet man den Weg zur Gemeinschaft nicht mehr.

Die Ereignisse im Rahmen der Perestroika oder in der früheren DDR sind bezeichnend für die Macht der Ideologie des Konsums. Die Bewegungen wurden von

Menschen ausgelöst, die eine echte Veränderung wollten; sie suchten wirklich die Freiheit, ein Leben auf der Grundlage sinnvoller Alternativen im Gegensatz zu den Versprechungen, das Heil im Konsumverhalten zu finden. Sobald aber die alten autoritären Strukturen ins Wanken gerieten, beherrschte ein anderer Typus die Straße.

Auf der Montagsdemonstration in Leipzig am 15. Januar 1990 hatte ein Student, auf die wartende Menge zeigend, die »Deutschland einig Vaterland« und antidemokratische Parolen sang, folgendes zu sagen: »Von diesen Leuten hier war keiner weit und breit zu sehen, als wir im Oktober (1989) für unsere Revolution auf die Straße gingen.«[46] Und er fuhr fort: »In meinem Ort werde ich schon als Kommunist verschrien, weil ich eine Verlautbarung von Bruce Springsteen gegen südafrikanische Apartheidspolitik übersetzt und öffentlich angeklebt habe.«

Die Kräfte, zu denen der Student gehörte, wollten an die Stelle der Unterdrückung Freiheit, Verantwortlichkeit und Selbstbestimmung setzen. Die neueren Gruppierungen schienen jedoch eine neue Autorität in neuer Form zu ersehen, der sie sich erneut unterwerfen konnten. Gegen den neuen Konsumgott, der das auseinanderfallende Identitätsgehege zu heilen versprach, waren diese Kräfte, die für ein Selbst und eine gesellschaftliche Verantwortung eintraten, hilflos.

Verschmelzung als Sicherung für das Selbst

Erlösung durch ein Verschmelzen mit einer Autorität oder einem »höheren« Ideal muß von einer anderen Art der Identitätsverneinung unterschieden werden. Bisher ging es um ein Entrinnen aus der Verantwortung für eine eigene Identität. Es gibt jedoch noch einen Vorgang, der diesem sehr ähnelt, aber in seiner Entstehung und in seinem Ziel ganz entgegengesetzt ist. Wird das entstehende Selbst eines Kindes in seiner Autonomie bedroht, so kann dieser Bedrohung durch eine andere Art, dem Feind beizutreten, ausgewichen werden.

Der Psychoanalytiker W. V. Silverberg nannte diesen Vorgang »schizoides Manöver«[47] und illustrierte es an Rainer Maria Rilkes ›Die Weise von Liebe und Tod des Cornets Christoph Rilke‹.[48] Im Gedicht gerät der Held, ein Vorfahre des Dichters, auf einem mittelalterlichen Kreuzzug in eine hoffnungslose, lebensgefährliche Lage. Umzingelt von türkischen Soldaten erlebt er, als ihre blitzenden Säbel auf ihn niedersausen, den Moment des Todes als einen heiteren, auf ihn niederrieselnden Springbrunnen.

In der Unausweichlichkeit des Todes wird die bedrohende Instanz ins Gegenteil verkehrt, *nicht um an Macht zu gelangen*, sondern um das Weiterleben, in diesem Fall vergeblich, zu beschützen. Was Silverberg als einen individuellen klinischen Vorgang erkannte, ist aber auch gültig auf der politischen, gesellschaftlichen Ebene.

Hintergrund dieses Prozesses ist die Stimme der Hilflosigkeit unserer frühkindlichen Erfahrungen mit »liebenden« Erwachsenen, deren Versuch, uns ihren Willen aufzuzwingen, uns mit dem Erlöschen des eigenen keimenden Selbst bedroht. Indem wir ihr Image als gute Eltern aufrechterhalten, erhalten wir sie als liebend. Indem wir aber ihren Willen austragen, mit ihnen verschmelzen, bleibt unser eigener Wille außerhalb ihres Zugriffs. Dadurch bleibt die Autonomie als Potential erhalten. Dieser Vorgang »schützt« die Autonomie, indem sie versteckt wird; dieser Vorgang ist in meinem Buch »Der Verrat am Selbst«[49] ausführlich beschrieben.

Diese Verschmelzung geschieht nicht ohne Vorbehalt. Sie dient dazu, den Kampf als Mittel der zwischenmenschlichen Beziehung zu manifestieren und auch, um den Unterdrücker an sein »liebendes« Image zu binden. Es bleibt also der permanente unausgesprochene Vorwurf wie die Forderung, daß der Unterdrücker seinem von ihm festgelegten Image entspricht.

Dieses »Beitreten« ist uneingeschränkt bis zu dem Tag, an dem die Autorität stürzt. Dann wird auch sie verraten, weil eine andere gefunden werden muß. Das *Schizoide* jedoch wird nicht von einem rückhaltlosen Verneinen der eigenen Möglichkeiten begleitet. Hier existiert immer noch ein Zweifel. Es ist dieser Zweifel, der der Einförmigkeit des von gesellschaftlichen Modellen unterstützten Fühlens immer noch entgegenwirkt und somit den Kern für Menschlichkeit erhält.

Wie die Neurotiker und Schizophrenen trotz Unterwerfung diese Hoffnung nicht aufgeben, habe ich in meinen Büchern ›Der Verrat am Selbst‹[50] und ›Der Wahnsinn der Normalität‹[51] beschrieben. Es ist jedoch wichtig zu erkennen, daß schizoide Manöver zu einer allgemeinen Art des Überlebens für Unterdrückte gehören.

Um nicht erkannt zu werden, wird Tarnung notwendig. Das Paradoxe besteht darin, daß diese lebensnotwendige Tarnung neue Hindernisse aufbaut, und zwar in dem Moment, wenn der Unterdrückte, dem Tarnung zur verinnerlichten List wurde, zu den Machtstrukturen zugelassen wird.

Sie macht die Anpassung an Machtstrukturen unmöglich. »Ich tarne mich, damit man mich nicht erkennt.« Da dieser Vorgang unbewußt ist, erinnert man sich nicht, sich der unterdrückenden Machtstruktur untergeordnet zu haben und so zu erscheinen, wie diese es verlangt. Um das zu ändern, reicht es nicht aus, gegen den Unterdrücker zu sein. Man muß sich dem eigenen Verhalten stellen. Es reicht nicht, den Unterdrücker zu hassen, man muß mit sich selbst hadern und die Verantwortung für die Verinnerlichung dieses Vorgangs übernehmen, indem man sich dessen bewußt wird, wie schmerzhaft auch immer. Dies ist ein komplizierter Vorgang, weil er immer beides ist, Verinnerlichung wie auch Beschützung der eigenen Werte, die zu dieser Tarnung führten. Tarnung führt letztlich in eine Sackgasse und zerstört den Menschen.

Ein schlimmes Beispiel dafür ist die Unterdrückung der Afroamerikaner in den USA; besonders unter den Umständen einer dem Konsum völlig ergebenen Gesellschaft. Weil der Schwarze von den Weißen als dumm eingestuft wurde, »durfte« ihn das weiße Herrenvolk beherrschen. Nur als »Dummer« konnte er den Weißen Widerstand leisten. »Dummsein« eröffnete Möglichkeiten, mit denen die Herrschenden besiegt werden konnten. Dadurch blieb wenig Freiraum, formale kognitive Funktionen zu entwickeln und zu beherrschen, die sie abschoben, um in ihrer Gefühlswelt bleiben zu können. Funktionen wie logisch-kausales Denken, mathematische Betrachtungsweisen beruhen auf nach außen gerichteten Tun und können bestens unter Kontrolle gebracht werden, wenn das innere Leben ausgeschaltet wird.[52]

Dann entwickelte sich ein Verhängnis: Indem sie sich an das Image anpaßten, das die Weißen von ihnen hatten, konnte ihre Menschlichkeit, ihre Beziehung zur Spontaneität, zum Ausdruck von Leid und Freud, bestehenbleiben. Aber sie versperrten sich die Entwicklung kognitiver Bereiche. Dadurch verloren die Afroamerikaner, ohne sich dessen bewußt zu werden, Zutritt zu einer unmenschlichen Entwicklung. Das jedoch könnte in einer dem Menschlichen zugewandten Welt positiv wirken. Da aber diese Entwicklung mit einem Nein zum Kognitiven verbunden ist, werden sie zu den Verlierern in einer völlig nach außen gelenkten Kultur. Das bedeutet natürlich nicht, daß Schwarze nicht unmenschlich sein können. Armut und Unterdrückung schaffen ihre eigene Unmenschlichkeit.

Hacker stellt in seinem Artikel über ›Affirmative Action‹[53] fest: »Um gute Ergebnisse bei dem College Admission Test zu erreichen, ist eine gewisse Ehrerbietung nötig.« Und das ist natürlich genau das, was der Rebell nicht erbringen will. Bei schwarzen Kindern basiert diese Rebellion zum Teil auf ihrer Fähigkeit, die Erwartungen ihrer Lehrer – die ja Macht über sie haben – zu »lesen«. Damit meine ich, daß sie die wirklichen Erwartungen ihrer Lehrer erraten und ihnen »entgegenkommen«. Diese Lehrer, meistens aus der Mittelklasse, gehen davon aus, daß diese schwarzen Kinder versagen werden. Indem die Kinder diesen Erwartungen entsprechen, bleibt ihre seelische Tiefe außerhalb des Zugriffs ihrer Lehrer, die ihnen im Grunde feindlich gesonnen sind; indem die Kinder sich diesen Erwartungen anpassen, können sie im Innern, das heißt in ihrer Lebendigkeit, nicht von den Lehrern, die die Schwarzen verachten, berührt werden.

Um welche Dinge das Innere dieser »Versager« kreist, legt eine Studie des Erziehungsdepartments des Staates New York[54] dar: Die Gründe, warum viele schwarze Schüler nicht auf den Lernstil der angelsächsischen Kultur eingehen, sind folgende:

A. Diese Schüler neigen dazu, räumliche Perzeptionen, Zahlen und zeitliche Begriffe im *annähernden*

Sinn zu begreifen. Sie zielen nicht auf vollkommene Genauigkeit.
B. Sie neigen dazu, sich auf Menschen und ihre Aktivitäten einzustellen, anstatt sie als Objekte zu sehen.
C. Sie sehen Dinge in ihrer Gesamtheit und nicht als isolierte Teile.
D. Sie sind nicht abhängig von Worten, sondern geübt in nonverbaler wie auch verbaler Kommunikation.

Wenn Hacker bemerkt, daß schwarze Gruppierungen gegen diesen Bericht Einspruch erhoben haben, zeigt das nur, daß diese selbst Merkmale des Menschseins als gering einstufen.

Die schwarzen Kinder jedoch halten, und zwar mit großem Risiko, gerade an Dingen fest, die uns, weil wir es im System zu etwas gebracht haben, verlorengegangen sind.

Computer, die unser Weltbild heute so sehr bestimmen, basieren auf Eigenschaften eines klaren Entweder-oder-Denkens. Das ist gerade die Art des Denkens, das Gefühle ausschaltet. Computer verarbeiten Daten auf der Basis einer einfachen, sauberen Wahl, zum Beispiel entweder »0« oder »1«. Das können sie sehr viel schneller als Menschen. Aber schon bei einfachen ganzheitlichen Kognitionen wie dem Erkennen von Mustern ist der Mensch der Maschine weit überlegen. Ein Mensch kann mit einem Blick ein Pferd von einer Kuh unterscheiden. Einen Computer so zu programmieren, daß er eine solche Entscheidung trifft, ist höchst kompliziert. Der Bereich des Computers sind Digitalentscheidungen (entweder 0 oder 1) – aber unser Gehirn trifft Analogentscheidungen, das heißt auf der Basis von *mehr* oder *weniger*.[55] Der CAT, der Test für die Aufnahme an amerikanischen Colleges, basiert jedoch auf digitalen Entscheidungen.

Die schwarzen Kinder treffen ihre Wahrnehmungsentscheide auf der Basis eines Annäherungsprozesses, der ständig die Situation in ihrer Gesamtheit differenziert. Diese Art von Entscheidungsprozeß zieht die totale Situation in Betracht, nicht nur einen isolierten Teil (A und B des Berichts).

Dies ist auch die Art von Entscheidungsprozeß, die allem philosophischen Denken zugrunde liegt. Analoges Denken hat die Qualität eines *Mehr-oder-weniger*, es beinhaltet nicht die Spaltung unseres Erlebens in ein *Alles oder Nichts* wie digitale Prozesse. Ersteres erlaubt unseren empathischen Wahrnehmungen, in den Entscheidungsprozeß einzutreten, wodurch eine größere Differenzierung möglich ist. Analoges Denken widerspricht dem nach außen gelenkten Denken, das in jenen Gesellschaften zum Erfolg führt, die ihre Mitglieder von ihrem Herzen trennen.

Das Grundproblem:
Wir kämpfen nicht mit dem wahren, sondern mit dem halluzinierten Feind

Ein Merkmal dieser Grundschwierigkeit ist das Nichterkennen von Widersprüchen. Parallel nebeneinander existieren Gedanken und Gefühle, die nicht miteinander vereinbar sind. Dissoziation ist die Grundregel, solange die Kultur Gespaltenheit fördert. Der haitianische Diktator von 1957 bis 1971, François Duvalier, wurde »Papa Doc« genannt. Über diesen Mann, der die meisten der 40 000 getöteten Haitianer auf dem Gewissen hat, sagte einer der Unterdrückten in einem Interview: »Der Vater war hart, sehr hart. Er tötete viele, viele. Aber er hütete das Volk.«[56]

Den Haß im anderen nicht zu erkennen, das ist, könnte man sagen, ein Grundsatz unseres Lebens. Wir machen etwas anderes daraus, indem wir ihn aus unserem Bewußtsein verdrängen und nur dem Image, das der grausame Herrscher von sich selbst gibt, glauben. Ceaușescus Kameraden wußten schon 1941, wie sehr er vom Haß getrieben war. Pavel Campeanu, einer seiner Mitkämpfer gegen das faschistische rumänische Regime in der Nazizeit, schrieb über ihre gemeinsame Inhaftierung: »Seine eindrucksvollste Eigenschaft jedoch war der tiefe Haß gegenüber seinen Gefängniskameraden, obgleich sie für dieselbe Sache kämpften und ihr Leben dafür riskierten. Ein allgemeiner, unpersönlicher Haß, nicht gegen irgendeine Person gerichtet, schien ihn zu verzehren. Es war so etwas wie eine frei schwimmende Wut und Verachtung für andere Menschen, überhaupt für Menschen in seinem eigenen Alter oder in Positionen, die er als geringer als seine empfand. Er konnte es nicht ertragen, einen Wettbewerb zu verlieren. Ich erinnere mich, daß er einmal im Gefängnis beim Schach verlor und es einfach ablehnte, mit dem Sieger zu sprechen. In seiner Beziehung zu uns anderen schien er ohne jegliche normale menschliche Gefühle zu sein, auf fremde Weise leer.«[57]

Edward Radzinskij, ein georgischer Dichter und Stalins Kampfgefährte, der von diesem für zehn Jahre ins Lager verbannt wurde, sah diesen so: »Die ›Professoren‹ [die intellektuellen Führer der Oktoberrevolution] benötigten Koba (Stalin) für die Schmutzarbeit der Revolution. Ich könnte schwören, sie verachteten ihn, fürchteten und haßten ihn. Ich aber liebte ihn, denn ich verstand den großen Zorn meines heimtückischen und gnadenlosen Freundes, dieses Bergtigers der Revolution.«[58]

Nach seiner Entlassung aus dem Lager wurde er eines Tages von Stalin eingeladen, und wieder erlebte er den Stalin, den er gekannt hatte: »Er blickte mich liebevoll an, und ich liebte ihn«, schrieb Radzinskij, obwohl er Stalins Grausamkeit am eigenen Leib erlitten hatte. Stalin konnte sich schrecklich bemitleiden, wenn er sich von alten Freunden verlassen fühlte – Menschen, die er getötet hatte!, und bittere Tränen vergießen. »Und wie er weinte. Denn was auch geschehen sein mochte, sie blieben dennoch unsere Freunde!«

Wir erhoffen Liebe von denen, die uns leiden lassen. In diesem Sinne sind wir alle verdreht, denn wir alle haben bis zu einem gewissen Grad Böses erlebt, das wir aber ins »Gute« verkehren. Doch dieser »gewisse Grad« enthält auch die Rettung, weil er keine gänzliche Unterwerfung unter die Grundlüge bedeutet. Wenn Schmerz ausgehalten werden kann – bei allem inneren Kampf, den das bedeutet –, ist man der Wahrheit gegenüber noch offen.

Es ist aber ein fast universales Anliegen, von der Wahrheit abzulenken. Ein markantes Beispiel ist das Ausmaß der Drogensucht. Die Drogensucht ist beides, Ausdruck einer unerträglichen Lage wie auch das *Bedürfnis*, der Wahrheit über die Lage zu entkommen. Dieses Bedürfnis ist so perfide, daß das Problem der Drogensucht in Worten anerkannt wird, aber gleichzeitig sein Ursprung in der Unerträglichkeit des menschlichen Daseins verschleiert wird.

Das Drogenproblem wird zum Feind Nummer eins erklärt. Das lenkt im doppelten Sinn von dem wahren Problem ab: erstens von den Ursprüngen, die das Problem geschaffen haben. Zweitens lenkt es, indem es zum Feind Nummer eins erklärt wird, von all dem ab, was die Menschheit sonst noch bedroht.

Mit anderen Worten: Das »Problem« Droge wird zum Ersatz für Lebenssinn genommen, indem es zum überwältigenden Feind erkoren wird. Die Lösung von Problemen setzt eine andere Mentalität voraus als die, die Feindbilder braucht.

Der Ruf nach »law and order« bringt keine wahren Lösungen. Präsident Bush senior ernannte in den USA einen »Drug Zar«, William Bennett, um den Drogen den Krieg zu erklären, ganz im Sinne eines Feindes, den viele Menschen brauchen, aber nicht im Sinne einer Lösung. Dafür braucht man aber gerade keine neuen Gefängnisse, keine Massenverhaftungen und schon gar nicht das Enthaupten aller Drogendealer, wie Bennett es forderte. Mit ihrer Feststellung: »Wir hätten kein Drogenproblem, wenn unsere Kinder Arbeit hätten«[59] machte Beulah Shepard, eine Gemeindeorganisatorin im schwarzen Armenviertel von Houston, den Unterschied zwischen denen, die wirkliche Lösungen anstreben, und denen, die am Feind festhalten, deutlich.

Innerhalb unserer gesellschaftlichen Ideologie gibt Arbeit Menschen Halt. Besonders der Mann bezieht Bedeutung aus der Tatsache, daß er Geld verdient und sich und eine Familie ernähren kann. Viele beginnen mit Drogen, weil ihre Arbeit ihnen keinen Halt mehr gibt. Das trifft besonders für die USA zu. Wie weit die USA als Modell für den uns drohenden persönlichen Zerfall gelten, zeigt folgendes: Amerika stellt 5 Prozent der Weltbevölkerung und konsumiert mehr als die Hälfte aller harten Drogen auf dem Weltmarkt.[60] Hier liegt die wahre Ursache für die Auflösung der Sicherheit in den Vereinigten Staaten.

In dieser Betrachtung ist der wirkliche Grund für den Untergang aller Machtstrukturen zu finden. Auf Macht aufgebaut, müssen sie an der Lüge über die Liebe festhalten. Wahre Zusammenhänge auf individueller wie auch gesellschaftlicher Ebene werden nicht gesehen. Die Jagd nach Feinden erhält dieses persönliche Grundgefüge aufrecht. Doch diese Jagd verbraucht zugleich enorme Energien von Staaten und Nationen und treibt zwangsläufig in einen Verfall, den dieser Aufwand aufhalten soll. Betrachtet man den Untergang Roms oder von Napoleons Frankreich, den Zusammenbruch des faschistischen Deutschlands, die sogenannten kommunistischen Regime nach dem Fall der Mauer oder andere Großmächte, so werden wir die Ursache für deren Zerfall immer im Kern der Lüge über die Liebe finden. Sie schürt die Vorstellung eines halluzinatorischen Feindes und verhindert, daß den eigentlichen gesellschaftlichen Problemen von Grund auf nachgegangen wird. Je länger an der Lüge festgehalten wird, desto mehr pervertiert sie die gesamte Sicht einer Gesellschaft und macht Korrekturen, die als einzige Möglichkeit den Zerfall aufhalten könnten, fast unmöglich.

Intelligenz allein reicht nicht aus, um diesen Zerfall aufzuhalten. Zum Beispiel: Nikolaj Iwanowitsch Bucharin war ein hochintelligenter und einfühlsamer Mann, der dem engsten Kreis um Lenin angehörte. Trotzdem suchte er Bestätigung von Stalin, der ihn töten ließ. Die »Partei«, die den Platz der Mutter einnahm, für die man sich aufopferte, wurde ihm zum Verhängnis.[61] Es war die Partei, eine abstrakte Idee, nicht ein eigenes Selbst, das ihm und seinen Kameraden inneren Halt gab. Das lieferte sie dann demjenigen aus, der die Partei beherrschte: Stalin. Und so blieb Stalin trotz seiner Grausamkeit für Bucharin bis zu seinem Ende der Mann, dem er sich in Hoffnung verbunden fühlte.

Unsere Intelligenz allein liefert uns der Logik unserer Konzepte aus. Man braucht eine echte Gefühlswelt, um ihrer Verführung zu widerstehen. Ossip Mandelstam war einer der Unbeirrbaren, als er in seinem ›Epigramm gegen Stalin‹[62] diesen auf eine Weise beschrieb, die ihn, Mandelstam, schließlich das Leben kostete:

> Und wir leben, doch die Füße, sie spüren keinen
>   Grund,
> Auf zehn Schritt nicht mehr hörbar, was er spricht,
>   unser Mund,
>
> Doch wenn's reicht für ein Wörtchen, ein kleines –
> Jenen Bergmenschen im Kreml, ihn meint es.
>
> Nur zu hören vom Bergmenschen im Kreml, dem
>   Knechter,
> Vom Verderber der Seelen und Bauernabschlächter.

Seine Finger wie Maden so fett und so grau,
Seine Worte wie Zentnergewichte genau.

Lacht sein Schnauzbart dann – wie Küchenschaben,
Und sein Stiefelschaft glänzt hocherhaben.

Um ihn her – seine Führer, die schmalhalsige Brut,
Mit den Diensten von Halbmenschen spielt er, mit Blut.

Einer pfeift, der miaut, jener jammert,
Doch nur er gibt den Ton – mit dem Hammer.

Und er schmiedet, der Hufschmied, Befehl um Befehl –
In den Leib, in die Stirn, dem ins Auge fidel.

Jede Hinrichtung schmeckt ihm – wie Beeren,
Diesem Breitbrust-Osseten zu Ehren.

Max Hayward schrieb in seinem Vorwort zu Nadeschda Mandelstams amerikanischer Ausgabe von ›Hope abandoned‹[63]: »Mandelstam zeichnete sich vor allem durch seine Immunität gegen das Verführerische in unserer Zeit aus, vor und nach der Revolution.« Mandelstams Frau Nadeschda in ihrem Buch ›Hope against hope‹[64]: »Da gibt es Menschen, deren Worte aus einer allgemein integrierten Sicht der Welt fließen, und vielleicht hat das immer für Dichter gegolten … Vielleicht ist es das, was sie dazu treibt, sich auszudrücken, und zugleich ist es das Maß ihrer Authentizität ... Jeder Dichter ist ein Störenfried, ein Unruhestifter gegen den öffentlichen Verstand – das heißt, anstatt vorgekaute Meinungen zu wiederholen, zieht er neuen Sinn aus seinem Verständnis von der Welt.«

Ich gebe jetzt das Beispiel eines Menschen, der in seinem Geschädigtsein das völlige Gegenteil eines Mandelstam darstellt und der ein reduziertes Menschsein verkörpert, das als solches von einer Gesellschaft, die dem Anschein von Stärke verfallen ist, nicht erkannt wird: Zu einem Interview kommt ein Luzerner Skinhead mit einer Kette, einem Schlagring und einer Spraydose Tränengas. Er brauche das zu seiner Verteidigung. Er sei Realschüler, langweile sich, deshalb habe er sich einer Gruppe angeschlossen. Zusammen seien sie stark. Man müsse alles tun, was die älteren Bandenmitglieder verlangen. Er füge sich lieber, als wieder allein zu sein. Angst kenne er keine. In der Gruppe seien sie stärker als die Polizei. Die Gruppe braucht für ihre Legitimation natürlich einen *Feind*: »Die Säuberung der Stadt von Drogenabhängigen, Asylanten, Homosexuellen und anderem Gesindel.« Im Grunde langweile er sich, aber mit der Gruppe gehe er »saufen und etwas herumprügeln«, das mache das Leben spannend. »Ich würde verrecken, wenn ich nicht zuschlagen könnte.« Wer das Opfer ist, zählt im Grunde nicht, es ist wichtig, ein Opfer zu finden.[65]

Dieses Sein ist von außen gelenkt. Es braucht Unterwerfung und fühlt sich noch auserlesen und stark dafür.

Es braucht Václav Havel, um uns auf diese Perversion des Menschseins aufmerksam zu machen: In seiner Neujahrsrede 1990, als neuer Präsident der heutigen Tschechischen Republik, mahnte er: »Wenn ich von der verdorbenen sittlichen Atmosphäre spreche..., spreche ich von uns allen. Alle nämlich haben wir uns an das totalitäre System gewöhnt, es als eine unabänderliche Tatsache hingenommen und es so eigentlich am Leben erhalten... Alles auf die vorhergehende Regierung schieben können wir zum einen nicht, weil es nicht der Wahrheit entspräche, zum anderen aber auch, weil es die Pflicht abschwächen könnte, die heute vor jedem von uns steht, nämlich die Pflicht, selbständig, frei, vernünftig und schnell zu handeln.«[66]

Cordelia Edvardson zeigte, daß solch ein Verhalten gar nicht von offensichtlicher Roheit und Gewalttätigkeit begleitet sein muß. Die Kehrseite der Verantwortung ist der Versuch, dieser Verantwortung durch Heldentum zu entkommen. Sie berichtete von einem gebildeten Paar, dem sie in einem Erste-Klasse-Abteil begegnete.[67] Die Dame sprach über Goethe und seinen ›Faust‹ und beklagte sich, daß es darin nicht einen einzigen edlen Menschen gäbe. Das kommentierte Cordelia Edvardson so: »Sophie Scholl und ihre Mitkämpfer wollten gar keine edlen Menschen – menschliche Menschen mit all ihren Gebrechen und ihrem Versagen wären schon genug gewesen. Es gab nur wenige davon: Ich glaube, daß Sophie Scholl mit ihren einfachen Worten eine grundlegende Einsicht ausdrückte. Nämlich dies: Das Streben nach ›edlen‹ oder ›neuen‹ Menschen kann direkt lebensgefährlich werden ... Wer die Kräfte Satans entfesseln will, der spreche von der neuen Ordnung, vom neuen Menschen, von Opferwillen, Hingabe an das hohe Ziel, Selbstverleugnung und – ja, warum nicht? – vom ›edlen Helden‹ ... Halten wir uns an den alten Menschen – unter der Voraussetzung, daß er seine Unzulänglichkeit, seine Trägheit, seine Angst und seine Müdigkeit nicht verleugnet.«

Nur so kommen Menschen zum eigenen Sein und zur wahren Verantwortung für sich selbst. Diese Äußerung von Cordelia Edvardson führt zu dem zurück, was in allen gewaltorientierten Gesellschaften zu ihrem eigenen Untergang beiträgt. Die Mächtigen beschützen die Täter, die ihre tödliche Gesinnung austragen.

Wenn Mörder beschützt werden, wird es dem Täter unmöglich gemacht, sich jemals seiner eigenen Reue stellen zu können. Er muß noch brutaler werden, um die Reste der eigenen Menschlichkeit zurückstoßen zu können. Die strafrechtlichen Auffassungen der meisten Gesellschaften basieren auf »Bestrafung«. Indem wir nur Schuldige suchen, ist uns nicht daran gelegen, daß ein Mensch sich selbst für ein Vergehen gegen die Menschheit stellt. Das erzeugt immer wieder neue Brutalität und fördert nicht ihren Rückgang. Es ist uns wichtiger, einen »Feind« zu finden und zu bestrafen, statt das Problem zu beseitigen. Die halluzinatorische

Wirklichkeit des Feindbildes wird von unseren selbsternannten Führern für ihre eigenen Machtansprüche ausgenutzt, weil wir in ihren Versprechen der Großartigkeit Erlösung suchen.

Shmuel, einer der Senioren in Barbara Myerhoffs wunderbarer und bewegender Studie über eine Gruppe älterer jüdischer Mitglieder eines Seniorenzentrums in Kalifornien, faßte dieses Problem auf folgende Art zusammen: »Wann immer Menschen sich an jemanden wenden, um erlöst zu werden, kommen sie ins Unglück – ob sie sich zu Gott oder zu Fremden mit welligem Haar oder blauen Augen wenden, es kommt alles auf dasselbe heraus. Wenn du dich im Traum eines anderen verfängst, mußt du mit Konsequenzen rechnen.«[68]

Die Bürde des ungelebten Lebens

Das Ungelebte

Marti Siirala schreibt in seiner Studie ›From Transfer to Transference‹[69], daß unser Schuldbewußtsein eine Reaktion auf »ungelebtes« Leben ist. Er gibt ein Beispiel: »Eine meiner Patientinnen fühlte sich für alle Ewigkeit verurteilt, weil sie einmal, drei Jahre vor Beginn der Psychotherapie, onaniert hatte. Es war klar, daß das, was sie als ihr schlimmstes Vergehen interpretierte, da, wo sie ihre Schuld am tiefsten fühlte, in der Tat ein Wegweiser zu ihren unverwirklichten Möglichkeiten war und ein eigentlicher Ansporn, dies als solchen zu akzeptieren. Die Last ihres ungelebten Potentials war wirklich groß und das Ausmaß ihrer Schuldgefühle entsprechend riesig.«

Wenn Schuld eine Verurteilung des eigenen unterdrückten Innern ist, kann keiner als Mutter oder Vater, die verzeihend wirken, auftreten. Hier muß ein »Schuldiger« sich selbst stellen. Man kann ihn begleiten, seine Qualen teilen, aber nicht vergeben. So wird der »Schuldige« seinem Begleiter (oder Therapeuten) ebenbürtig; er bekommt die Möglichkeit, ein Erwachsener mit

Selbstverantwortung zu sein. Verzeihen führt zu »mea culpa« und nicht zu Wachstum und Wandel.

Was es heißt, die Bürde des Ungelebten zu tragen, geht auf erschütternde Weise aus den Erlebnissen vieler amerikanischer Veteranen des Vietnamkriegs hervor. Die Regeln, die das Leben und Tun dieser Soldaten bestimmten, hatten nichts mit den Affekten zu tun, die dieser mörderische Krieg auslöste.

Die Mehrzahl der Soldaten, die nach Vietnam kamen, glaubte, für eine gute und gerechte Sache zu kämpfen. Nach und nach wurden sie mit inneren Reaktionen konfrontiert, für die der gesellschaftliche Glaube an Amerikas Mission keinen Platz hatte. Hautnah erlebten sie das Grauen des Todes, die Ermordung von Männern, Frauen und Kindern. Sie selbst mußten aus nächster Nähe töten, nicht aus entpersönlichter Distanz. Der Sinn ihres Tuns löste sich auf, und nur die Rettung der Kameraden hatte noch konkrete Bedeutung. Aber all das vertrug sich nicht mit einer Ideologie, für die Feinde keine Menschen sind.

Es ist eine positive Aussage über uns Menschen, und hier über diese amerikanischen Soldaten, daß Tausende von ihnen trotz des gesellschaftlichen Drucks, sich von dem Selbst abzuspalten, mit diesen Gefühlen des Grauens nicht durch Verneinung fertigwerden konnten. Immer wieder versuchten sie verzweifelt, sie zu verarbeiten, mußten aber versagen, weil das gemeinschaftliche Vokabular diese Gefühlswahrnehmungen nicht einordnen konnte. Erling Eng[70], vielleicht der einzige unter den amerikanischen Therapeuten, der diese Vorgänge ernst nahm, sagte, daß seine Veteranenpatienten den eigenen Gefühlen mißtrauten, weil sie nicht zu einem patriotischen Kämpfer paßten. Selbstmorde und Gewaltausbrüche nahmen rapid zu, die ehemaligen Soldaten flohen in Kriminalität, Alkohol und Drogen. Sie konnten ihrer Gefühle nicht Herr werden, aber sie konnten auch ihrem eigenen Leid nicht begegnen, weil es allem verinnerlichten Wissen von Männlichkeit widersprach.

Nach Jahrzehnten akzeptierte die offizielle amerikanische Psychiatrie endlich den Tatbestand, daß der Krieg die Ursache für das sich mit den Jahren erst vergrößernde und dann in eine persönliche Katastrophe mündende Leiden dieser als psychotisch, paranoid oder angstneurotisch eingestuften Menschen war. Dieser Zustand bekam den Namen »Posttraumatic Stress Disorder«, eine Störung also, welche durch ein ursprüngliches Trauma mit nachwirkendem Streß hervorgerufen wird. Diese Formulierung leitet jedoch von einem Vorgang weg, in den die Gesellschaft selbst verwickelt ist.

Erling Eng wagte es, in die Welt des Patienten hineinzusteigen, und erkannte, daß das Leiden dieser Patienten mit einem anderen von ihnen verdeckten Leiden verbunden war: dem Töten ohne Verantwortung, für das sie doch Verantwortung erlebten. Seine Patienten litten, weil die offizielle Ideologie Töten als ein Nicht-Töten darstellte, es als einen abstrakten Akt sehen wollte, worin, abgeschnitten von jeglicher Zugehörigkeit zum Menschsein des Soldaten, ein »böser« Feind ohne Schuld niedergemetzelt werden konnte.

Aber für viele dieser Soldaten war die Begegnung mit dem Feind individuell, es war kein distanziertes Töten wie aus einem Flugzeug. Die offizielle Sicht, die das Töten der Verantwortung enthebt, funktionierte nicht. Dennoch war sie die Brille, die ihre eigene Sicht behinderte und den inneren Gefühlswahrnehmungen den Weg zu Ausdruck und Anerkennung versperrte. Diese Soldaten litten, weil sie nicht an sich selbst herankommen konnten. Der Horror über das Töten eines anderen Menschen war aber in ihnen. Diese Menschen waren zerrissen, suchten verzweifelt, aber blind nach Lösungen. Gefangen in der Ideologie, wollten sie nur ihrem Leiden entrinnen.

Nur wenige Vietnamveteranen konnten sich wie Ron Kovic[71] von allein zu den Ursprüngen ihrer Krankheit durchringen, denn das bedeutet, wie Eng es formulierte, »eine uneingestandene Verantwortung auf sich nehmen zu können«.[72]

Ein Mensch aber, der in der Nähe des Todes mit seinen eigenen, wenn auch unerkannten Gefühlen konfrontiert wird, kann seiner Verantwortung nicht entkommen. »Der Soldat sucht seinen Feind in seinen nächtlichen Alpträumen«, schreibt Eng. Er sucht blindlings eine Begegnung, die seine Menschlichkeit erhält.

In vielen »primitiven« Gesellschaften kann es nicht zu so einer Entwicklung kommen. Flora Donner, eine

Anthropologin, schildert, wie die Iticoteri im Urwald von Venezuela dem Tod im Töten nicht entfliehen.[73] Wenn sie jemanden töten, bleibt der Feind ein Mensch wie sie selber. Sie tragen seine leidende Seele als Bürde in ihrer eigenen Brust mit sich, bis er beerdigt werden kann. Sie wissen, daß der Täter an dieser Bürde selbst sterben kann.

Für die Soldaten des Vietnamkrieges war es ganz anders: Eng schreibt über einen dieser Veteranen: »Als er ins Spital kam, wollte er Elektroschocks, damit er den Alptraum seines Lebens nicht erinnern mußte…« Sie sprachen miteinander, bis Eng sich in die Lage des Mannes eingelebt hatte. Durch dieses Teilen konnte der Patient seine eigenen Gefühle wahrnehmen, sich mit ihnen konfrontieren, sich ihnen stellen und dadurch zur eigenen Kraft gelangen. Am Ende sagte er zu Eng: »Als ich hierherkam, wollte ich mehr als alles andere vergessen, was ich erlebt hatte. Jetzt erkenne ich, daß es ein Teil meines Lebens war, und will es nicht vergessen… Man muß den Tod erkennen, um leben zu können.«[74]

Indem sich diese Männer ihrer Verantwortung stellen konnten, gewannen sie ihre Fähigkeit zur Liebe zurück. Hier erhält Antonio Porchias Gedanke, von Eng zitiert, seine vollste Bedeutung: »Liebe, die nicht ganz Leid ist, ist nicht ganz Liebe.«[75]

Die Angst, selbst zu sein, ist die Angst vor der Nähe

Das Ungelebte kommt nur zustande, weil den meisten von uns vom ersten Tag unseres Lebens eingeprägt wird, daß Liebe verdient werden muß, daß sie kein Recht ist. Vor über dreißig Jahren erschien eine psychologische Studie, die dieses Verhältnis von Liebe und Leistung als Baustein jeglichen Lernens propagierte. Dieses Buch, ›From Learning for Love to Love of Learning‹ (Vom Lernen für Liebe zur Liebe für das Lernen),[76] akzeptierte als gegeben, daß man für Liebe etwas leisten muß. Aus dieser Perversion der Liebe folgen Hörigkeit und Verlust des eigenen Selbst.

Durch diese Art von Liebe hören Menschen auf, liebend zu sein. Indem Liebe zum Ungelebten wird, wird sie zur Quelle jeglicher Gewalttätigkeit. Die Anthropologin Eleanor Burke Leacock beschreibt dies aus dem 16. Jahrhundert,[77] als Jesuiten die Montagnais-Indianer im St.-Lawrence-Gebiet von Kanada zum Christentum bekehrten. In dem Moment, als den Indianern solche an Bedingungen gebundene Liebe als »zivilisiertes« Verhalten beigebracht wurde, fingen sie an, andere zu bestrafen.

Wenn das eigene Sein nicht von Eltern geliebt wird, lernt man rasch, daß man für das Befolgen von Regeln geliebt werden kann. Diese Regeln haben mit Besitz und Kontrolle zu tun. Ein Pater zum Beispiel sagte zu einem dieser Montagnais, daß es einer verheirateten Frau nicht würdig sei, andere Männer zu lieben, und daß er gar nicht sicher sein könne, daß sein Sohn auch sein Sohn sei. Der Indianer antwortete: »Du hast keinen Verstand. Ihr Franzosen liebt nur eure eigenen Kinder; wir aber lieben alle Kinder unseres Stammes.« Diese Indianer liebten ihre Kinder (sie schrien sie zum Beispiel nie an) für ihr eigenes Sein und nicht, weil sie den Selbstwert der Erwachsenen ergänzten oder für ihr Statusbedürfnis gut waren. Sie waren nie Objekte des Besitzes, durch den wir Selbstwert erringen. Die Liebe der Indianer war ohne Bedingung.

Der Jesuitenpater Lejeune hat eine aufschlußreiche Beschreibung hinterlassen: »Da sie weder eine politische Organisation, Ämter, Würden noch jegliche Autoritäten haben, gehorchen sie ihrem Häuptling nur, wenn sie ihm freundlich gesinnt sind. Sie töten einander nie, um Ehren zu erlangen. Sie sind zufrieden, einfach dahinzuleben, nicht einer übergibt sich dem Teufel, um Reichtum anzuhäufen.«[78]

Bei uns gilt das Gegenteil. Natürlich sind die Eltern, die an der bedingten Liebe festhalten, genauso in einem gesellschaftlichen Gefüge gefangen, wie ihre Kinder es sein werden. Dieser Vorgang »vererbt« sich, wird erst unterbrochen, wenn eine innere Stimme wahrgenommen werden kann. Dann besteht die Möglichkeit, aus diesem Teufelskreis hinauszutreten. Aber der Prozeß ist schwierig, trotz der Leiden, denn die Angst, gegen das elterliche Gebot zu verstoßen, ist größer als der Wunsch, sich selbst zu erreichen.

Durch die Augen unserer Patienten können wir das Spiel der Mächte erkennen. Henry kam als vierzigjähriger Mann in die Psychotherapie, weil er sich immer mehr von seiner gesellschaftlichen Welt zurückzog. Er klagte auch darüber, daß er keine Gefühle über den Tod seiner Mutter aufbrachte. Als eigentlichen Grund für seinen gesellschaftlichen Rückzug sah er ein Hautekzem an. Nach einiger Zeit in der Therapie wurde klar, daß ihn diese äußerliche Entstellung vor menschlichem Kontakt »schützte«, den er sich bewußt wünschte. Seine Angst vor dem Ungelebten, vor seinen wirklichen Bedürfnissen nach Nähe, kam nur auf diesem Weg zum Vorschein.

Ein Traum, in dem er ein kleiner Esel war, der dauernd von einer Frau mit Zucker gelockt wurde, entwirrte seine Beziehung zu einer dominanten und kalten Mutter. Im Traum wurde er jedesmal von dieser Frau auf die Beine geschlagen, wenn er auf ihre Verlockung mit dem Zucker einging. Seine Vorderbeine waren schon ganz wund, aber er, der Esel, konnte sich nicht anders verhalten. Denn wenn er *nicht* auf den Zucker einging, fühlte er, daß er der Frau nicht genügte. In seinen Assoziationen zum Traum kam zum Ausdruck, daß der Zucker nicht Liebe, sondern Belohnung war. Diese »Belohnung« in seiner Kindheit war die Anerkennung seiner Mutter, daß er sich ihren Verhaltensvorschriften gefügt hatte. Diese Anerkennung wurde als Tausch für eine Liebe angenommen, die er niemals erhalten konnte, ohne die er aber nicht hätte leben können. In der Sitzung, in der der Patient dies ausarbeitete, stieg die Angst, sterben zu müssen, empor. Nach dieser fast schreiend vorgebrachten Mitteilung kam seine Einsicht über die Angst vor der Nähe: »*Man versucht, die Angst, die man fürchtet, aufrecht zu erhalten, so daß niemand an einen herankommen kann.*«

Es ist diese Angst, die uns trotz großer Sehnsucht nach Liebe dazu bringt, immer wieder und im Namen der Liebe der Nähe zu entkommen. Es ist der Hungerstreik gegen den Hunger, also gegen die ureigenen Bedürfnisse.

Dieser Rückzug in eine völlig eigene Welt gleicht dem Autismus. Dieser ist wohl die äußerste Art, die ein Mensch entwickeln kann, um sich vor verletzender Nähe zu »schützen«. Auf höchst paradoxe Weise und ohne die damit einhergehende Unmenschlichkeit zu vertuschen, ist jede Art von Folter und jede Art von Feindbildinszenierung ein Versuch, sich vor dem Menschlichen in sich selbst zu schützen. Nur haben die, die uns verletzen, foltern und vergewaltigen, den Eigenhaß in ein Hassen und Zerstören nach außen umgekehrt.

Es sind die »Gestörten«, die Auskunft geben über die Folterer, und jene, die ihr Leben reduziert und nach Paragraphen verbringen. Jeder hat das Leid und die Verletzung des Ungeliebtseins einmal erfahren, aber die seelisch Kranken schreien mit ihrem Kranksein dagegen auf. Sie haben nicht die Kraft für eine offene Erklärung ihrer Wahrheit – sie wurden ferngehalten von den Erlebnissen, die ihnen gesagt hätten, daß ihre Stärke gerade ihre Feinfühligkeit und ihre Fähigkeit, Schmerz zu ertragen, ist. Deswegen bleibt ihr Kampf vergeblich und selbstzerstörerisch.

Die anderen dagegen, die sich so »normal« geben, weil sie die Regeln des äußeren Images einhalten, kämpfen nicht mit sich, sondern gegen das Lebendige. Bei ihnen steigt die Wahrheit über ihre Verleugnung des Lebens erst dann empor, wenn unter dem Druck der Ereignisse das Ungelebte hervorquillt. Dann aber bricht ihre Verhaltensfront zusammen, und in einem psychotischen Zusammenbruch stürzen sie sich und ihre Welt in den Tod. Wenn solch ein Mensch politische Macht errungen hat, betrifft uns das alle.

Man braucht sich nur an Hitlers Ende zu erinnern, in einem brennenden Berlin, in dem er noch kurz vor seinem Tod unzählige Mütter und Kinder in den U-Bahn-Schächten ertrinken ließ. Sie waren, weil sie hilflos waren, wertlos für ihn. Die offiziell als krank Eingestuften geben Auskunft über diese Prozesse in uns allen. Auch sie bestehen auf der Lüge um die Liebe – nur anders. Sie kämpfen gegen die Lüge, solange sie in der ihnen Sicherheit gebenden Isolation bleiben können, unter der sie leiden. In dem Moment aber, wo diese durch die gefühlsmäßige Nähe eines anderen zu durchbrechen droht, lehnen auch sie Liebe ab.

Freud bezeichnete diese Vorgänge in einer Psychoanalyse als Widerstand. Er dachte, daß seine Patienten den Kampf gegen die Genesung führen, um sich gegen vermeintlich böse Instinkte zu wehren. Er sprach von den »anticathexes«, womit das Ego sich gegen das unbewußte und verdrängte Es schütze. Freud sah die Ursachen dafür in Strukturen und Mechanismen, die um antigesellschaftliche Triebe kreisen. Seine Gegenüberstellung von Trieb und Gesellschaft, worin Sozialisierung Unterdrückung der eigenen Triebe bedeutet, weil sie als antisozial eingestuft wurden, verurteilte im voraus jede berechtigte Auflehnung gegen die etablierte Autorität. Er konnte deshalb nicht »sehen«, was dieser Widerstand in seinen Patienten wirklich war. Aber er unterstützte ihren Versuch, sich selbst zu verwirklichen.

Das geht zum Beispiel aus Abraham Kardiners Schilderung seiner Analyse mit Freud hervor.[79] Kardiner war unzufrieden mit Freuds Versuch, ihn in die Unabhängigkeit zu treiben, und suchte sich am Ende einen anderen Analytiker, an dem er länger hängen konnte!

Wir können heute erkennen, daß es unseren Patienten darum geht, der Nähe, die sie fürchten, auszuweichen. Sie verteidigen ihre Isolation, weil sie gar nicht glauben, daß man sie teilen könnte, und weil das Alleinsein, unbewußt, auch zu ihrer phantasierten Stärke wurde, einer geheimen Stärke, die auf Grandiosität und Verachtung baut. *Und* sie wollen nie wieder den Tod erleben, das heißt, niemals mehr mit dem Entzug der Liebe durch den Therapeuten konfrontiert werden. Es erfordert ungeheuren Mut vom Patienten, das nochmals zu beleben und zu erleben.

Man könnte sagen, daß unsere Patienten im Grunde auch das Bildnis ihrer Mütter (mehr noch als das der Väter) als unanfechtbare, gute Mütter aufrechterhalten wollen. Sie tun es aber nicht, indem sie die wahrhaft Guten töten, wie es die Angepaßten tun. Sie tun es, indem sie »beweisen«, daß niemand sie lieben kann, entweder weil die ihnen dargebotene Liebe ungenügend ist oder weil der, der sie offeriert, ungenügend ist. Das ist der große Unterschied zwischen ihnen und den dem Bösen Angepaßten. Die ersteren töten nicht, sie machen nur ihr eigenes Leben qualvoll. Aber durch ihren Werdegang erkennen wir, was beiden gemeinsam ist, nämlich die Unerträglichkeit einer ungenügenden Liebe. Dazu möchte ich einige Beispiele geben.

Ein Patient, Mitte Vierzig, hatte eine Kindheit, die von einer ihn ausnutzenden Mutter geprägt war. Sie schenkte ihm ihre Aufmerksamkeit nur, wenn es ihrem gesellschaftlichen Image nützte oder sie ihn brauchte. Dann war sie für ihn sehr aufregend und verführerisch. In diesen Momenten spielte sie viel mit ihm, konnte ihn aber genauso schnell fallenlassen, wenn es ihr langweilig wurde. So von ihr verlassen, wartete er auf sie, rührte sich nicht vom Fenster weg, wo er nach ihr Ausschau hielt. Woran er sich später erinnerte, war ein Gefühl, daß ohne sie kein Leben war. »Ich versprach, für sie zu sorgen, wann immer sie weinte, und wenn sie mich in ihre Arme nahm – sie konnte mich gleich danach einfach fallenlassen, um fröhlich einen Telefonanruf entgegenzunehmen –, fühlte ich mich völlig glücklich.« Wenn er sich in diesen Momenten mit ihr vereinte, trat er auch in ihre Verachtung der Welt ein. Auf diese Weise vertuschte er seine Verachtung, die er gegenüber seiner Hilflosigkeit empfand. »Wir spotteten über alles – niemand war so gut wie wir.«[80]

Als Erwachsener klammerte er sich an eine Frau, die nichts geben konnte, falsch und gefühlskalt war. »Ich brauche ein Fundament, Berührung mit Kälte, mit dem Tod, einem Talisman für mich... Wenn ich allein bin, dann ist es wie ein erschreckender Abgrund ohne Boden.«

Obgleich er sich durch die Wahl falscher Liebe erniedrigt fühlte, begnügte er sich mit *seinem* Geheimnis, daß er diese »Nicht«-Frauen verachtete. Und tiefer noch: Indem er so tat, als ob er sie liebte, wurde sein inneres Selbst aus dem Spiel gelassen. Es blieb unberührt. Zugleich befand er sich in der Panik, daß seine Mutter – oder später eine seiner Frauen – ihn verlassen würden. Er fühlte, daß all das ihn in den Wahnsinn oder in den Selbstmord treiben würde. »Ich habe dann das Gefühl zu sterben, wie wahnsinnig – ich hätte als Kind verrückt werden können.« Fast im selben Atemzug drückte er auch seine Unfähigkeit aus, diese Verknüpfung zu durchschneiden. Er fühlte sich nicht stark genug: »Ich könnte keine Fenster im fünfzigsten Stock putzen oder ein Fallschirmjäger sein.« Damit wandelte er seine Panik vor der Hilflosigkeit in eine Verspottung von Kraft um, indem eine Fiktion von Tapferkeit als Ausdruck echter Kraft vorgab. Auf diesem Weg hielt er sich fern von wirklichen Beziehungen, und innerhalb einer phantasierten Sicherheit, die er aus seiner grandiosen Verachtung der ganzen Welt bezog, blieb er in einer das Leben vermeidenden Isolation.

Ein weiteres Beispiel: Eine Patientin ruft mich aus dem Ausland an. Sie war knapp einer Vergewaltigung entgangen, ist verunsichert, verzweifelt und möchte sofort zurückkommen. Wir vereinbaren eine Sitzung für den nächsten Tag. Sie erscheint und redet gleichgültig über viele unwesentliche Dinge. Ich erinnere sie an ihre Verzweiflung und an den Grund für diese Sitzung. »Es ist so weit weg und nicht mehr akut.« Daß ich sie an ihre Verzweiflung erinnere, empfindet sie als gewalttätigen Angriff. Ich müsse mich wohl in meiner Ehre verletzt fühlen, sagt sie verächtlich. Das heißt, weil ich ihr entgegenkam, bin ich schwach, sie dagegen stark, indem sie sich isoliert, meine Zuwendung nicht benötigt. Dieses »Rühr-mich-nicht-an« ist der Schutz gegen die eigenen Erwartungen. Sie schützt sich, indem sie verneint, menschliche Zuwendung zu wollen. Das ist zu verstehen bei einer Kindheit mit Eltern, die beide mörderisch mit ihren Kindern umgingen. Aber noch etwas anderes kommt hier ins Spiel: Etwas Gutes zu erleben bedroht sie. Um dies zu vermeiden, versucht sie, jene, die ihr freundlich entgegenkommen, zu provozieren. Dann kann sie sich in ihrer Einsamkeit bestätigt fühlen: Niemand ist menschlich, niemand berührt sie.

Damit bleiben auch Vater und Mutter beschützt. Niemand ist besser als sie.

Drittes Beispiel: Eine andere Patientin drückte ihren Horror vor sich selbst aus, der auch hinter Isolierungsmanövern steckt, indem sie ihren Therapeuten beschuldigte, *nicht* mit ihrer Lage zu sympathisieren. Doch wenn sie meinte, Gefühle mit ihm zu teilen, fühlte sie gleichzeitig, daß ihr Therapeut sie »nicht mögen würde, wenn sie wirklich Angst hätte«. Also mußte sie die Angst verbergen, glaubte aber, sie zu teilen. In der Tat hatte sie gerade ein erschütterndes Kindheitserlebnis ohne jegliche Gemütsbewegung erzählt.

Dieser Widerstand drückt etwas Grundsätzliches aus, nämlich den Versuch, sich vor der Liebe, die zum Verhängnis wurde, zu schützen. Das Nichtgeliebtwerden, die Ablehnung als Kind, führte zu einer schrecklichen Verletzung des eigenen Seins, so daß das resultierende ungeheure Leid nur durch Isolierung und Verachtung (des eigenen Selbst wie auch des anderen) verdeckt werden konnte.

Im Grunde sind wir alle durch das Ausbleiben von Liebe verletzt worden. Je nach Stärke der Verletzung entwickeln wir alle Wege, diese zu überwinden. Die »Kranken« können nur weiterleben, indem sie andere nie an sich heranlassen, wissen aber nicht, daß dies ihr Verhalten bestimmt. Doch über eins wissen sie sehr viel: über Ungerechtigkeit.

Sie halten uns einen Spiegel vor Augen, um uns zu zeigen, daß wir nicht das sind, was wir zu sein glauben; daß wir Macht ausüben unter dem Deckmantel der Liebe und Fürsorge; uns gegenseitig verletzen, aber vorgeben, es sei zu unserem Besten. Diese Kranken können dies nur auf verhüllte Art ausdrücken, indem sie sich selbst zum Objekt des Unbeliebten machen. Dadurch zeigen sie, daß wir niemanden lieben können. Indem sie sich durch ihr Klagen und Leiden unliebsam machen, verdecken sie, daß sie uns eigentlich anklagen. Sie schützen sich, indem sie zum Opfer unserer Ablehnung werden. Der Preis ihres »Selbstschutzes« ist ein Tod im Leben. Dadurch erkennen wir nicht mehr ihre und unsere menschliche Gemeinsamkeit.

Die Angepaßten sind berührbar, solange man sie in ihrer Lüge um die Lüge bestätigt. Die Kranken dagegen sind überhaupt nicht faßbar. Gustav Bychowski gibt uns ein Bild von einer Frau, die ihren Wahn auf folgende Weise ausdrückte: Wann immer jemand sie ernst nahm, sie als wirklich akzeptierte, bekam sie einen Wutanfall.[81] Dadurch drückte sie ihre leidvolle Erkenntnis aus, daß sie äußerlich unecht sei, ihre Wirklichkeit radikal ablehnte. Für sie war es besser, nicht zu sein, als eine Lüge zu leben.

Beide Formen dieser Entwicklung können keine Nähe ertragen, aber aus unterschiedlichen Gründen. Für die, die sich der Macht unterwerfen, wird Nähe pervertiert. Entweder der andere unterwirft sich ihnen oder sie sich dem anderen. Wechselbeziehung ist hier niemals ein Austausch zwischen Ebenbürtigen. Es ist immer ein Spiel (ein strenges und gefährliches), in dem es darum geht, das Image des anderen als Herrscher oder als Diener zu bestätigen. Diejenigen dagegen, die von Anfang an nicht mitmachen, lassen sich erst gar nicht anrühren.

Beide haben Angst vor einem echten Selbst. Die ersten, weil das die Wahrheit über ihren Selbstverrat offenbaren würde, die anderen, weil solch ein Selbst sie dem Tode nahebringt.

Die Suche nach falschen Göttern

Ochwiay Biano, der Häuptling der Taos Pueblos in New Mexico, beschrieb in einem Gespräch mit Carl Gustav Jung seine Beziehung zu Gott[82]: »Was wir (in unserer Religion) tun«, sagte er, »tun wir nicht nur für uns ..., wir tun es für die ganze Welt ... Wenn wir es nicht täten, was würde mit der Welt geschehen ... ? Wir leben auf dem Dach der Welt; wir sind die Söhne von Vater Sonne, und mit unserer Religion helfen wir ihm täglich, den Himmel zu überqueren. Wir tun dies nicht nur für uns selber, sondern für die ganze Welt. Hörten wir auf, unsere Religion auszuüben, würde in zehn Jahren die Sonne nicht mehr aufsteigen. Dann würde für immer Nacht sein.« Jung schrieb darüber: »... daß der Mensch Gott etwas im Austausch geben kann, bewirkt Stolz, denn es hebt das menschliche Individuum zur Würde eines metaphysischen Faktors empor... Solch ein Mann hat im vollsten Sinne des Wortes seinen angemessenen Platz.«

Wenn man aber eine Autorität außerhalb des Selbst suchen muß, wird es nur darum gehen, einen Erlöser zu finden, der einem die Verantwortung für das Selbst nehmen kann. Wie mit Mutter oder Vater, die man nicht in ihrem wahren Wesen sehen durfte, so sucht man ewig weiter nach denen, durch die die ursprüngliche Lüge weitergeführt werden kann.

Solche Erlöser können nie Götter der Liebe sein. Erlöser wird diejenige Autorität, die die Selbstverachtung und den Selbsthaß mildert, indem sie Gewalt und Verachtung gegen andere gutheißt. Das heißt Erlösung von der lauernden Schuld, weil man keine Verantwortung für sich selbst übernommen hat. Solch ein von Menschen gemachter Gott kann Menschen nur in Verachtung halten. Im voraus verneint er, daß Menschen selbständig sein können. Solche Abgötter sind falsche Götter, im Spiegelbild von Menschen geschaffen, die sich selbst verachten. Sie können weder sich selbst noch andere lieben. Sie sind also Menschen, die sich Göttlichkeit anmaßen.

Wer wird zu einem falschen Gott?

Der »Trick« in der Entwicklung einer solchen Persönlichkeitsstruktur liegt in der Überbrückung innerer Leere durch eine gewaltige Überbewertung des von außen aufgesetzten Selbst. Solch eine Entwicklungswende in einem Sohn kann nur durch seine Mutter eingeleitet werden. (In einer Tochter hingegen erzeugt die Bevorzugung durch den Vater Schuld der Mutter gegenüber. Wenn diese verneint wird, wird die Tochter ihre tiefere Weiblichkeit und Menschlichkeit verwerfen und sich mit dem männlichen Machtanspruch identifizieren.)

Dies geschieht im Kontext einer ödipalen Entwicklung, die von der Mutter künstlich durch Verführung des Sohnes oder der Tochter durch Lob, Aufmerksamkeit und Bewunderung gefördert wird. Gegen diese Bewunderung können sich kleine Kinder nicht wehren, sie macht sie zu wichtig. Und wenn sie genügend damit überschüttet werden, werden sie sich Schuldgefühlen nie zu stellen brauchen.

Das Problem dabei ist, daß solche mütterliche Erpressung den Kleinen wichtig macht, ohne daß diese Wichtigkeit in seiner eigenen Kraft begründet wäre. Und eben das wird zum Fundament seiner Verachtung. Er wird im geheimen die Mutter – und später alle Frauen und Männer, also die ganze Menschheit – für die Überbewertung verachten, weil er nur Leere in sich selbst spürt. Er muß also, um sich davor zu retten, in die Grandiosität flüchten und die Rolle, die ihm die Mutter aufsetzte, als seine eigene akzeptieren. Aber in dieser Rolle des Retters wird er sich fortan am Leben selbst rächen.

Volker Elis Pilgrim nennt solche Männer »Muttersöhne«.[83] Söhne wie Hitler, Stalin und Napoleon hatten besondere Beziehungen zu ihren Müttern. Pilgrim glaubt, daß dies im Zusammenhang mit einer tiefen Liebe zu diesen Müttern steht. Ich gehe davon aus, daß diese *scheinbare* Liebe eine verneinende Reaktion auf einen grundsätzlichen Haß war, den sie gegenüber ausbeutenden Müttern empfanden.

Es macht keinen Unterschied, aus welchem Grund solche Mütter das Bewußtsein ihrer Söhne oder Töchter so dominieren; ob sie diese zum Werkzeug ihrer Machtansprüche oder zum Retter ihres durch den Vater leiderfüllten Lebens machen. Ausschlaggebend ist das Gefühl außerordentlicher Bedeutsamkeit, das den Kindern eingeimpft wird.

Alle diese Söhne (oder Töchter) haben gelernt, sich dem liebenden Image ihrer Mütter oder Väter anzupassen. Sie spielen diese Rolle, ohne im Zuschauer jemals widersprüchliche Gefühle zu erwecken. Sie strahlen Liebe aus und mißbrauchen sie für tödliche Zwecke.

Das natürlich macht aus ihnen noch keinen Gott. Es bedarf der Mitwirkung derer, die sich selbst verachten und unzulänglich finden. Was diese anders macht, ist der Mangel an Grandiosität. Die Abwesenheit einer Verführung durch eine ehrgeizige Mutter läßt Grandiosität gar nicht erst aufkommen. Wahre Liebe macht angst; weil wir uns ihrer nicht wert fühlen. Was auf individueller Ebene zum Drama unserer Unfähigkeit zu lieben führt, wird auf politischer Ebene zum Drama der Menschheit. Der Trick derer, die wir zum falschen Gott machen, ist ihre Fähigkeit, die Menschheit zu verachten, sie aber als ihr Retter zu verführen.

Das können sie nur, weil Menschen sich mit falscher Liebe wohl fühlen – sie bedroht sie nicht. Sie suchen die Verachtung (wie widersprüchlich das auch sein mag), um von ihr erlöst zu werden. Das ist es, was falsche Götter brauchen, um es auszunutzen, und wodurch sie sich dann über andere erheben.

Die Existenz der falschen Götter beruht auf einer Wechselwirkung: zwischen dem, der verachtet, und dem, der sich nicht lieben kann. Es ist ein Teufelskreis: Mütter »erzeugen« Söhne spiegelbildlich zu jenem männlichen Wahn, unter dem sie selbst leiden. Man kann mit der Ideologie der Macht als Kollaborateur, aber auch als Opfer mitmachen. Und so wird das Böse immer wieder weitergegeben. Dieser Teufelskreis kann nur durch einen schmerzlichen Prozeß der Bewußtwerdung durchbrochen werden.

Eugene O'Neill hat in seinem Drama ›Alle Reichtümer der Welt‹[84] diesen Vorgang in seiner ganzen Komplexität und schleichenden Raffinesse erspürt. Viel mehr als die psychologische Fachliteratur erkennt O'Neill den Zusammenhang zwischen Mutter-Sohn-Verstrickungen und der Entwicklung des Kindes zu einem kalten, destruktiven, sich grandios fühlenden Menschen.

Wahrscheinlich aufgrund seiner eigenen Verstrickung mit einer drogensüchtigen Mutter, ermöglicht es uns O'Neill in seinem Drama, diesen Werdegang zu erleben. Indem wir ihn *erleben*, behindern uns nicht die logischen Denkstrukturen an der gefühlsmäßigen Erkennung dieser Zusammenhänge. Ich finde es wichtig, hier genauer auf das Bühnendrama einzugehen.

In O'Neills letztem Drama erlebt der Zuschauer eine Wahrheit, die er im täglichen Leben nicht an sich herankommen läßt: Der Realismus der Mächtigen wurzelt in einer irren Phantasiewelt. Erzählt wird die Geschichte von Simon, dem mächtigen Fabrikbesitzer, dessen Streben nach Macht sich aus der verzweifelten Hilflosigkeit seiner Kindheit entwickelt.

Einerseits lockte ihn seine Mutter mit dem Versprechen, Anteil an ihrer Phantasiewelt haben zu können; andererseits schloß sie ihn aus, wenn es ihr nicht genehm war. Diese Willkür machte das Besitzen und Besessenwerden zum Motor seines Lebens. Jedoch verhüllt die Form, in der sich sein Streben nach Besitz ausdrückt, der »Realismus« des Wettbewerbs, diese tiefere Motivation. Aber durch die Wechselwirkung des Einanderbesitzens zwischen Mutter und Sohn gibt O'Neill uns Einblick in den Entstehungsprozeß des Psychopathen.

Ich verwende den Begriff »Psychopath« etwas anders, als er in Europa gebräuchlich ist, und habe dies in meinem Buch ›Der Wahnsinn der Normalität‹ angeführt. Der amerikanische Psychiater Harvey Cleckley schreibt in seinem grundlegenden Werk ›The Mask of Sanity‹[85] über den Psychopathen, der innerhalb der psychiatrischen Krankheitsbilder ein ungelöstes Rätsel blieb: »Der Beobachter ist mit einer überzeugenden

Maske von geistiger Gesundheit konfrontiert. Die Außenansicht dieser Maske ist vollkommen intakt; man kann sie nicht mit Fragen durchstoßen, um zu den tieferen Schichten vorzudringen. Der Prüfende trifft nie auf das Chaos, das man manchmal unter der Oberfläche des paranoiden Schizophrenen findet. Das Denken verläuft unter psychiatrischen Gesichtspunkten in ganz normalen Bahnen, und in Tests, die verborgene Störungen aufdecken könnten, kommt nichts zutage ... Nur sehr langsam steigt der Verdacht auf, daß es sich trotz dieser Intaktheit... hier nicht im geringsten um einen intakten Menschen handelt, sondern um eine subtil konstruierte Reaktionsmaschine, die eine menschliche Persönlichkeit perfekt nachahmen kann. Dieser einwandfrei arbeitende psychische Apparat bringt nicht nur unermüdlich Proben richtigen Denkens hervor, sondern auch die passenden Nachahmungen normaler menschlicher Gefühle, die auf nahezu alle Reize des Lebens reagieren. Die Kopie eines vollkommenen und normalen Menschen ist so perfekt, daß niemand, der einen solchen Menschen in der klinischen Situation untersucht, in wissenschaftlich objektiven Begriffen darlegen kann, wie und warum er nicht real ist. Und doch wissen oder fühlen wir, daß er keine Realität im Sinn eines voll und gesund erfahrenen Lebens hat.«

Das Handeln dieser Menschen ist in keiner Weise von Liebe bestimmt. Es hält unser Sein in seiner Bezogenheit auf Leiden und Liebe zum Narren.

Verachtung und Vertuschen sind seine Grundzüge. Der Psychopath erkennt die inneren Widersprüche in der Seele anderer. Und er weiß, daß man sie gegeneinander ausspielen kann, um Macht über diesen anderen zu bekommen. Er lernte dies durch den Umgang der Mutter mit einem schwachen, sich in Not befindlichen Vater (auch wenn er gewalttätig ist). Eine solche Not wird zur Schwäche, weil die Mutter sie benutzt und ausgebeutet hat, um ihre Machtposition in der Familie zu sichern – sei es für eine direkte Dominanz oder durch die Instrumentalisierung ihres eigenen Leidens. In der Hand solcher Menschen wird menschliches Schuldempfinden zum Mittel der Manipulation. Sie können Schuld ausspielen, Schuld einflößen, Menschen dazu bringen, sich ihrer Schuldgefühle zu schämen, oder sie davon erlösen.

Die Merkmale der seelischen Entwicklung solcher meistens männlichen Psychopathen sind immer die folgenden:

Erstens: Der Vater wird gehaßt und verachtet, aber es findet keine offene Auflehnung gegen ihn statt, weil Haß und Verachtung die Gefühle der Mutter zum Vater widerspiegeln, nicht die eigenen Gefühle. Sie revoltiert nicht, sondern ist in einen täglichen Kampf verstrickt, um dem Vater seine Schwäche, die oft im Alkoholismus liegt, zu beweisen. Dieser Kampf mündet nicht darin, den Vater zu verlassen, sondern in einen subtilen, unausgesprochenen Vorwurf.

Zweitens: Die Mütter dieser Männer haben kein Eigenleben. Sie können voller Ehrgeiz sein, aber ihr Lebensgrundsatz ist die Verherrlichung der Macht des Mannes. Diese zu besitzen ist ihr Ziel, nicht die Kraft ihrer eigenen Weiblichkeit. Das kann auf unterschiedliche Weise erreicht werden. Richard Nixons Mutter war zum Beispiel ehrgeizig, Hitlers Mutter spielte ihr Leiden aus. Das Gemeinsame ist, daß dem Sohn beigebracht wird, eine außerordentliche Bedeutung und Wichtigkeit für die Mutter zu haben, ganz im Gegensatz zum Vater. Dieses Versprechen macht es unmöglich, die eigene Kraft zu finden. Sie werden dauernd auf ihre Mütter eingestimmt sein. Sie verachten sich und ihre Mütter für diese Schwäche wie auch dafür, daß ihre Mütter vorgeben, sie für ihre »Stärke« zu lieben, wo sich die Söhne im Grunde eher als unzureichend empfinden. Übrig bleibt nur, der Bewunderung der Mutter zu entsprechen und sich der Größe zu verpflichten (bei Frauen kreist dieser Prozeß vor allem um den Vater, wie ich es auch im Falle von Margaret Thatcher noch darstellen werde).

In ›Alle Reichtümer der Welt‹ zeigt uns O'Neill, wie solche Menschen ihre tödliche Gesinnung erleben und wie sie diese auch immer wieder durch die Unmöglichkeit, sich selbst zu stellen, verdrängen.

Das Drama spielt im Massachusetts des frühen 19. Jahrhunderts in der Familie eines reichen, trunksüchtigen Textilfabrikanten. Dieser hatte gegen Ende seines Lebens seinen Reichtum verspielt, starb aber, bevor sich eine eventuelle finanzielle Katastrophe auf ihn auswirken konnte.

Sein Sohn Simon wird zum mächtigen Nachfolger, der alles auf Eroberung und Vergrößerung seines Imperiums setzt. Deborah, seine Mutter, will alle hinter den Kulissen beherrschen. In diesem Begehren spielte ihr Sohn von klein auf eine dominierende Rolle. Durch ihn, indem sie sich seines Seins bemächtigt, versucht sie, sich eine Welt zu gestalten, in der sie auf der Ebene der Phantasie Macht ausüben kann.

Um dies zu erreichen, verführt sie ihn: Sie macht ihn zum Partner ihrer großartigen Phantasien. Wenn aber sein Bedürfnis, ihr alles zu sein, ihr zuviel wird, kann sie ihn genausogut fallenlassen, um in der Willkür ihres Begehrens nicht berührt zu werden. So entsteht ein ewiger Machtkampf, den anderen zu besitzen um des Besitzes willen. Nur das gibt beiden ein Gefühl von innerem Wert. Es ist die Grundlage ihrer Beziehung, allerdings überzogen von Worten der Liebe, die beiden zur Last wurde. So führt uns O'Neill ein vergebliches Ringen um Liebe vor Augen, die nur zerstört, weil die Gier nach Macht und Besitz ihren Platz einnahm.

Einige von O'Neills Darstellungen sollen seine einzigartige Tiefe im Erfassen des Leids, des Zerstörerischen und der resultierenden seelischen Armut dieser Menschen belegen und zugleich die Dynamik ihres Tuns offenbaren.

Hier ein Dialog zwischen Mutter und Sohn, nachdem sie sich viele Jahre nicht gesehen haben:

Simon: Ich dachte gerade daran, wie du jede Rolle vollendet gespielt hast, wenn du mir Märchen vorgelesen hast. Eben warst du die gute Fee oder die gute Königin oder die arme kleine Prinzessin, die schlecht behandelt wurde – das war herrlich –, aber im nächsten Moment warst du gleich die hartherzige Königin oder die böse Fee oder die schreckliche Hexe, und mir lief die Gänsehaut über den Rücken.
Deborah: Du warst außergewöhnlich sensibel und hattest eine große Einbildungskraft – als Kind.

Hier schiebt sie die Verantwortung für seinen Beitritt an ihre Seite ihm zu, und gleichzeitig sagt sie ihm, daß er heute nicht mehr so »talentiert« ist!

Simon: Und was für eine Rolle spielst du jetzt, Mutter… ? (Nach einigem Hin und Her)
Deborah (scheint sich plötzlich ganz zu verlieren – arrogant): Nein. Ich habe vorgezogen, die geheime Macht hinter dem Königsthron zu sein – eine ehrgeizige Abenteurerin am Hofe, aus der Gosse aufgestiegen und zu hohen Ehren gelangt, um an das Ziel zu kommen, das sie sich selbst gesteckt hat – Favoritin des Königs zu werden und ihn durch seine Leidenschaft zu ihrem Sklaven zu machen!

Es ist aber auch klar, daß ihre Phantastereien eine Flucht waren, die einzige Möglichkeit für sie zu leben, weil ihr Mann alle ihre Versuche, an seinem Leben Anteil zu haben, vollständig ablehnte. Sie erzählt davon nach dem Tode ihres Mannes:

> ... eines Abends (habe ich) tatsächlich meinen Mann beim Abendessen gefragt ...: »Wie gehen die Geschäfte jetzt? Das interessiert mich sehr. Hat Präsident Jacksons Streit mit der Bank der Vereinigten Staaten einen günstigen Einfluß auf deine Im- und Exporte?« Schweigen breitete sich aus. Ist diese merkwürdige Frau nun völlig verrückt geworden? Nein, sie phantasiert nur wieder. Deborah hat immer phantasiert.

Die tiefe Verzweiflung eines Lebens, das nur auf Phantasie und Macht aufbaut, wird von Deborah so ausgedrückt:

> Ich hatte einmal einen Punkt erreicht, wo ich so verloren war, wo ich nicht einmal mehr einen Traum träumen konnte, ohne mich selber wütend auszulachen. Ich habe auf meine Seele und mein Herz gespuckt ... Ich habe den Tag verflucht, an dem ich geboren wurde, den Tag, wo ich gleichgültig empfing, den Tag, an dem ich gebar (mit furchtbarer Intensität). Bis ich, das schwöre ich dir, fühlte, mit einem kleinen weiteren Schritt hätte ich die Tür zum Wahnsinn aufstoßen können! Und wie habe ich mich

nach diesem Ausweg gesehnt! (Sie dreht sich plötzlich um und starrt Simon mit Haß an.) Ah! Und du wunderst dich, warum ich dich hasse! (Plötzlich von Angst und Schrecken ergriffen, springt sie auf.) Simon! Was hast du vor! Laß mich allein! Laß die Vergangenheit ruhen in ihrem verschlossenen Grabe! (Versucht, Herrschaft über sich zu gewinnen und gleichgültig zu erscheinen.) Offen und ehrlich, ich mag deinem Unsinn nicht weiter zuhören.

Er hatte gerade versucht, sie mit seiner Sehnsucht zu erreichen.

Und hier ist Simon mit seiner Sehnsucht nach einer unmöglichen Abhängigkeit, nach einem Verschmelzen mit dieser Mutter, die sie selbst in ihm züchtete, dann aber immer abwies, weil sie sie bedrängte:

Weißt du, Mutter, in letzter Zeit habe ich angefangen, mich nach diesem Garten zu sehnen – nach dir, wie du früher warst! Ich trauere um das Paradies, in dem du die gute, freundliche, geliebte, schöne Königin warst. Mir ist alles so lästig geworden, Mutter, was sie da draußen, außerhalb der Mauer, Leben nennen.

Und nur kurz zuvor hatte er noch sagen können: »Ich habe mich vor langer Zeit aus eigenem freien Willen von deinem Einfluß befreit.« Aber das nur, weil er die Welt anstelle der Mutter erobern muß.

Simon: Ich habe heute mit der Eisenbahn abgeschlossen. Sie geht in den Besitz der Firma über ... Für uns ist das ein weiteres Glied in der Kette unserer Unternehmungen. Meine Schiffe bringen Baumwolle zu meinen Fabriken. Dort wird mein Tuch fabriziert und auf meine Eisenbahn verladen. Aber es fehlt noch sehr viel, bis die Kette komplett ist ... Als nächstes muß ich meine eigene Bank bekommen. Dann kann ich meine Firma selbst finanzieren. Nichts darf mich auf dem Weg zu meinem Ziel aufhalten ... die Firma autark zu machen. Sie muß die umfassende Sicherheit totaler Autarkie erreichen – die Macht, die als einzige einem das Recht gibt, kein Sklave zu sein!

Darum geht es: frei von Bedürfnissen zu sein, die mit dem Bedürfnis nach Liebe anfingen, in einem vergeblichen Kampf mit der Mutter um das Besitzen ihres Seins mündeten und dann in einem gewaltigen Verlangen nach Unverwundbarkeit endeten. Das ist das Tödliche hinter jedem Machtanspruch, das Neinsagen zu dem Bedürfnis nach Liebe und seine Bemächtigung durch das Kontrollieren und Besitzen des anderen. Nur wenn er/sie dir gehört, kannst du sicher sein. Das aber tötet alles Lebendige.

Und wie reagiert Deborah auf seinen Ehrgeiz? Sie versucht, ihm den Boden zu nehmen, denn seine Stärke, wenn sie nicht für sie ist, bedroht ihren Anspruch auf ihn.

Deborah: Ich verstehe. Lieber, daß du sehr weit fort von mir gegangen bist – und dich selbst verloren hast und sehr allein bist.

Simon: Verloren? O nein, das glaube nur ja nicht! Ich gewinne immer. Warte nur ab, Mutter! Ich werde dir beweisen, daß ich die Firma zum ruhmreichen endgültigen Triumph führen werde – vollkommene Unabhängigkeit und Freiheit in sich selbst!

Simon versucht, sich unverwundbar zu machen, indem er sein Bedürfnis nach anderen Menschen abtötet, weil er durch sie verletzt werden könnte. Das aber führt auch zu einer abgrundtiefen Leere, die dann wiederum nur durch eine Vertiefung des Machtstrebens kompensiert werden kann.

Simon: Aber manchmal in letzter Zeit, Mutter, wenn ich allein in meinem Kontor saß, war ich des ganzen Spiels so müde – immer jede Karte, die ich von der gegenüberliegenden Seite des Tisches herüberholte, mißtrauisch zu untersuchen – obwohl ich sie alle markiert hatte –, zuzusehen, wie meine Gewinne sich stapelten, und zu fühlen, wie mein erschwindelter, sieghafter Triumph sich in Ärger und Unzufriedenheit umkehrte – die Flamme des Ehrgeizes schmolz in eine frostige Verzagtheit –, als ob der innere Opponent tödliches Gift, das Gift der Verachtung, hineingespuckt hätte.

Das einzige, was einem Menschen die Leere nimmt, ist das Teilen der wahren Gefühle mit einem anderen, ganz anders als das Einanderbesitzen. Andernfalls bleibt nur übrig, mit dem Tod zu spielen. Der Tod bekommt dann große Anziehungskraft für solche Menschen.

> *Simon:* Gefahr ist immer da ... Es ist wie der Seiltanz über einem Abgrund ... Aber du mußt nicht hinabschauen, denn dann wirst du unsicher und gerätst in Versuchung, dich hinunterzustürzen ... Glaubst du, ich weiß nicht, wie diese Sehnsucht, Schluß zu machen, endlich Frieden zu finden, einen fasziniert? Wieder still sein können oder umkehren, um Ruhe zu finden!

Im englischen Original ist es noch direkter: »... sich zu zerstören ist, frei zu sein.« Als hätte O'Neill geahnt, was in Hitler passierte, als er zu Albert Speer sagte: »... es fällt mir leicht, mein Leben zu beenden. Ein kurzer Moment, und ich bin von allem befreit.« Der einzige Weg, den Menschen mit innerer Leere haben, um ihre Jagd nach Größe aufzugeben, ist, sich – und uns – in den Tod zu führen.

Der unerträgliche Schmerz durch die »Nicht-Liebe« einer Mutter, die selbst von der Welt des Mannes in die Irre getrieben wurde, wandelt sich in Arroganz und Brutalität. Das Resultat ist erschütternd. In einer der letzten Szenen dieses Dramas wird es dargestellt. Hier sehen wir die Mutter in ihrer ungeheuren, destruktiven

Lieblosigkeit und den Sohn als das kleine schreiende, nie satt werdende Baby, das er wirklich ist.

O'Neill wußte offensichtlich ganz intuitiv, wer diese großen Männer, diese falschen Götter wirklich sind – armselige weinende Jungen, die mit ihren Tränen nicht nach Liebe schreien, sondern nur voller Zorn und Vorwurf auf ihre Mütter zeigen: Wenn du nicht mein wirst, taugst du nichts. Niemand übernimmt hier Verantwortung für sich selbst. Simon spricht zu seiner Mutter über ihren Garten und ihre Träume, die er damals als Kind nicht mehr begleiten durfte, mit bitterem, nachträglichem Vorwurf:

Ich habe nie das beängstigende Gefühl vergessen, als ich mich plötzlich betrogen sah. Ich war so verlassen und allein in einem Leben, wo es keine Sicherheit, keinen Glauben und keine Liebe gab, sondern nur Gefahr, Mißtrauen und unersättliche Gier. Bei Gott, damals habe ich dich gehaßt! Ich wollte, du solltest tot sein! Ich habe gewünscht, ich wäre nie geboren!
Deborah (mit offensichtlich vorgespielter Reue, die nur dünn grausame Befriedigung verdeckt): Ich konnte deine zuckenden Finger fühlen, die in den geheimsten Winkeln meiner Seele herumwühlten. Da mußte ich dich auf irgendwelche Weise warnen, und ich dachte, ein Märchen ... (Plötzlich verändert sich ihr Ausdruck in Furcht vor sich selbst – verwirrt.) Nein! Das habe ich nie gemeint! Das hast du mir eingeredet! Das ist dein Wahnsinn, der mich so

etwas sagen läßt! Und wie kannst du zugeben, daß du deine Mutter gehaßt hast und ihren Tod wolltest!
Simon (leidenschaftlich): Alles, was ich will, ist nur, daß du zurückfindest – öffne die Tür, und führ mich zurück. Da werden nur du und ich sein! Dort ist Friede und Glück bis an das Ende unserer Tage! Glaubst du mir nicht, Mutter? Ich sage dir, ich weiß das.

Der Sohn sucht Erlösung in einer Umarmung, die nur den Tod der Eigenständigkeit bedeuten kann. Er regrediert deswegen am Ende des Dramas zum Baby.

Der Selbsthaß, erzeugt durch die Unterwerfung unter eine Mutter, die selbst keine wirkliche Kraft hat, wird zur Antriebskraft für den falschen Gott. Aber die Not vieler Menschen, von den eigenen Zweifeln über ihre eigene Unzulänglichkeit befreit zu werden, ist so groß, daß sie nicht glauben wollen, daß die Mächtigen auch aus einer inakzeptablen, verneinten Angst heraus agieren.

Das Geheimnis, das hinter der Suche nach Macht liegt, ist nicht einfach Verunsicherung, geschändeter Stolz oder Erniedrigung, so wie wir alle sie täglich in unserer Gesellschaft erleben. Es ist die schrecklichste Verletzung, die ein Kind erleben kann: das Nichtgeliebtsein. Sie bewirkt eine so tiefe Verzweiflung, daß die Erinnerung daran unter allen Umständen vermieden werden muß, und das gelingt durch Macht und nochmals Macht.

Im wirklichen Leben wie im Drama – als Simon wieder zum kleinen, weinenden Knaben wird und seine Mutter sich ihm nicht ergibt – brechen diese Menschen auseinander, wenn sie ihr Machtstreben nicht verwirklichen können. Hitlers Tobsuchtsanfälle oder Lyndon B. Johnsons paranoide Wutausbrüche, wenn sie nicht ihren Willen durchsetzen konnten, sind dafür Beispiele. Aber sie zeigen auch, wie sich die Umwelt verhält, die den Tatbestand dieses Wahnsinns verneint.

Ein Grund, warum diese Leute so erfolgreich andere Menschen manipulieren, ist ihre unheimliche Sicherheit, Widersprüche im Charakter der anderen zu spüren. Sie erkennen Schuldgefühle in anderen und können sie erzeugen, weil in ihrer Entwicklung ihre eigenen Schuldgefühle durch ihre Mütter unterdrückt wurden. Man wird überempfindlich für das, was in sich selbst verneint wird. Und da diese Menschen auch das Leiden verneinen, bewegt es sie nicht, anderen Leid zuzufügen. Im Gegenteil, sie verhöhnen das Leiden und damit die Menschheit selbst.

Sie fühlen sich ständig von Feinden umzingelt, denn nur solch eine Auslegung der Realität bestätigt ihren Haß und ihre Rachsucht. Ihr Unbewußtes ist weit entfernt von dem, was Freud beschrieb. Ihr Unbewußtes wird nicht von verdrängten erotischen Trieben bestimmt, sondern vom Selbsthaß, erzeugt durch die Unterwerfung unter die Mutter. Unter der Qual eines Mißerfolgs kann dieses Unbewußte ungetarnt nach außen dringen und zeigt sich als Psychose. Aber sogar dann werden diese falschen Götter noch beschützt.

Der Psychopath als falscher Gott

Dieses unheilvolle Bündnis zwischen Verzweiflung, die nicht eingestanden werden kann, und Machttrieb, verbunden mit der Notwendigkeit, andere zu verachten und zu demütigen, ist wohl so alt wie die Menschheit oder so alt wie die Geschichte der Menschen, die uns durch Mythen und Sagen und später durch das geschriebene Wort überliefert wurde. Diese Allianz ist die Quelle jener Geschehnisse, die wir zur »Geschichte« und somit zum Fokus unseres Selbstbewußtseins machen.

Aber was ist »Geschichte«, wenn nicht Glorifizierung von Gewalt, Mord, Diebstahl und Vergewaltigung? Anatole France beschreibt in seinem satirischen Roman ›Die Insel der Pinguine‹[86] die Entstehung unserer Gesellschaft und Kultur. Nachdem St. Maël eine Gruppe von Pinguinen aus Versehen getauft hat, müssen diese nun ins Menschengeschlecht aufgenommen werden. Das gibt Anatole France die Möglichkeit, durch die Beobachtung der Entwicklung dieser Pinguine – sozusagen ohne Vorgabe – zu beschreiben, wie eigentlich die Geschichte der Menschheit ablief. Da Anatole France diese »Geschichte« so inszeniert, wie sie wohl tatsächlich ablief – und nicht, wie wir sie entstellt haben –, ist es nützlich, ihn zu zitieren. Eines Tages besucht St. Maël diese Insel, um zu sehen, wie es seinen Sprößlingen geht. Er ist entsetzt und äußert sich zu Bulloch, einem Mönch, der ihn begleitet, auf folgende Weise:

»›Zu meiner Trauer gewahre ich, mein Sohn, daß die Inselbewohner, seit sie Menschen geworden sind, mit geringerer Weisheit handeln denn früher. Als sie Vögel waren, zankten sie sich nur in der Jahreszeit der Liebe. Und jetzt streiten sie immerzu. Sommer und Winter sind sie aufeinander erbost. Wie sehr sind sie von jener friedlichen Hoheit abgefallen, die auf der Versammlung der Pinguine lagerte und sie dem Senat einer weisen Republik ähneln ließ.

Blicke, mein Sohn Bulloch, nach der Surelle hin. Just sind in dem kühlen Tal ein Dutzend Pinguinen-Männer beschäftigt, einander mit Spaten und Hacken zusammenzuhauen, mit denen sie besser die Erde aufgraben würden. Doch grausamer noch als die Männer zerreißen die Weiber mit ihren Nägeln das Gesicht der Feinde. Weh! mein Sohn Bulloch, warum morden sie also?‹

›Aus Genossenschaftsgeist, mein Vater, und in Ahnung der Zukunft‹, erwiderte Bulloch. ›Denn der Mensch ist seinem Wesen nach ahnungsvoll und gesellig. So ist nun einmal sein Charakter. Ohne eine bestimmte Aneignung von Dingen kann er sich selbst nicht vorstellen. Die Pinguine, die Ihr seht, Meister, eignen sich Ländereien an.‹

›Könnten sie das nicht minder gewaltsam tun?‹ fragte der Greis. ›Mitten im Kampf tauschen sie Schimpf und Drohung. Ihre Worte kann ich nicht unterscheiden. Dem Ton ist zu entnehmen, daß sie zornig sind.‹

›Wechselseitig klagen sie sich des Diebstahls und des Raubes an‹, erwiderte Bulloch. ›Dies ist der allgemeine Sinn ihrer Reden.‹

Da stieß der fromme Maël, die Hände ringend, einen großen Seufzer aus und rief: ›Siehst du nicht, mein Sohn, diesen Rasenden, der mit den Zähnen die Nase seines hingeschleuderten Gegners zerbeißt, und den dort, der eines Weibes Kopf unter einem riesigen Stein zermalmt!‹

›Ich sehe sie‹, antwortete Bulloch. ›Sie schaffen das Recht. Sie gründen das Eigentum. Sie errichten die Prinzipien der Zivilisation, den Unterbau der Gesellschaft, die Grundlagen des Staates.‹

›Wieso denn?‹ fragte der Greis Maël.

›Indem sie ihre Fluren abgrenzen. Das ist der Ursprung jeder Polizei. Eure Pinguine, Meister, vollziehen die erhabenste Tätigkeit. Ihr Werk wird die Jahrhunderte hindurch von den Gesetzesforschern geweiht, von den Behörden geschützt und bekräftigt werden.‹

Während der Mönch Bulloch diese Worte sprach, stieg ein großer, weißhäutiger, rothaariger Pinguin ins Tal hinab, einen Baumklotz auf der Schulter. Er näherte sich einem kleinen, in der Sonne völlig verbrannten Pinguin, der seinen Lattich bewässerte, und schrie ihn an: ›Dein Feld gehört mir!‹

Und als er dieses machtvolle Wort verkündet hatte, hieb er mit seiner Keule auf den Schädel des kleinen Pinguins, der tot niederfiel über den von seinen Händen gepflegten Acker.

Bei diesem Anblick schauderte es den frommen Maël am ganzen Leib, und er vergoß stürzende Tränen.

Und mit einer Stimme, die Grauen und Angst erstickten, sandte er zum Himmel das Gebet: ›Mein Gott, Herr, der du des jungen Abel Opfer empfangen, der du Kain verflucht hast, räche, o Herr, diesen unschuldigen, auf seinem Felde hingeschlachteten Pinguin, und gib dem Mörder deines Armes Wucht zu fühlen! Ist ein Verbrechen hassenswerter, kann etwas deine Gerechtigkeit schwerer beleidigen als dieser Mord und dieser Diebstahl?‹

›Nehmt Euch in acht, mein Vater‹, sprach Bulloch sänftiglich. ›Was Ihr Mord und Diebstahl nennt, sind in Wahrheit Krieg und Eroberung, die geheiligten Fundamente der Kaiserreiche, die Quellen aller menschlichen Tugend und Größe. Bedenkt zumal, daß Ihr, wenn Ihr den großen Pinguin tadelt, das Eigentum in seinem Ursprung und in seinem Prinzip angreift. Unschwer kann ich Euch das beweisen. Den Acker pflegen ist ein Ding, den Acker besitzen ein zweites. Und diese beiden Dinge dürfen nicht durcheinandergebracht werden. In Sachen des Eigentums ist das Recht des ersten Besitzers unsicher und schlecht begründet. Das Recht der Eroberung hingegen ruht auf soliden Grundlagen. Es ist allein zu achten, weil es allein sich

Achtung erzwingt. Des Eigentums einziger, herrlicher Ursprung ist die Gewalt. Es wird durch Gewalt geboren, durch Gewalt bewahrt. Und so weit ist diese erhaben, daß sie nur einer Gewalt weicht, die noch größer ist. Deshalb gebührt sich's zu sagen, daß, wer besitzt, edel ist. Und dieser große Rothaarige hat vorhin, indem er einen Ackersmann tötete, um ihm sein Feld zu rauben, auf Erden ein sehr edles Haus begründet. Ich gehe und wünsche ihm Heil.‹

Hierauf näherte sich Bulloch dem großen Pinguin, der an der blutgetränkten Ackerfurche stand und sich auf seine Keule lehnte.

Und Bulloch verneigte sich bis zum Boden und sprach: ›Herr Greatauk, schrecklicher Fürst, ich habe Euch jetzt als dem Begründer gesetzlicher Macht und erblichen Reichtums gehuldigt. In Euer Feld verscharrt, wird der Schädel des niederen Pinguins, den Ihr erschlagen habt, für immer die geheiligten Rechte Eurer Nachkommenschaft auf diese durch Euch geadelte Erde bezeugen. Heil Euren Söhnen und Eurer Söhne Söhnen! Sie werden Greatauk heißen, Herzöge von Skull, und über die Insel Alka gebieten.‹

Dann erhob er die Stimme und wandte sich zu Maël, dem frommen Greis: ›Mein Vater, segnet Greatauk! Denn alle Macht kommt von Gott.‹

Maël blieb unbeweglich, stumm und starrte zum Himmel hinauf; er empfand schmerzlichen Zweifel an der Lehre des Mönches Bulloch. Und doch sollte diese Lehre in den Zeiten der hohen Zivilisation obsiegen.

Bulloch kann als Schöpfer des bürgerlichen Rechts in Pinguinien betrachtet werden.«

Unsere Geschichtsauffassung könnte auch der Erfindung des Rades, dem Weben, dem Töpfern, dem täglichen Schönen, dem Menschen nachgehen, um die Seele zu bereichern. Aber Geschichte dreht sich um Heldentaten, um Feinde, Eroberungen und Unterwerfungen. Der Tod bestimmt die Geschichte, die uns von Schule und Gesellschaft vermittelt wird, nicht das Lebendige. Freud sah Eros und Thanatos als die zwei Haupttriebe im Leben an. Nur glaubte er beide Triebe in der genetischen Struktur verankert. Es ist aber keine Instinktgrundlage, die den Todestrieb im Menschen fördert, sondern die Urverzweiflung darüber, daß man nicht um seiner selbst willen geliebt wird. Tiere haben keinen Todestrieb, nur wir zerstören uns selber, andere und die Welt.

Wenn ich *wir* sage, meine ich im Grunde zwei Typen. Beide widmen sich auf unterschiedliche Weise dem Tod. Da ist der Psychopath, der den Tod sucht, und da ist der Angepaßte, der sich zum Werkzeug dieses Todestriebes machen läßt.

Der Psychopath kommt überall vor, in allen Schichten unserer Bevölkerung, in allen Bereichen unseres Lebens. Psychopathen brauchen nicht immer mächtig zu sein, um wirkungsvoll zu sein. Die Familie, das Geschäft, ein Dorf können den Wirkungskreis ihres Tuns begrenzen. Aber sie werden sehr leicht zu Führern, weil die, die ihr Leben auf angepaßte Art verwalten, Erlösung von ihrer angestauten Wut und den damit verbundenen Schuldgefühlen brauchen. Sie (die Psychopathen) werden zu Führern, weil sie sich göttlich geben, indem sie den Angepaßten ihre Wut erlauben, sie von der Schuld befreien, sich gegen das Leben zu wenden.

Die Anmaßung des Göttlichen beruht eben auf nur einem Sachverhalt: der Abwesenheit von Schuldgefühlen. Sie haben etwas, was der Angepaßte nicht hat, aber sucht, nämlich frei von Schuld zu sein. Schuld ist die Waffe, mit der sie in die Anpassung getrieben werden. Eltern bedienen sich der Schuld, um ihre Kinder zu manipulieren. Diese Manipulation führt zu weitreichenden Hindernissen in jeglicher Vergangenheitsbewältigung.

In Deutschland zum Beispiel wird die Schuld der Nazizeit erkannt, aber nicht bewältigt. Da Schuld für uns alle durch unsere gemeinsame Entwicklung Gefühle von Demütigung wiedererweckt, verhindert sie eine wahre Auseinandersetzung und Verarbeitung. Mit solch einer Schuldentwicklung fühlen sich die meisten nur angegriffen, anstatt sich für etwas schämen zu können. Durch Scham aber kann ein gemeinsames Leiden empfunden und so eine Veränderung bewirkt werden. Dies ist die Scham, von der Primo Levi, der selbst als Häftling Auschwitz erlebt hatte, schrieb, daß er sie selbst fühlte, die Scham über Auschwitz, die Scham, die *ein jeder Mensch* darüber empfinden müßte, daß es Menschen waren, die Auschwitz erdacht und errichtet haben.⁸⁷ Diese Art Scham bringt gemeinsames Leid, auch des Täters, zum Ausdruck.

Nur jemand, der scheinbar frei von Schuld ist, erlöst uns, die Angepaßten, aus unserem Gefängnis. Und wenn er/sie den angestauten Haß durch Heiligsprechung der Feindbilder inszeniert, dann sind wir doppelt erlöst.

Im Bereich der Politik kann der Mächtige viel mehr als im geschäftlichen Bereich die tödlichen Auswirkungen seines Tuns verhüllen. Das Beispiel Lyndon B. Johnson, Präsident der USA, der den Vietnamkrieg eskalieren ließ, beleuchtet beides, das Tödliche dieser Menschen und unser Bedürfnis, sie zu Göttern zu machen.

Seine Kusine Ava Johnson Cox beschrieb ihn so: »Er mußte der Führer bei allem sein, was er tat. Mußte es sein, konnte es nicht aushalten, es nicht zu sein.«⁸⁸ Schon als Kind und später im College war das Image das alles überragende Ziel seines Lebens. Er wollte nicht nur als klug, sondern auch als verschlagen und gerissen gesehen werden. R. A. Caro⁸⁹ schreibt über Johnson: Als er der Tochter des reichsten Mannes in seiner Collegestadt den Hof machte, sollten alle Studenten erkennen, daß nicht Liebe oder Sex die Basis seiner Werbung war, sondern Geld.

Bei Studentenwahlen arbeitete er mit Bestechungen, um zu gewinnen. Wenn etwas nicht sauber war, hatte es mit Johnson zu tun. Aber wie auch immer, wenn er die Gegner auf diese Weise überlistet hatte, wußten sie und das Publikum, daß er sie überlistet hatte.

Alle seine Handlungen waren nur dem Erfolg gewidmet. Menschen, hier vor allem Politiker, die für Ideale und Prinzipien kämpften, verspottete er. Für seine Ziele verriet er jeden, auch seinen wichtigsten Gönner im Kongreß, Sam Rayburn, dessen Unbestechlichkeit sprichwörtlich war. »Für seinen Ehrgeiz… opferte er andere ohne Rücksicht.«[90]

Bei all seiner Gier war er ein körperlicher Feigling. Als er wirklich einmal in Lebensgefahr war – das Flugzeug, in dem er als Beobachter im Pazifik mitflog, wurde von Japanern angegriffen –, mußte er seine Angst bestreiten. Er lachte, wenn Veteranen des Krieges zugaben, daß sie Angst gehabt hätten. Er hielt die Gefahr von sich weg wie alle seine Gefühle, außer Wut. Er nahm die Wirklichkeit als Verzerrung wahr und glaubte an sie. So sprach er später über dieses dreizehnminütige Kriegserlebnis mit »tiefer« Emotion, als ob er sie tatsächlich gefühlt hätte. »Johnson konnte glauben, was er glaubhaft haben wollte – er konnte es dann mit seinem ganzen Herzen glauben.«[91]

Als Johnson politische Macht errang, wurde sein Verhalten immer mehr von dem Zwiespalt seiner Einstellung dem Menschen gegenüber gekennzeichnet. Auf der einen Seite war er der Entgegenkommende, der Ermunterer, der Mann, der, wenn man ihm vertraute, alle Probleme lösen würde. Auf der anderen Seite tat er alles, um die Würde der anderen herabzusetzen. Menschen mit Würde verließen ihn. Die anderen machte er zu Sklaven, auch seine Frau. Er mißbrauchte seine ganze Familie ohne Gewissen. Was er schätzte, war Unterwürfigkeit.

Johnson erklärte einmal: »Ich meine echte Loyalität. Schau dir John Conally an. Ich kann John Conally um Mitternacht anrufen und ihm sagen, er soll zu mir rüberkommen und meine Schuhe putzen, und er würde rüberrennen. *Das* ist Loyalität.« Als jemand in diesem Gespräch zu ihm sagte, daß er ihn in diesem Fall zur Hölle schicken würde, wurde Johnson kleinlaut und erwiderte: »Nun ja, ich meinte es nicht wörtlich. Ich werde niemanden um Mitternacht deshalb anrufen.« [92] Er verstand gar nicht, daß es um Würde ging!

Er spielte mit der Würde aller Menschen. Auf der einen Seite gab er ihnen das Gefühl, daß er ihren Status schätzte, auf der anderen Seite nahm er sie alle damit hoch. So konnte er zum Beispiel zu dem Portier in einem Hotel, als dieser ihm sein Gepäck brachte, sehr freundlich sagen: »Ich würde dir gern deine Hand schütteln, wenn deine Hände nicht so beschäftigt wären«, wodurch sich der Portier sehr geehrt fühlte. Er konnte aber auch genausogut Dienstpersonal mit obszönen Worten beschimpfen. Auf politischer Ebene wußte er genau, wie er seine Gegner in ihrer Würde verletzen konnte. Genau wie Hitler wußte er, wie man Würde durch Hohn zerstört. Da, wo ein Mensch ehrlich war, wußte er die Ehrlichkeit lächerlich zu machen.

Sein Wahlgegner für den Sitz im amerikanischen Senat von 1948 war Coke Stevenson, ein ehrwürdiger, stolzer Mann, der Gouverneur von Texas gewesen war, schon den umstrittenen Sitz als Senator innehatte. Dieser konservative Politiker, der sein ganzes Leben gegen die Gewerkschaften gekämpft hatte, wurde von Johnson beschuldigt, in ihrem Sold zu stehen.[93] Und die Menschen, besonders die Ärmeren und die Arbeiter, für die Stevenson, trotz politischem Konservatismus, als Gouverneur und als Senator Sorge getragen hatte, stellten sich gegen ihn. Sie glaubten den Gerüchten, die Johnson in Gang gebracht hatte, daß Stevenson unehrlich war.

Es stellte sich später heraus, daß Johnson tatsächlich die Unterstützung krimineller Gewerkschaftsführer hatte. Daß er lügen konnte, wußten alle. Die Frage ist hier, warum sich Wähler plötzlich auf Grund von Gerüchten gegen einen Mann stellten, den sie in der Tat über viele Jahre als ehrlich *erlebt* hatten.

Der Grund wird immer wieder in Ängsten und Vorurteilen schlecht informierter Wähler gesehen.[94] Aber diese Sicht verschleiert die Rolle der Anpassung und des Gehorsams in diesem Vorgang. Denn nur in den Auswirkungen des Selbstverrats finden wir jene Mechanismen, die Menschen dazu führen, Ehrlichkeit zur Lüge zu verdrehen.

Das ist der Kernpunkt für die gesellschaftliche Unterstützung, die einem Psychopathen zur Macht verhilft. Es sind immer Menschen, die Zweifel an ihrer eigenen Ehrlichkeit haben und sich durch Lügen, die ohne Selbstzweifel daherkommen, erlöst fühlen. Ehrliche Menschen bedrohen sie, denn durch sie würden sie mit ihrer eigenen Unehrlichkeit konfrontiert. Daß die Wähler in Texas so leicht Johnsons Gerüchten Gehör schenkten, zeugt davon, wie schlecht sie im Innersten über sich selbst dachten.

Es ist nicht rational, aber wie sonst verstehen wir diesen Vorgang, der sich in allen Ländern, auf allen Kontinenten immer wiederholt? Die Ergebnisse der Wahl im März 1990 in der DDR sind ein Beispiel für solch eine Wiederholung. Über 50 Prozent der Wähler in den Arbeitergegenden wählten die konservativen Parteien, nicht die Gruppierungen, die die ganze Reformbewegung ausgelöst hatten. Die scheinbar »unerschütterliche« Stärke, also das Fehlen jeglichen Zweifels, macht die Versprechungen von gewissen Politikern glaubhaft.

Was solche Führer wirklich fühlen, hat nichts mit moralischen Werten zu tun. Es geht nie um Ideale. Diese werden mißbraucht für einen Zweck, der nichts mit dem Wohl des Menschen zu tun hat. Johnson wußte um solche Werte und ging schauspielerisch damit um. Caro[95] beschreibt, wie einer der Mitarbeiter von Johnson im Wahlkampf gegen Coke Stevenson, Horace Busby, glaubte, daß Johnson für eine lange Zeit durch einen schwierigen inneren persönlichen Kampf ging, weil er Stevenson bewußt der gelogenen Anklagen bezichtigen würde. Gleich danach merkte er aber, daß Johnson alles ganz leicht von seiner Schulter schüttelte. Er sah alles im Zerrspiegel seiner eigenen mörderischen Unfähigkeit. Für ihn war der einzige Maßstab sein Ansehen, seine Macht und das Bewußtsein der anderen von seiner Macht. Er widmete sich ausschließlich der Organisation dieser Macht. Als er wegen seiner Wahlfälschungen vor Gericht kam, war er empört und verletzt. Er sah nur, daß andere ihm seinen Sieg wegnehmen wollten.[96]

Er hatte Recht! Im selben Moment zeigte sich aber seine außerordentliche seelische Spaltung: Er lachte seinen Opfern ins Gesicht. Nichts war wirklich echt in ihm. Das einzige Echte war seine Verachtung und sein Bedürfnis, diese Verachtung zu teilen. Das ist das Verrückte in solchen Menschen. Die Notwendigkeit, andere dauernd zu betrügen, ist die einzige Basis für einen Selbstwert, der keiner ist.

Diese Verachtung wie auch das völlig fehlende Bewußtsein für das, was er preisgab, entlarvten sich in einem Interview von 1967.[97] Johnson wollte dem Journalisten etwas zeigen. Nach einigen Minuten kam er strahlend mit einer Fotografie zurück. Es war eine Aufnahme, die eine Gruppe seiner politischen Freunde in Texas mit der Wahlurne Nummer 13 zeigte. Diese Urne fehlte in dem Wahlgang, durch den er 1948 Senator geworden war. Er wußte also die ganze Zeit davon und weshalb er damals gesiegt hatte.

Der Journalist schrieb: »Der Präsident beobachtete mein Gesicht, als ich das Foto betrachtete, und als mir seine Bedeutung dämmerte …, grinste er mit unermeßlicher innerer Freude.«

Es ist beängstigend, daß der Präsident eine Fotografie zeigte, die einen Wahlschwindel bewies. Und daß er sie einem Journalisten zeigte, der ihm nicht besonders zugetan war, legt das Selbstdestruktive in der Persönlichkeitsstruktur dieser Menschen bloß.

Wie sehr diese Destruktion Wirklichkeit war, zeigt ein Artikel von Richard N. Goodwin in der New York Times.[98] Goodwin war in den Jahren 1961 bis 1962 Berater von Präsident John F. Kennedy und 1964 bis 1965 von Präsident Lyndon B. Johnson. Er beschreibt, wie Johnsons Verhalten sich immer mehr veränderte. Vom Frühling 1965 an wurde seine öffentlich präsentierte Maske immer starrer. Es schien so, als ob er sich gegen innere Vorgänge wehren mußte, als ob er jegliche Spontaneität einfror, um dieses Innere nicht zum Vorschein kommen zu lassen. Im privaten Kreis brachen sie aus ihm heraus und kreisten unentwegt um paranoide Feindbilder. Alle Mitarbeiter, die eigene Ideen hatten, wurden für ihn zu Kommunisten, die ihn stürzen wollten.

In dieser Zeit forcierte er den Vietnamkrieg durch unverantwortliche Lügen. Der sogenannte »Tonkin Gulfincident« war Kulminationspunkt dieser Strategie, mit der er am 28. Juli 1965 über 100 000 amerikanische Soldaten in diesen Krieg stürzte. Ihn verfolgte die Wahnidee, daß er Ziel einer gigantischen kommunistischen Verschwörung sei, in welcher alle seine amerikanischen politischen Gegner Mitspieler wären. Sogar Hubert Humphrey, der Vizepräsident, gehöre dazu; und wenn jene Erfolg hätten, »könne er den dritten Weltkrieg nicht stoppen«.

Die Spaltung zwischen Wirklichkeit und der inneren Ausweglosigkeit seiner Gefühlslage zeigte sich auch während einer Konferenz mit seinem Stab. Johnson sagte plötzlich: »Vietnam, das ist, wie in einem Flugzeug ohne Fallschirm zu sein, wenn alle Motoren versagen. Wenn man springt, wird man mit aller Wahrscheinlichkeit getötet, und bleibt man im Flugzeug, dann wird man abstürzen und wahrscheinlich verbrennen.« Wenn für Johnson dieser Krieg hoffnungslos war, warum ließ er ihn dann eskalieren?

Diese Frage führt zum Zentrum solcher Menschen. Sie spielen mit dem seelischen Tod, weil dieser ihr Urerleben in der Beziehung zur Mutter war. Ihn zu überleben zwingt zur Wiederholung, und dieser Zwang bestimmt ihr ganzes Leben. Immer wieder spielen solche Menschen mit dem Tod. Daß es Konsequenzen für uns alle hat, ist für sie dabei unwichtig. Weil sie sich für wertlos halten, halten sie die ganze Menschheit für wertlos.

Ronald Steels Rückblick auf Nixon angesichts von Watergate enthüllt beides: »Er warf seine hohe Stellung weg, als würde er sie wertlos machen wollen ... oder (auch) weil er dem unwiderstehlichen Zwang erlag, immer wieder neue Krisen schaffen zu müssen, um sich selbst messen und siegreich daraus hervorgehen zu können.«[99]

Johnson spielte ganz direkt mit dem Tod. Er sprach von Geheimverträgen zwischen der UdSSR, China und Nordvietnam. Diesen zufolge würden die Sowjets und die Chinesen zu Hilfe kommen, sollten die USA gewisse Grenzen in ihrem Krieg überschreiten. »Ich wußte nie, wenn ich die Ziele (für Luftangriffe) Nummer eins, zwei, drei genehmigte, ob eines von diesen Zielen nicht gerade dasjenige sein würde, wodurch die Maßnahmen dieser geheimen Verträge ausgelöst würden. Ich fragte mich dauernd, was zu tun wäre, wenn eins von diesen Zielen, die ich heute wählte, die Sowjets oder Chinesen zum Abdrücken bringen würde?«[100]

Dieses Spiel mit dem Tod, in das ganze Völker hineingerissen werden, existiert Seite an Seite mit einer grandiosen Selbstüberschätzung und mit einem Größenwahn, der immer wieder als »Kraft« bewundert wird. So war Johnson sicher, jeden Menschen von sich überzeugen zu können. »Ich habe immer geglaubt, jeden zu meinem Freund machen zu können, wenn ich ihn nur in ein Zimmer bekomme.« Als Ho Chi Minh die Amerikaner in Bedrängnis brachte, äußerte Johnson: »Wenn ich nur Ho mit mir in ein Zimmer kriegen könnte, ich bin sicher, wir könnten alles lösen.«[101]

Daß wir diese Menschen so falsch wahrnehmen, sie zu Göttern machen, hat mit einer Sichtweise des Menschen zu tun, die nicht unserem Sein entspricht. Wir finden uns mit unserem Leid nicht ab, empfinden uns deshalb als schwach und minderwertig und suchen nach einem Messias, der uns von dieser Bürde erlöst. Aber im Kern dieser falschen Götter wohnen Verzweiflung und Wertlosigkeit.

Wir sehnen uns nach diesen »Übermenschen«, deren »Kraft« darin besteht, daß sie sich ihrer Schwäche nicht stellen können. Unsere Kultur selbst fördert dies, hält uns in einem Teufelskreis gefangen. Immer wieder machen verzweifelte Menschen jene zu ihren Führern, ihren Göttern, die den Anschein von Stärke offerieren, aber im Grunde leer und destruktiv sind.

Wir alle handeln ähnlich, weil wir in einer Sicht des Menschen gefangen sind, die sein Leiden ausklammert. Obwohl Schmerz und Leiden im christlichen Glauben so häufig thematisiert werden, hat sich daran wenig geändert. Die Wissenschaft über die Natur des Menschen hat auch keinen Platz dafür. Der deutsche Philosoph Georg Simmel äußerte sich einmal über diese offizielle Ausklammerung: »Es ist peinlich zu erkennen, wie wenig der Schmerz des Menschen in der Philosophie widergespiegelt ist.«[102]

Deshalb kommen uns gar keine Zweifel, wenn jemand sich als »stark« präsentiert. Wir suchen solch eine Person und werden in unserer Suche durch die offizielle Meinung bestätigt. Diejenigen jedoch, die über Probleme sprechen, uns zwingen, uns mit unserer Lage zu konfrontieren, sind unsere »Feinde«. Und so wiederholt sich die menschliche Geschichte, die wahren Schwachen werden zu unseren Göttern und treiben uns in den Abgrund. Die, die sich im Grunde am wertlosesten fühlen, werden unsere Führer. Nur wenige wirklich starke Menschen haben sich ihren Schwächen gestellt.

Noch eins: Die Unterdrückung der Frau durch den Mann rächt sich, indem Mütter Männer erzeugen, die, aus dem Gefühl der eigenen Wertlosigkeit heraus, das Leben selbst zerstören müssen. Ein junger Patient, ein Produkt solch eines Elternhauses, der andere nur verhöhnen und für sich selbst niemals Verantwortung übernehmen konnte, sagte in einem Moment der Wahrheit: »Man baut das Leben auf wie einen Schneemann. Und dann kommt die Sonne, und es schmilzt. Ich brauche ein Kühlhaus, um leben zu können … Man sollte die Vergangenheit vergessen können.« Er hatte kein Gefühl, daß er Substanz besaß. Alles war nur für den Moment, deshalb mußte er auch in jedem Moment irgend jemanden angreifen, herabwürdigen. Wahre Liebe fürchtete er wie die Sonne, dennoch strahlte dieser junge Mann für jeden Liebenswürdigkeit aus.

Die Wissenschaft als falscher Gott

Während die Sprache des Herzens die Verwundbarkeit des Menschen zu seiner Natur macht, strebte die Wissenschaft in die entgegengesetzte Richtung und mündete in einer Spaltung des Denkens über den Menschen, einer »Gabelung«, wie Whitehead[103] sie nannte. Die Natur des Menschen wurde ohne Bezug auf Schmerz, Freude, Ekstase und Sympathie konstruiert. Descartes' »Ich denke, also bin ich« wurde der Ausgangspunkt dieser Ideologie. Für Descartes war der ideale Mensch ein leeres Subjekt, das sich langsam mit Objektivität füllt. Der Mensch, so Descartes, muß lernen, seine Beziehung zu seiner Kindheit von sich abzutrennen.[104] Das Kind und sein Erleben verschwinden auf diese Weise per Dekret.

Gefühle werden hier »erkannt«, aber anstatt sie auf der Ebene ihres Erlebens zu verstehen, werden sie auf eine andere Ebene, eine organische beispielsweise, *reduziert*. Dadurch wird das Erlebte in seiner Eigenständigkeit und seiner Bedeutung für den Menschen ausgeschaltet. Heute ist es zum Beispiel Anliegen der Psychiatrie, die Schizophrenie auf genetische oder biologische Strukturen zu reduzieren.

In der Psychiatrie haben Schmerz, Leid und Freude als Grundsteine des menschlichen Seins für die Diagnose so gut wie keine Bedeutung. Das jedoch spiegelt in der Psychologie und Psychiatrie den Entfremdungsprozeß wider, der ein Kennzeichen unserer Gesellschaft ist. Diese Diagnostik ist aber die Grundlage der biologischen Forschung.

Trotz der vielen Fortschritte, die die Wissenschaft erzielt hat, wird in allen Bereichen der Wissenschaft, in denen das Denken von der Abspaltung der Gefühle bestimmt ist, ein wahrhaft integrierendes Denken unmöglich.

Was gefördert wird, ist die Reduzierung. Schachtel, der als Wissenschaftler eine ganz andere Sichtweise propagierte, hielt es für falsch, den Beobachter vom Wesen seines Subjekts zu trennen, weil eine Verbundenheit zwischen sich und dem, was er beobachtet, existiert.[105] »In diesen Fällen blickt der Wissenschaftler auf ein Objekt ..., mit dem Ziel seiner Forschung im Sinn, und ›gebraucht‹ das Objekt, um seine Hypothese zu bestätigen oder zu widerlegen, sieht aber in dem Objekt nicht dessen Befindlichkeit. Das Hauptziel der modernen Wissenschaft ist, die Objekte auf eine Weise zu manipulieren, daß gewisse vorausgesagte Ereignisse tatsächlich eintreten. Nur jene Aspekte der Objekte sind relevant, die sich für Manipulation oder Kontrolle eignen ... Er kann auf diese Weise großartige Ergebnisse erzielen und unserem Wissen wichtige Daten hinzufügen, doch in dem Maße, wie er innerhalb der Grenzen dieser Sichtweise befangen bleibt, wird er das Objekt nicht in seiner Eigenart wahrnehmen. Wahrnehmung kann fast zu einem Akt der aggressiven Gewalttätigkeit werden, in dem der Wahrnehmende, wie Prokrustes mit seinen hilflosen Opfern, jene Aspekte des Objekts abschneidet, die für seinen Zweck unbrauchbar sind.«

Einige Frauen, die sich von der Denkweise des Mannes gelöst haben, haben in letzter Zeit diesen Vorgang ähnlich analysiert. Evelyn Fox Keller, eine bedeutende amerikanische Physikerin und Biologin, hat dargelegt, wie das abgespaltene Denken in der Wissenschaft zum Erfolg führt.[106] Anhand einer Biographie über die amerikanische Nobelpreisträgerin für Biologie Barbara McClintock beschreibt sie die offizielle Wissenschaft in ihrer Gewalttätigkeit. Indem sie Unterschiede übersieht, als Ausnahmen, Abweichungen und Verunreinigungen abtut, kommt ein echtes Verstehen nicht zustande. McClintock selbst sprach davon, daß nur, wenn für einen untersuchten Organismus ein Gefühl entsteht, Denken und Tun ganzheitlich werden. Das gespaltene Denken dagegen, schreibt Keller, löst Verbindungen auf und erzeugt Distanz.[107] Indem die normalen Prozesse der Integration ausgeschaltet und nicht, wie Keller es ausdrückt, durch Schuldgefühle oder Liebe, ja sogar durch Impulse der Selbsterhaltung »behindert« werden, wird die Wissenschaft zu einem »Werkzeug des Todes« und nicht zur Lebenskraft. Als Beispiel führt sie die Entdeckung des Mechanismus der genetischen Replikation durch Watson und Crick an: »DNA wird im allgemeinen das ›Muttermolekül des Lebens‹ genannt. In dieser Darstellung des Lebens sind alle jene komplexen, unentschlüsselten Dynamiken der Zelle verlorengegangen, welche die Zelle als ein lebendiges Wesen erhalten. Das Leben selbst hat sich in dem einfachen Mechanismus eines sich selbst reproduzierenden Moleküls aufgelöst. In der Tat, lebendige Organismen sind nicht mehr der eigentliche Gegenstand der meisten gegenwärtigen Biologiebücher.«[108]

Diese subtile Auswirkung ist tödlich, weil sie eine Einstellung fördert, die das Leben selbst gar nicht wahrzunehmen braucht. Durch die Abspaltung wird es möglich, daß destruktive Motivationen ein Eigenleben entwickeln, indem sie von den Quellen dieser Destruktivität im Menschen abgeschnitten werden.

Wissenschaft, gerade weil sie die allgemeine Abspaltung von Gefühlen institutionalisiert, belohnt diejenigen, die ohne Seele sind.

Der bedeutende amerikanische Soziologe C. Wright Mills schrieb vor vierzig Jahren über die Bürokratisierung der Wissenschaft.[109] Er beobachtete die neuen Mitarbeiter und notierte: »Ich habe selten einen dieser jungen Männer intellektuell verwirrt erlebt. Und ich habe auch nie leidenschaftliche Neugier erlebt..., die Art von Neugier, die den Geist auf die Reise schickt ..., die ihn, wenn nötig, sich selbst neu gestalten läßt, *um etwas herauszufinden*. Diese jungen Männer sind eher methodisch als rastlos; sie sind eher geduldig als phantasiebegabt; und vor allem sind sie dogmatisch – in der ganzen historischen und theologischen Bedeutung des Wortes ... Sie widmen sich der Forschung wie ihrer Karriere, sie haben sich früh sehr stark spezialisiert, und der Sozialphilosophie stehen sie gleichgültig und verächtlich gegenüber ... Wenn man Gesprächen zuhört und versucht, die Qualität ihrer Neugier abzuschätzen, stößt man nur auf eine tödliche Beschränkung des Geistes.«

Wenn wir diese Differenzierung nicht im Sinn behalten, wenn wir nicht erkennen, daß die Wissenschaft nicht besser sein kann als der einzelne, der in ihr die Möglichkeit zur Karriere sieht, dann wird sie keine Rettung für unsere Zukunft bringen. Sie existiert nicht außerhalb des Rahmens, der für uns alle gilt. Unsere Gesellschaft erzeugt Destruktivität in uns, und die Wissenschaft tut dasselbe. In dem Moment, wo wir sie zum göttlichen Instrument erheben, sie von jeder Verantwortung entbinden, werden diejenigen Wissenschaftler, die selbst vom Tödlichen gelenkt werden, sie dafür mißbrauchen. Daß Lebewesen täglich unter dem Deckmantel der wissenschaftlichen Nützlichkeit gequält und verstümmelt werden, verroht nicht nur die Menschen, die das tun; es macht uns alle schuldig.

Aber gerade weil unter dem Deckmantel der Wissenschaft getötet werden kann, ist sie auch Zufluchtsort für die geworden, die sich der eigenen Gewalttätigkeit und deren Quelle nicht stellen können.

Über das Psychologisieren

Es gibt ein großes Interesse am Leben einzelner Menschen – die Fülle der Biographien auf dem Büchermarkt ist Ausdruck davon. Dennoch wird menschliches Verhalten als biologisch determiniert oder von außen gelenkt verstanden, was Instinkte und ökonomische und soziologische Bedingungen einschließt. Daß ein Mensch für das, was er tut, eigene Verantwortung trägt, wird im allgemeinen nicht als wesentlich akzeptiert oder als Psychologisieren abgetan.

Es geht mir hier nicht um die Psychologie, sondern um die Verneinung einer Verantwortlichkeit, die jeder Mensch für sich hat. Die Einwände, die an biologischen oder soziologisch-ökonomischen Gründen festhalten, zielen immer auf Erklärungen, die aus dem Menschen ein anpassungsgleiches Objekt machen. Als ob der Mensch keine Entscheidungsmöglichkeit zwischen Gut und Böse hätte und keine Verantwortung für sich selbst tragen darf und kann. Die Verneinung, daß es Menschen gibt, die verantwortungsvoll mit sich und ihren Mitmenschen umgehen, führt zu der Annahme, daß Roboter Menschen ersetzen könnten. Erich Fromm sagte in seiner Antwort auf Herbert Marcuses Plädoyer gegen seinen psychologischen Standpunkt: »Die Vernachlässigung des menschlichen Faktors wie auch die Gefühllosigkeit gegenüber den moralischen Qualitäten politischer Personen (nur ihre Eigenschaft als gesellschaftliche Macht zählte; A. G.), die in Lenins Verhalten offensichtlich waren, war einer der Gründe für den Sieg des Stalinismus.«[110]

Natürlich ist ein Psychologisieren ohne Berücksichtigung des gesellschaftlichen Umfeldes kein echtes Psychologisieren. Aber der Vorwurf des Psychologisierens kommt von denen, für die der Mensch leer ist.

Ein Beispiel für echtes Psychologisieren ist Martti Siiralas bewegende Beschreibung des Schizophrenen: »Es ist das Traurige wie auch zugleich das Wunderbare im Schizophrenen, daß schizophren zu werden nicht nur einer besonderen Art von Schwäche entspricht. Es ist auch eine besondere Fähigkeit, unverhüllt auf die giftigen Aspekte der *Gesellschaft* zu reagieren.«[111]

Um die Einseitigkeit der biologischen oder soziologischen Sicht weiter zu differenzieren: Eine kriminelle Entwicklung bedeutet nicht immer die Aufgabe der Verantwortung! Unter den Bedingungen einer an Macht orientierten Gesellschaft kann sie die einzige Möglichkeit sein, nicht mitzumachen. Verantwortung bedeutet *nicht*, sich im Sinne des bürgerlichen Pflichtkonzeptes zu verstehen. Die Flucht in die Kriminalität mag, wie Harrington für die Jugendlichen der schwarzen Armenviertel beschreibt, der einzige gebliebene

Weg sein, die Verantwortung für menschliche Gefühle wahrzunehmen.[112]

In Vietnam sahen die amerikanischen Soldaten in der Kameradschaft oft die einzige Möglichkeit, ihre eigene Menschlichkeit zu retten. Aber da sie alle anderen als Feiglinge ausschalteten, versagte diese Lösung. 50 Prozent aller Kampfveteranen dieses Krieges wurden seelisch krank.[113]

Uns bleibt die Frage, wie Menschen unter Bedingungen, unter denen andere zu Mördern, Gangstern und Herrschern werden, menschlich bleiben können. Die Lektion des Holocaust ist genau die, daß unter Bedingungen, wo Überleben die Aufgabe moralischer Gefühle verlangte, viele Menschen moralisches Verhalten wählten. Dabei ist nicht wichtig, wie viele dieses Verhalten wählten. Wäre es nur einer gewesen, belegte diese Ausnahme die Lüge.

Deswegen ist eine Sicht, die sich ausschließlich auf Biologie oder Soziologie stützt, unwahr. Fromm hatte völlig recht, wenn er darauf hinwies, daß eine ideologische Sicht, die menschliche Qualitäten nur in soziologisch »richtigen« Umständen findet, eine Ideologie der Anpassung widerspiegelt.[114] Dies ist im Grunde eine nihilistische Position, die sich, wie in Marcuses Fall, als Radikalismus tarnt.

Um aus der Einbahnstraße unseres gegenwärtigen politischen Verständnisses auszuscheren, müssen wir die Urverzweiflung des Menschen erkennen, die um die Liebe, die keine ist, kreist. In dieser Situation entwikkeln sich der Haß und das Bedürfnis nach autoritären gesellschaftlichen Strukturen. Daß die Ausbeutung der Liebe zu Selbsthaß führt, der nur durch Feindbilder bewältigt werden kann, bestimmt unsere gegenwärtige politische Situation mehr denn je.

Das Gegenmittel zum projizierten Haß, der Besitz von Konsumgütern, dämmt diesen Haß nur ein. Wenn zum Verständnis dieser Zusammenhänge psychologisiert werden muß, soll uns das nicht einschüchtern. Der Druck gegen das Psychologisieren ist selbst Ausdruck eines Entfremdungsprozesses, der uns von unserer frühesten und uns am tiefsten prägenden Verzweiflung fernhält.

Der Kindstod ist eine allgemeine Erscheinung

Wir haben alle in einem gewissen Grad als Kinder den Tod erlebt. Der frühe Kindstod deutet darauf hin, daß die erforderliche Täuschung um mangelnde Liebe nicht immer gelingt.[115] Vielen jedoch gelingt diese Täuschung, und in diesem Vorgang finden wir den Schlüssel zur Entwicklung der Destruktivität im Menschen.

Der Liebesentzug der Mutter – auch der des Vaters – paralysiert. Um diesem Erleben zu entkommen, muß es für alle Ewigkeit verschlossen werden. Das scheint der eigentliche Grund für die Amnesie der Kindheit, die ihr Entdecker Freud sexuellen Verboten zuschrieb.

Ein Patient, der mit vier Jahren plötzlich und ohne

Erklärung für einige Monate vom Elternhaus weggeschickt wurde, erinnerte sich, wie zu Beginn des Kindergartens seine Mutter sagte: »Jetzt ist die Spielzeit vorbei, jetzt beginnt das Erwachsenenleben.« Er erinnerte sich an Spiele mit Freunden. Jetzt fiel ihm ein, daß er dabei immer Angst hatte, etwas vergessen zu haben. Es stellte sich heraus, daß ihn seine Mutter immer gerade dann mit Aufträgen behelligte, wenn er spielen wollte, nie zu anderen Zeiten. Sie konnte es nicht zulassen, daß er sie vergaß. Erst als diese qualvollen Gefühle der Nichtachtung seiner Bedürfnisse sich in sein Bewußtsein drängten und plötzlich der Schmerz über ihre Lieblosigkeit wieder da war, merkte er, wieviel er eigentlich vergessen hatte: »Unglaublich, ich kann mich an nichts erinnern – nur Leere.« Aber als diese Leere als öde und schmerzlich zurück in sein Bewußtsein kam, nahm seine Kindheitsamnesie ab.

Wie schrecklich der Liebesentzug und der Haß der Mutter sich auf ein Kind auswirken, wird in unserer Gesellschaft verdeckt. Es entspricht nicht dem Image, das eine Mutter hat und das wir vom Muttersein haben. Nicht nur, daß es dadurch schwierig wird, eigene Gefühle zu haben, es führt auch zu Schwierigkeiten, die wir nicht haben möchten.

Margaret Ribble enthüllte 1943 diesen Zusammenhang in ihrer Studie über Waisenkinder.[116] Er führt zum Versagen am Leben. Auch der frühe Kindstod ist wohl Ausdruck dieses schrecklichen Zusammenhangs, der so schwierig zu erkennen ist, weil wir allzu bereit sind, uns schuldig zu fühlen. Aber es geht nicht um Schuld. Diese macht das Erkennen, daß wir als Menschen in gesellschaftlichen Strukturen gefangen sind, fast unmöglich. Kausale Zusammenhänge zu erkennen hat nichts mit einem Schuldspruch zu tun. Im Gegenteil, Zusammenhänge zu erkennen kann von der Schuld befreien, die unbewußt in uns allen steckt.

Mit Patienten kann man erleben, wie tödlich das Nichtgeliebtsein ist. Es führt zu einem Horror vor der Nähe. Dieser Horror hat seine Wurzeln in dem Gefühl, daß es einmal die Mutter war, von der man sich verstanden glaubte und von der man verstanden werden wollte. Sich scheinbar mit der Mutter eins zu fühlen und sich ihr nicht mehr anvertrauen zu können bedeutet, sich selbst zu verlieren. Die Verzweiflung über den erlebten seelischen Mord ist so groß, daß man für immer allein bleiben muß. Unzählige Mechanismen werden entwickelt, um andere Menschen fernzuhalten, weil man ja Nähe wünscht. Aber man darf nicht mit der Liebe konfrontiert werden, die fürchterliche Schmerzen zugefügt hat. Würde sie erlebt, wäre es das Eingeständnis der Untauglichkeit der Mutter. Damit kann weder ein Kind noch ein Erwachsener leben. Deshalb taucht »Erinnerung« nicht als Erinnerung auf, sondern als »paranoides« Wiedererlebnis, das im »Jetzt« stattzufinden scheint, weil die Wucht des Erlebten nie vom Kind durchgearbeitet werden konnte. Es wäre tödlich gewesen. Das ist die Bedeutung des frühen Kindstods. Erst in einer Therapie oder durch die Liebe eines Mitmenschen kann dieses Trauma durchgearbeitet werden.

Diese Erinnerung zielt auch auf das Wiedererleben eines als Kind nicht lebbaren Gefühls der eigenen Wertlosigkeit. Dieses Gefühl mit einem anderen, einem Therapeuten zum Beispiel, zu teilen, wird erlebt wie eine Wiederholung der alten Verurteilung des eigenen Wertes.

In der Therapie muß vorrangig Vertrauen aufgebaut werden. Die Angst vor Vertrauen steht hinter der Angst der Patienten vor der Nähe und hinter der Gewalttätigkeit der Angepaßten. Beide haben das Unerträgliche erlebt, aber ganz entgegengesetzt reagiert. Die einen haben den Haß gegen sich selbst und die anderen gegen die Welt gerichtet.

So können wir auch nationales Bewußtsein besser verstehen. »*Ein* Deutschland« zum Beispiel oder entsprechende Rufe im Kaukasus oder in jeder anderen Region entspringen nicht nur legitimen Forderungen nach Eigenständigkeit. In der Tiefe geben diese gewaltigen Emotionen einem Drang Ausdruck, der nie eingelöst werden konnte, weil man keine Liebe erhielt, wo sie hätte sein sollen. So wird man eins mit der Mutter in allen ihren symbolischen Äquivalenten. Eins mit der Mutter ist der vergebliche Ruf jener, die sich nie dem eigenen Verlust der mütterlichen Liebe stellen konnten, die zurück in ihren Schoß wollen. Indem sie »Eins« schreien, bestätigen sie das Böse als gut. Dahinter steht nichts als Wut und der damit verbundene Drang, alle und alles, was auf die Wirklichkeit hinweist, mit Gewalt niederzuwalzen.

Machtgier ist ein Versuch, verlorenes Selbstwertgefühl zu kompensieren. Für mangelnde Liebe gibt es keinen Ersatz, sie führt nur zu einem immer größeren Hunger nach Macht.

Wenn Verzweiflung nicht erlebt werden darf, weil Mutter und Vater sie nicht teilen, wenn das Defizit ihrer Liebe zur Anklage gegen die eigene Unzulänglichkeit wird, wenn man sich selbst haßt, weil das eigene Sein als etwas empfunden wurde, das in Gefahr und Ungnade führt, dann muß ein Kind destruktiv werden. Als Erwachsener braucht er ununterbrochen Feinde, um nicht vom Reservoir des eigenen Hasses überflutet zu werden. Durch Feindbilder wird das seelische Gleichgewicht aufrechterhalten. Der Feind mag in abstrakten Ideen, Ideologien, verkörpert sein. Ideologien dienen der »Stärkung« des Ichs durch Identifizierung mit der Größe einer Idee, einer Organisation, einer Nation. Sie sind die Dauerlösungen für Unzulänglichkeit.

Das Festhalten an abstrakten Ideen hat nichts mit Intelligenz oder transzendentalen Inhalten zu tun. Solche Ideen vereinfachen die Welt und verschleiern die Wirklichkeit. Ideen in den Händen falscher Götter lassen Menschen sich als größer empfinden, und so überwinden sie Minderwertigkeitsgefühle. Indem sie sich mit ihnen stark fühlen, erlösen sie auch von Schuld. Bürokraten sind ein Beispiel für die Identifizierung mit *festen* Regeln, die erlauben, andere leidenschaftslos sadistisch zu behandeln. Ich sage leidenschaftslos, weil der Bürokrat von den Resten menschlicher Gefühle, die ihm Mühe machen, befreit wird. Die nationalsozialistischen Massenmorde, die Zwangssterilisierung »Erbkranker« oder das Töten von Geisteskranken und Behinderten war für solche Menschen in erster Linie nur ein verwaltungstechnisches und formaljuristisches Problem.

Eine Gesellschaft, die von klein auf Anpassung fordert, erzeugt Pflicht und nicht Verantwortung. Sie fördert den Untergang des Menschseins, ohne daß die, die sich fügen, es merken. Ihre unterschwellige Wut wird dann schnell aufsteigen, wenn ihr »geregeltes« Sein in Frage gestellt wird.

Die Identität, die auf Anpassung beruht, ist schnell übertragbar. Ein angepaßtes Selbst kann sich sehr rasch gegen das eben noch Verteidigte wenden. Der amerikanische Schriftsteller Philip Roth fragte den tschechischen Schriftsteller und Dissidenten Ivan Klima in einem Gespräch:[117] »Ist für die Tausende, die nie einen Einwand gegen das kommunistische Regime geäußert haben, die Anbetung Havels nicht eine bequeme Art, ihre eigene Mittäterschaft zusammen mit der nihilistischen Vergangenheit fast über Nacht über Bord werfen zu können?« Klima stimmte dem zu: Die Mehrheit war an den Taten des alten Regimes beteiligt, obgleich sie es haßte. Das ist der springende Punkt! Anpassung erzeugt Haß.

Roth sprach auch davon, daß nicht einer dieser neuen Mitmacher sich gegen das stellen wird, was uns alle in der ganzen Welt in unserem angepaßten Sein verstärkt und verankert. Diese Tyrannei, sagte er, fände eine Vermittlung durch das kommerzielle Fernsehen, durch seine Eigenart zu *unterhalten*. Im ›Verrat am Selbst‹ beschrieb ich diesen Vorgang als Stimulusgebundenheit.[118]

Wenn wir von unserer Tiefe durch Anpassung fortgetrieben werden, dann werden wir abhängig von Stimulationen, die von außen auf uns einwirken. Aber diese Droge, der Konsumzwang, wird nicht als Droge erkannt. Der Trick ist der Wandel des Angebots, »change for its own sake«. Die Reize, auf die der Angepaßte reagiert, halten ihn für den Moment gebunden – bis zum nächsten Mal. Die zunehmende Darstellung von Grausamkeit in der Unterhaltungsindustrie sollte zu denken geben. Der Grausamkeit ausgesetzt zu werden heißt nicht, Grausamkeit auszuüben. Aber Gewaltdarstellungen stimulieren die bereits bestehende Bereitschaft, die innere Notwendigkeit aller Angepaßten, Haß zu entwickeln, der mit der Grausamkeit in Verbindung steht. Es ist unumstritten, daß solche Filme, Videos und ähnliches diesen Prozeß fördern. Die Gründe liegen allerdings tiefer als allgemein angenommen, sie haben mit unserer die Anpassung fördernden Gesellschaft zu tun.

Die Schuld ist nicht nur bei den Medien zu suchen, das belegt auch die Widersprüchlichkeit verschiedener Studienergebnisse. Nicht alle Menschen reagieren gleich auf eine solche Stimulation, weil es noch Menschen mit einem eigenen Selbst gibt, die dafür nicht empfänglich sind.

Das Problem des Angepaßten ist sein Bedürfnis nach Struktur. Die Psychotherapeutin Helena Klimova, die Ehefrau Ivan Klimas, amüsierte sich über die Reaktionen ihrer Patienten auf die neue tschechische Gesellschaft: »Die Psychotiker werden gesünder und die Neurotiker kränker… Diese neue Freiheit verunsichert die Neurotiker. Was wird jetzt passieren? Niemand weiß Bescheid. Die alte Unbeweglichkeit war schlimm, auch für die Neurotiker, aber sie war beruhigend, verläßlich. Da gab es eine Struktur. Man wußte, was zu erwarten und was nicht zu erwarten, wem zu trauen und wer zu hassen war… (Jetzt) sind sie plötzlich in einer Welt, in der sie wählen können.«[119]

Wenn wir uns erinnern, daß viele der sogenannten Neurotiker eigentlich Menschen sind, die leiden, weil sie sich anpassen möchten, es aber nicht können, und in die Therapie kommen, nicht, um sie selbst zu werden, sondern um besser im Wettbewerb mitmachen zu können, dann verstehen wir, wie genau diese Aussage die Situation der Angepaßten beschreibt.

Der eigentliche Grund, warum das Psychologisieren abgelehnt wird, ist folgender: Die mangelnde Liebe wird aufgedeckt, und das konfrontiert uns mit den gesellschaftlichen Ideologien und Mächten, die diese Krankheit fördern. Weil diese männliche Machtideologie in allen industriellen oder auf den diesem Zustand zustrebenden Gesellschaften verankert ist – ob nun kapitalistisch oder kommunistisch –, können Programme für soziale Gerechtigkeit allein die Situation des Menschen nicht ändern. In demokratischen Strukturen kann wenigstens das Anliegen der Liebe zum Ausdruck kommen, solange an ihr festgehalten wird.

Verletzlichkeit und Größe

Wir müssen erkennen, daß das Bedürfnis nach Macht und Besitz in dem Bedürfnis nach Unverletzlichkeit wurzelt. Elias Canetti veranschaulicht in seinem Aufsatz über ›Macht und Überleben‹[120] einen Aspekt dieses *inneren* Vorgangs, wenn er darauf hinweist, daß die Situation des Überlebens das zentrale Moment der Macht enthält. Es ist der Tod des anderen, der das Leben der Menschen, deren Sein nach Macht strebt, zu sichern scheint. Unverletzlichkeit kann letzten Endes nur gesichert werden, wenn niemand einen mehr bedroht! Die Schlußfolgerung dieser Logik wäre, entweder alle zu beherrschen oder alle auszurotten.

Canetti gibt ein erschreckendes Beispiel für diese Logik: Shaka, der Gründer des Zulu-Reiches in Südafrika, hatte zwölfhundert Frauen, denen es verboten war, schwanger zu sein; auf Schwangerschaft stand die Todesstrafe. Es ist die Absicht des Machtsuchenden, führt Canetti aus, der *einzige* zu sein. »Er will alle überleben, damit keiner *ihn* überlebt.« Und als eine der Frauen schwanger wurde, verbarg sie sich bei Shakas Mutter, die sich nach einem Enkel gesehnt hatte. Bei ihr wuchs dieser heimlich auf. Eines Tages aber überraschte Shaka seine Mutter, als sie mit dem Kind spielte. Er erkannte ihn sofort als seinen Sohn und tötete ihn auf der Stelle mit eigenen Händen.

Nun ist aber nicht alles Streben nach Macht so offensichtlich. Der Marxismus entwickelte sich aus der Betroffenheit über Ungerechtigkeit. In dem Moment jedoch, in dem diese Betroffenheit in die Hände von Machtstrebenden gelangte, ging der Zugang zu wahrer Betroffenheit verloren. Es blieb nur ihr Image, das den Anschein aufrechterhielt, gegen die Ungerechtigkeit und für die Betroffenen zu sein. Diejenigen, die nach Macht streben, ob von links oder von rechts, bringen die Menschheit um, weil sie ihre eigene Verletzbarkeit nicht in Frage stellen können.

In all diesen Fällen wird die Erfahrung der seelischen Bedrohung als körperlicher Tod erlebt. Dem Tod auszuweichen wird zum Kernanliegen. Wie Canetti es darstellte, wird die *Entfernung* aller anderen zum Grundmotiv des Lebens. Jegliche Bereitschaft, die der Unverletzlichkeit ergeben ist, spiegelt diese Einsicht Canettis wider. Sie muß der Macht und deswegen dem Tode ergeben sein.

Daß es anders sein kann, anders war, daß Gesellschaften und ihre Kulturen auf der Basis von Verletzlichkeit einem inneren Gleichmut, *Aequanimitas*, gewidmet sein können, beweisen die amerikanischen Indianer. John Collier, von 1933 bis 1945 US-Kommissar für die Angelegenheiten der Indianer, faßt es in seiner Studie ›Indians of the Americas‹[121] so zusammen:

»Der Indianer hatte das Ziel, ein volles Leben trotz materieller Not zu haben, und dies aus einer tiefen Unsicherheit heraus, welche er in seiner Weisheit gar nicht aufheben wollte. Diese Unsicherheit wohnte nicht im Innern seiner Seele oder in seinem gemeinschaftlichen Leben. Sie entstand durch Kriege, Stürme und Krankheiten. Seine Bräuche und der kreative Umgang halfen ihm, *äußere Unsicherheit* in den Zustand einer *nach innen gerichteten Sicherheit* zu verwandeln. Die weißen Invasoren kamen. Es gab Kriege, und die Unsicherheiten der Indianer nahmen zu, aber ... (ihr) Gleichmut brach nie zusammen.«

Sie wußten, daß die Verletzung eines Mitmenschen und das Ignorieren seiner Bedürfnisse und seiner Selbstachtung eine Selbstverletzung bedeutete. Collier sagt: »Sie besaßen, was die Welt verloren hat. Sie haben es jetzt noch. Was die Welt verloren hat, muß die Welt wiederhaben, sonst stirbt sie. Wir haben nicht mehr viel Zeit, um diesen verlorenen und wesentlichen Bestandteil wiederzuerlangen« – nämlich Gleichmut trotz Unsicherheit, Sicherheit trotz Hilflosigkeit, weil Stärke nicht aus Unverletzlichkeit, sondern aus Leid und Schmerz hervorgeht.

Die Armut unserer Zeit ist eine völlig andere als die der früheren Jahrhunderte. Früher war Armut ein Resultat natürlicher Mängel an Nahrung und Schutz. Heute ist sie ein Ergebnis der Bedingungen, die den benachteiligten Ländern von den Reichen und von der Logik der Globalisierung aufgezwungen werden. Um das zu verhüllen, ist heute die Armut nicht mehr ein menschlicher Zustand, sondern etwas Demütigendes geworden. Tatsächlich geht es der Mehrheit der Menschen heute schlechter als vor fünf Jahrhunderten.[122] Und so lehnen wir unsere Verletzlichkeit noch mehr ab, wir lassen sie nicht zu.

Wer den Schmerz der ungenügenden Liebe am wenigsten ertragen kann, widmet sich am stärksten der Unverletzbarkeit und der Größe. Menschen, die sich selbst am meisten fürchten, sind am ehesten im Lager der linken und rechten Extremisten zu finden. Sie können sich von ihren Müttern nicht lösen und widmen sich deshalb dem Tod.

Immer wieder setzen sich die Rechten an die Spitze von Umwälzungen. Sie verstehen es, die Macht zu konsolidieren, die scheinbare Unordnung in scheinbare Ordnung zurückzubringen. Am Ende stehen sie wieder neuen Revolutionären gegenüber. Das ist ein Vorgang ohne erkennbares Ende: Das Verhüllen der Ursachen unserer gesellschaftlichen Malaise wird zum Motor des Kriegszustandes. Deshalb beharren die Extremisten auf der Rache, denn sie verunmöglicht ein Aufdecken der Malaise.

Rache ist nicht primär ein Ausdruck von Wut, sondern ein Verneinen des Leidens. Die Extremisten beider Lager verneinen die Entbehrungen ihrer Kindheit. Aus diesem Grund können beide nicht zur eigenen Kraft gelangen. Sie glauben, daß Rache, Gewalt und Macht den Schmerz der Urverletzung ausgleichen werden. Meistens ist dies ein unbewußter Vorgang, der aber ins Bewußtsein drängen kann. Ein Beispiel dafür ist Bommie Baumanns Buch ›Wie alles anfing‹, in dem er seine Erkenntnis beschrieb, daß der Terror eine Flucht vor der Liebe war.[123]

Wahre Kraft kommt nicht aus kompensatorischer Macht, sondern aus dem Beharren im Schmerz, der so unerträglich ist, daß man glaubt, sterben zu müssen. Die übermäßige Betonung des Gedemütigtseins und das Verharren in der Opferrolle können aber auch als Rettung vor der aus dem Schmerz entstandenen Verzweiflung dienen. In diesem Fall wird das Gedemütigtsein zur Rechtfertigung von Rache und einer alles umfassenden Aggression.

Ein Patient, dessen Leben von der Bereitschaft zu Demütigung und endloser Rache geprägt war, schilderte es nach langer therapeutischer Arbeit so: »Der Schmerz, den ich durch meine Mutter erlitt, war nicht nur Niederlage, sondern dahinter war etwas Lähmendes, etwas Dunkles, Nichtfaßbares, den Atem Lähmendes – es hat mit dem Tod zu tun ... Mit drei Jahren versuchte ich, mich zu vergiften. Mit sechs Jahren griff ich nach einem Dolch und schrie, daß ich mich töten werde, weil ich mich von Mutter zu Unrecht blamiert fühlte. Sie sagte: ›Stich doch zu‹, und ich fühlte mich so gedemütigt.« – »Und«, fragte ich, »wo sind der Schmerz und die Verzweiflung darüber?« – »Es hört doch keiner!« rief er.

Nichts wurde anders für ihn, bis er bereit war, diesen Schmerz zu fühlen. Sich gedemütigt zu fühlen – und er war es ja – und Rache zu planen »rettete« ihn vor dem Schmerz des Nichtgeliebtseins. Diese Verzweiflung war es, die seinen Atem lähmte, die zum Tod hätte führen können. Aber als Erwachsener lag seine Rettung nicht im Ausleben seiner Macht-und-Rache-Phantasien, sondern im Erleben des unmöglichen Schmerzes von damals und der Entdeckung im Jetzt, daß er nicht mehr sterben würde.

Schmerz führt zu einem Gefühl der Niederlage, zum Teil, weil man etwas von Mutter und Vater haben möchte. Wenn man als Erwachsener erkennt, daß sie es nicht geben konnten oder können, hört man auf, abhängig zu sein. Dann kann man auch mit dem Schmerz leben und die Stärke, die daraus zuwachsen, wahrnehmen. Dieser abgetrennte Schmerz liegt hinter jedem Aufruf zur Heldentat bei den Extremisten. Heldsein ist beides – Ausdruck der Erfahrung des fürchterlichen Schmerzes durch das Nichtgeliebtsein und zugleich Blockierung, sich dieser Tatsache zu nähern.

Natürlich gibt es einen gewaltigen Unterschied zwischen dem linken und dem rechten Extremismus. Wenn es aber erst zu Machtkämpfen innerhalb der linken Gruppierungen kommt, werden wiederum jene, die kein Herz haben, diesen Machtkampf gewinnen. Diejenigen, die an die Macht gelangen, ob links oder rechts, sind sich darin gleich.

Wir, die wir in der Mitte stehen, sind zum Spielzeug

der Kinderträume dieser wahrhaft Verrückten geworden. Dieser Kampf zwischen den beiden Extremen, der der Entladung von Haß über ihre eigene Unzulänglichkeit dient, ruft »Geschichte« hervor. Und »wir«, die das Leben wieder ins Gleichgewicht bringen möchten, verwenden unsere Zeit und Energien darauf, die Schäden in Grenzen zu halten.

Zum weiteren Hindernis wird, daß wir alle in der Ideologie der Größe, die Unverletzlichkeit verspricht, gefangen sind. In unterschiedlichem Ausmaß und unterschiedlicher Weise natürlich, und darin liegt Hoffnung. Aber im allgemeinen gilt, daß alle, die an die Notwendigkeit der Größe glauben, das Feindbild der Hilflosigkeit teilen und so Lösungen anstreben, die einer Integration des Menschen in seiner Umwelt widersprechen. So verwechseln wir Freiheit mit Großsein.

Größe als Beweggrund

Die Bedürfnisse nach Größe und einem Feindbild gehören zusammen: Beide werden zwingend, um der Hilflosigkeit auszuweichen. Und es ist schwierig, sich davon zu lösen. Manche haben sich dem so verschrieben, daß sie andere zwingen müssen, genauso zu sein.

Während der Schizophrene versucht, uns durch sein Verhalten darauf aufmerksam zu machen, daß wir von unseren Gefühlen abgespalten sind, tut der Psychopath das Gegenteil. Er spielt mit unseren Gefühlen, er mißbraucht die gesellschaftliche Spaltung zwischen Wort und Gefühl, um uns rhetorisch zu überrumpeln. Zum Beispiel verwendet er die Sprache der Gerechtigkeit, um sein Vorgehen zu vertuschen und uns die Schuld zuzuschieben.

Ein Beispiel: Ein Bauer betoniert einen Waldpfad, um seine Scheune ausbauen zu können. Dieser Pfad war bisher der Weg zu einer gemeinsam genutzten Wiese der Gemeinde. Darauf hingewiesen, antwortet er: »Ihr solltet lieber kooperativ sein und nicht streiten.« Und tatsächlich fühlen sich einige schuldig! Dieser Mann drehte die Wirkung von Täter und Opfer um. Menschen, eben noch Opfer, fühlten sich als Täter, obgleich dies der Wirklichkeit widersprach.

Der Psychopath ist ein Experte im Erwecken von Schuld. Und Menschen fühlen sich schuldig in seiner Gegenwart, weil unsere Erziehung im Grunde auf Schuldzuweisung basiert. Derjenige, der – scheinbar ohne Zweifel – Schuld zuweist, bringt uns in die Ursituation unserer eigenen Kindheit. Eine solche Person, die selbst ohne Schuldgefühle ist, spielt mit unseren Gefühlen, macht aus ihnen einen Gegenstand des Spottes. Aber wir merken es nicht, sind von Geburt an konditioniert auf Unterwerfung. Es ist wie ein tragisches Spiel. Wenn man die Schuld einem anderen nicht aufbürden kann, dann muß man sie selbst auf sich nehmen. Es ist, als ob dieser Ball der Schuld von einem zum anderen geworfen wird. Niemand wagt, ihn fallenzulassen. Schuld ist das Medium des Einanderbesitzens, nicht des Einanderliebens. Wenn wir diesem Besitzenwollen verbunden bleiben, um uns aus unserer Verletzlichkeit zu retten, dann sind wir ausweglos gefangen.

Die »Großen« der Geschichte bürden uns seit jeher scheinbar ohne Selbstzweifel die Verzerrungen ihrer Gefühlswelt auf. Ihre verführerischen Worte machen uns zu Werkzeugen ihrer Wahnideen, die das Erleben der eigenen Gefühle beiseite schieben.

Margaret Thatcher war beispielhaft für einen Menschen, dessen Sprache völlig abgetrennt ist von der Wirklichkeit unserer Gefühlswelt. Sie schaffte es jedoch, mit Worten andere in eine zerstörerische Welt hineinzustürzen. Jonathan Raban, ein englischer Journalist, hat eine ihrer Reden analysiert, und zwar vor allem in Hinblick auf diese Abtrennung der Worte von den zwischenmenschlichen Gefühlen, die jene eigentlich bezeichnen.[124] Diese Rede hielt Frau Thatcher vor der Versammlung der Church of Scotland im Mai 1988. Es war eine außerordentlich breit angelegte Rede, in der sie Themen zu Staat und Kirche, Sozial- und Wirtschaftsordnung und die Bedeutung der Demokratie ansprach. Sie gab aber nicht nur die Art ihres Denkens preis, sondern auch die Ablösung vom Gefühl des Menschlichen. Wie bei dem Beispiel mit dem Bauern muß man am eigenen Inneren festhalten, um nicht von ihren Worten in eine abgespaltene und den menschlichen Gefühlen feindliche Welt hineingezogen zu werden.

»Vielleicht wäre es am besten«, sagte sie, »wenn ich damit beginne, wie sich mir die Dinge persönlich als Christin wie auch als Politikerin, darstellen. Kürzlich fand ich beim Lesen den schlichten, einfachen Satz: Christentum bedeutet Erlösung im Glauben und nicht soziale Reform.« Und schon werden wir von unserem Mitgefühl getrennt, und dies in einer Ansprache um eine Religion, die das Mitmenschliche zum Kern der Lehre gemacht hat. Aber sie ist klug genug, dies sofort zu verdecken, denn sie folgert: »Die meisten Christen begreifen es als ihre persönliche christliche Pflicht, ihren Mitmenschen zu helfen und das Leben von Kindern als ein uns anvertrautes Gut anzusehen. Diese Pflichten rühren nicht von einer staatlichen Gesetzgebung her, die vom Parlament verabschiedet wird, sondern daher, daß man Christ ist.« Und gleich danach wieder eine Kehrtwendung zu ihrer eigentlichen Trennung von Christentum und Herz: Die Kennzeichen des christlichen Lebens »entstammen nicht dem sozialen, sondern dem geistigen Bereich unseres Lebens«. Und dann zementiert sie diese Aussage ein paar Sätze später: »Aber wir dürfen uns nicht zum christlichen Glauben bekennen und in die Kirche gehen, nur weil wir soziale Reformen, Wohltätigkeit oder ein allgemein besseres Benehmen anstreben, sondern weil wir an die Heiligkeit des Lebens, an die Verantwortung, die mit der Freiheit einhergeht, und an das höchste Opfer Jesu Christi glauben.«

Im letzten Satz werden wir schuldig, denn sollten

wir soziale Reformen, Wohltätigkeit oder ein allgemein besseres Benehmen anstreben, glauben wir nicht an die Heiligkeit des Lebens und an die Verantwortung. Was beim Beispiel des Bauern leichter zu sehen war! Unsere Gefühle, die aus unserer Bereitschaft zu Barmherzigkeit kommen, werden uns zum Verhängnis. Wir werden ihretwegen schuldig gesprochen und dazu gebracht, sie aufzugeben. Und so folgen wir Worten, die nichts mit unseren ureigenen Gefühlen zu tun haben. Hinzu kommt, daß wir in einer Welt leben, in der wir uns sowieso öfter unseres Mitgefühls schämen müssen. Und so folgen wir solchen Worten, weil sie uns von dieser Scham auch noch zusätzlich erlösen.

Rabans Analyse zielt auf die reduktive Art ihrer Thesen. Sie bringt nämlich die Heiligkeit des Lebens und der Verantwortung in Zusammenhang mit *freier* Wahl. Am Ende erscheint es so, schreibt Raban, als »läge die Bedeutung der Kreuzigung darin, daß Christus sein Recht auf freie Wahl beansprucht hat«. Eine unpassende Lächerlichkeit: »Christus, am Kreuz sterbend, wird mit den Leuten gleichgesetzt, die ihr Recht auf freie Wahl im Kauf eigener Häuser, in Privatschulen für ihre Kinder und in der ersten Klasse im Krankenhaus sehen.« Immer wieder werden mit dem Wort Menschen von ihren eigenen Gefühlen weggelenkt.

Abraham Lincoln war ein Mann, der aus dem Herzen heraus sprach. In seiner Gettysburg-Rede von 1863 wich er dem Leid seines Volkes in dem schrecklichen

Bürgerkrieg weder aus, noch verkleinerte er es. Seine Ehrlichkeit entsprach seiner tiefen Betroffenheit durch Schmerz und dem Bedürfnis nach Gerechtigkeit aus Liebe.

Was macht Frau Thatcher daraus? »Als Abraham Lincoln in seiner berühmten Rede von Gettysburg im Jahre 1863 von einer Regierung des Volkes, durch das Volk und für das Volk sprach, gab er der Welt eine treffende Demokratie-Definition, die seitdem weithin und enthusiastisch übernommen wurde. Was er aber als Regierungsform darlegte, war an sich nicht besonders christlich, denn nirgends in der Bibel wird das Wort Demokratie erwähnt.«[125]

Was aber sagte Lincoln? »...wir sind der festen Überzeugung, daß diese Toten nicht umsonst gestorben sind, daß diese Nation mit Gottes Hilfe eine Wiedergeburt der Freiheit erleben wird und daß die Regierung des Volkes, durch das Volk und für das Volk nicht von der Erde verschwinden wird.«[126] Frau Thatcher tut so, als ob er eine Demokratie-Definition gegeben hätte – er sprach vom moralischen Wert der Demokratie –, und sie zieht ihn dann herunter, weil das Wort Demokratie nicht in der Bibel erwähnt wird. Lincoln ging es um die christliche Auffassung, daß Menschen ebenbürtig sind. Indem Frau Thatcher uns durch Worte vom eigentlichen, auf das Herz bezogenen Sinn wegtreibt, beschmutzt sie das Herz *und* die Demokratie.

Um das zu erkennen, muß man sicher in der eigenen

Gefühlswelt ruhen. Da wir aber von Kindheit an davon weggetrieben werden, sollte es nicht erstaunen, daß Menschen wie Frau Thatcher, die mit Worten umgehen, die vom Kontext des Menschseins losgelöst sind, uns erfolgreich von den inneren Verbindungen abschneiden, die noch existieren.

Das setzt natürlich voraus, daß sie selbst vom Lebendigen abgeschnitten ist. Wie Raban hervorhebt, beendete Frau Thatcher ihre Rede in der Tat mit einem Choral, der dem Sterben junger Männer gewidmet ist: »Ich gelobe dir mein Land über alle irdischen Dinge, vollständig, ganz vorbildlich den Dienst meiner Liebe... Seele um Seele, leise erweitern sich seine strahlenden Grenzen.«

Die erste Strophe, so Raban, »preist den Ruhm des pro patria mori und verspricht den Soldaten ›die Liebe, die ihren Preis bezahlt ..., die Liebe, die zum letzten kühnen Opfer bereit ist.‹ Die zweite hebt das Versprechen des ewigen Lebens hervor, nachdem der unglückliche Soldat der für ihn bestimmten Kugel begegnet ist.«

So wiederum enthüllt sich das Streben nach Größe als »Anti-Leben«, als Obsession des Todes. Und dieser Trieb wandelt sich in ein Bedürfnis nach Macht, um gegen den Tod unverwundbar zu sein. Barbara Castle, eine Abgeordnete der britischen Arbeiterpartei, sagte einmal über Margaret Thatcher: »... sie ist in Liebe mit der Macht, mit Erfolg und mit sich selber.« Frankreichs Staatspräsident François Mitterrand sagte über sie: »Sie hat die Augen von Caligula und den Mund von Marilyn Monroe.«[127]

Sie war erfolgreich, denn sie versprach Größe und Feindbilder. Indem sie das Menschsein in sich selbst zerstückeln, gehören solche Menschen zu denen, die auf einer gespaltenen Sicht des Menschen beharren.

Gespaltenheit macht nicht nur unfähig, die Dinge in ihrer Gesamtheit zu sehen, sie verlangt auch ein aktives Vorgehen dagegen. Die individuelle Entwicklung begünstigt die Gespaltenheit durch die Unmöglichkeit, das Image der Eltern und ihr Verhalten zu verarbeiten. Die Spaltung im Bewußtsein des Kindes rettet es von dieser Unmöglichkeit, führt aber dazu, daß Spaltung selbst zum Grundsatz jeglicher Perzeption wird. Wahre Harmonie und eine integrative Gesamtsicht werden zum Feind und müssen bekämpft werden.

In Margaret Thatchers Kindheit wurde Strenge mit Liebe verwechselt. Ihr Vater Alfred Roberts hatte einen Gemüseladen und war Laienprediger. Die Familie ging jeden Sonntag dreimal zu einer eineinhalb Kilometer entfernt gelegenen Kirche. Lesen und spielen waren an diesem Tag verboten. Als sie erwachsen war, verfolgte sie nur ein Ziel: andere von ihrer eigenen Meinung zu überzeugen. Auf das Thema »Thatcherismus« angesprochen, sagte sie 1988 in einem Interview, daß dieser die Herzen und Köpfe der Menschen so anspricht, »daß sie ja sagen und glauben«.[128]

Gespaltenheit muß durchgesetzt werden, um mit sich selbst weiterleben zu können. Mannigfaltigkeit, verschiedene Meinungen können nicht toleriert werden, denn sie bedrohen die Kohäsion eines Selbst, das auf Gespaltensein beruht. 1979, als Thatcher das Amt der Premierministerin übernahm, sagte sie: »Ich brauche ein Kabinett mit gleichermaßen einheitlichen Absichten und der Bereitschaft zur Hingabe... Als Premierministerin könnte ich keine Zeit auf innere Auseinandersetzungen verschwenden.«[129] »Ein Kabinett«, meinte Raban ironisch, »sollte ein Gremium sein, in dem der Überzeugungsvorgang bei jedem einzelnen abgeschlossen ist und alle einer Meinung sind.«

Diese innere Notwendigkeit der Spaltung bestimmt auch die gesellschaftliche Sicht, um eine Wirklichkeit, die das Mitmenschliche einbezieht, zu verneinen. So werden wir mit einer »Realität« konfrontiert, die dem Inneren solcher Leute entspricht und nicht der Wirklichkeit. Da sie selbst die eigene Menschlichkeit unterdrücken, müssen sie Unterdrückung als Hauptantrieb des Sozialisierungsprozesses sehen. Deshalb müssen sie auf »law and order« bestehen. In einem Interview sagte Thatcher 1986: »Auf der Ebene des Staates kann man nicht Freiheit ohne Ordnung haben. Man kann Ordnung nicht ohne das Gesetz haben. Die ganze Gleichheit um das Verstehen der Demokratie ist, daß die Ordnungsregeln stark genug sind, um das Böse, das in allen ist, zu unterdrücken.«[130]

Gleichzeitig führt solch eine Sicht zu ausgesprochenen Dummheiten mit verheerenden Folgen für die ganze Gesellschaft. Eine Anekdote von einem Führer der Tory-Partei ist bezeichnend. »Wir gingen zu einer Cocktailparty von gemeinsamen Freunden. Sie fragte die Gastgeberin nach deren Tochter, die noch zur Schule ging, aber einen Sommerjob bei Marks & Spencer angenommen hatte. ›Sehen Sie‹, sagte Frau Thatcher, ›man sagt, es gibt keine Arbeit. Natürlich gibt es Arbeit.‹ In Wirklichkeit war der Vorsitzende von Marks & Spencer, Marcus Sieff, ein Freund der Leute, die die Party gaben.«[131]

Moral ist bei solchen Leuten eine Frage der Unterwerfung unter Gesetze, Ordnung, Vorschriften. Für sie, geformt im Spiegelbild der Kollaboration mit der eigenen Unterwerfung, ist das Innere, das Mitmenschliche, die Empathie, ein verworfenes Gebilde und deshalb als Fundament der Moral unbekannt.

Gewissen ist hier immer nur ein äußeres Über-Ich. Weder Scham noch Mitgefühl hemmen jene, die nur auf Bestrafung reagieren. Und während die Führer solch einer Welt nach immer größeren Strafen rufen, verleugnen sie ihre eigene Abspaltung vom Menschlichen, die Grundlage des moralischen Verfalls ist.

Wo das Gewissen etwas Äußerliches ist, wird eine ganze Epoche von Kriminalität bestimmt sein. Deren weltweites Anwachsen ist ein Ausdruck der Abgespaltenheit, nicht einfach das Ergebnis eines Verlustes moralischer Prinzipien. Abgespaltene Menschen wie Margaret Thatcher reden von Moral, fühlen aber nichts. Darin liegen die Wurzeln des Bösen, im Verlust der

Empathie, in der Erdrosselung der menschlichen Fähigkeit, eigenes und fremdes Leid zu erspüren. Solche Menschen können die Fähigkeit, Schmerz auszuhalten und Leiden zu verstehen und zu mildern, weder erkennen noch würdigen.

Diejenigen, die sich am meisten verraten haben, müssen sich auch Macht aneignen. Die Sucht nach Macht, nach Unverletzlichkeit hat ein ideologisches Gebilde entstehen lassen, das in seiner Grundtendenz nicht als solches erkannt wird: der Glorifizierung von Größe. Größe als solche hat einen »moralischen« Wert entwickelt, daß sie ganz selbstverständlich als gut gilt und mit Schönheit, Fortschritt und Wohlgefühl identifiziert wird.

Das Ziel ist Größe um ihrer selbst willen. Obwohl dies jeglicher Grundlage entbehrt, wird implizit angenommen, daß Größe und Wachstum Entwicklung bedeuten. Dieses Gleichsetzen ist ein weiteres Beispiel einer halluzinatorischen »Wirklichkeit«, die unser Leben in die Zerstörung treibt. Die globale Gigantomanie der immer größer werdenden internationalen Holding-Firmen ist Ausdruck dieser Krankheit. Dieser Prozeß vermehrt die Schulden, aber nicht die Produktivität. Auch der Zusammenbruch solcher Imperien sowie der Kollaps der Banken, die an der Finanzierung beteiligt waren, ist Zeugnis für die Krankheit. Am Ende bezahlen wir dafür, um diesen Wahnsinn weiter möglich zu machen. (Es ist bezeichnend, daß der Ende der achtziger Jahre beginnende Bankskandal in den USA zu einer

Rettungsaktion der Regierung führte, die die Bevölkerung über 500 Milliarden Dollar kostete. Das bedeutet über 3000 Dollar pro Kopf! Diese müssen bezahlt werden, weil die Großen nicht stürzen dürfen.)

Es geht um Größe, nicht um Produktivität oder Entwicklung. Der GNF, der Index für das Wachstum der heutigen Nationalökonomien, stellt sich als Index der Entwicklung vor. Wir sind so in Zahlen als Ausdruck des Wachstums gefangen, daß wir gar nicht merken, daß ihr Bezug auf diese Vorstellung gleich Null ist. Wir sind benommen von der Notwendigkeit eines Glaubens an Größe und haben den Blick für die Realität verloren. Wachstum selbst wurde schon vor Jahren vom Club of Rome als Zeitbombe mit selbstvernichtendem Potential für die ganze Welt entlarvt.

Günther Breitling vom Institute of Common Sense in Genf[132] fragte im Gegensatz zu den gängigen Wirtschaftstheoretikern: »Was wächst, und wem wächst es zu?« Wachsen wird natürlich das Bruttosozialprodukt. Damit ist die Summe aller in einem Land erzeugten Güter und Dienstleistungen gemeint. Aber gemessen wird, schreibt Breitling, nicht der Zuwachs an Gütern und Dienstleistungen selber, sondern das dafür ausgegebene Geld. Das ist die einzige für die Steuererhebung relevante Größe. Aber das bedeutet nicht, daß diese Summe und Produktivität sich im Einklang befinden, denn alles, wofür Geld ausgegeben wird, zählt, auch Krankheit und Verkehrsunfälle gehören zum »Wachstum«! Zerstörung wird also durch diese Statistik genauso »wertvoll« für das Bruttosozialprodukt wie Aufbau oder Produktion. Breitling: »Wenn also eine (zum Beispiel durch Steuern oder Finanzierung von Rüstungs- oder Prestigeobjekten) angestrebte Wachstumsrate nicht erreichbar ist, läßt sich dieses Resultat ohne Schwierigkeiten durch Destruktion herbeiführen. Auch offensichtliche Unannehmlichkeiten, wie zum Beispiel die in Autostaus auf den Straßen verpufften Millionen Liter Benzin, tragen zum Wachstum bei – wenn nur die Menge immer zunimmt. (Allein im Großraum Paris betrug diese Wachstumskomponente schon 1988 über tausend Millionen Schweizer Franken.)«

Wachstum, wie wir es messen, hat innerhalb seiner eigenen Logik eine tödliche Komponente. Erreicht wird, so Breitling, daß globales Wachstum »nur noch zwei Elemente beinhaltet. Was wächst, ist ausschließlich die Zahl der Menschen ... und der Müll.« Wachstum wird zu einer blinden Jagd nach einer Größe, die Gefahren mit sich bringt. Entwicklung, die mit diesem Wachstum identisch wäre, ist etwas ganz anderes. Sie bedingt, schreibt Breitling, für jeden Menschen Nahrung, Wohnraum und gesellschaftlichen Austausch. Sie hat im Grunde mit der Entwicklung der Lebensbedingungen einzelner zu tun und nicht mit dem Ruf nach Größe.

Größe beinhaltet die Jagd nach Gütern, die uns vor den im Inneren lauernden Unzulänglichkeitsgefühlen, vor unserer Verletzlichkeit, die wir nicht wahrhaben wollen, schützen soll. Etwas kaufen zu können hat so den Platz einer Heilung angenommen. Anstatt träumen zu können, kaufen wir und beschleunigen den Vorgang der Produktion. Und so kommen moderne Philosophien wie die von Ivan Bosky zustande, der in einem Vortrag an der Universität von Kalifornien sagen kann: »Ich denke, daß Gier gesund ist. Man kann gierig sein und immer noch gut über sich selbst denken.«[134] Natürlich kann man sich als gesund betrachten, solange man durch das Kaufen sich selbst zu finden glaubt. Es bewirkt auch, daß diese Jagd nach Größe die Empathie weiter tötet, denn am Ende kann dieses Streben nur auf Kosten anderer gehen.

Wir, die wir in den industrialisierten Gesellschaften leben, können nur auf Kosten der unterentwickelten Länder unserem Konsum nachgehen. Damit fördern wir die Theorien des freien Marktes, der nur den Heißhunger nach immer mehr Geld und immer mehr »Größe« verdeckt. Dieser unersättliche Hunger entspricht dem Gesetz des Dschungels. Das einzige, was sich entwickelt, ist die Technik, und ihretwegen verlieren wir unsere Seelen.

Die Unterwerfung unter die Größe durchdringt uns auf allen Ebenen unseres Lebens, ohne daß wir uns ihres Werdegangs oder ihrer Wirkung bewußt sind. Der ständig wachsende Konsum von Stimulantien ist selbst Ausdruck und Anreger der Notwendigkeit für Größe. Er verfestigt die Abspaltung vom Innern in solch einem Ausmaß, daß nicht in Stimulantien eingetaucht zu sein wie ein schrecklicher Zustand des Nicht-am-Leben-Seins ist. Es kommt einer sensorischen Deprivation gleich. Ohne ständige und sich steigernde Stimulation (zum Beispiel mit Popmusik, neuer Technik, Autos, Sex, Reisen, Spektakeln) fühlt man sich, als ob man auseinanderfiele. Wir sind abhängig geworden von der Macht der Stimuli.

Wir sind blinder geworden, indem wir die Größe als Erlöser unseres Selbst suchen, ungeachtet der wirklichen Probleme. Wie tief dieser Prozeß im einzelnen reicht, wie groß die Not ist, durch Größe sich selbst finden zu können, zeigen die Identitätsvorgänge im Nationalismus.

Die stetige Erweiterung der Europäischen Gemeinschaft und die Wiedervereinigung Deutschlands als Hauptanliegen in einer Welt, die immer mehr von ökonomischer Abhängigkeit der Nationen gekennzeichnet ist, ist ein Beispiel. Statt seine Individualität ernst zu nehmen, glaubt der Mensch, sie durch Größe zu erlangen. Aber, um Don Mattera, der über den Identitätskampf in Südafrika schrieb, zu zitieren:[135] Freiheit und Gerechtigkeit, die allen Menschen zusteht, kann erst dann für sich gelten, wenn ein Mensch gelernt hat, daß er selbst etwas für sich bedeuten muß.

Es gibt keine großen Männer und Frauen. Ronald Sampson, der britische Politwissenschaftler, sagt: »Wir haben uns eingeredet ..., daß der Wille, andere zu beherrschen, gut sei und daß diejenigen, die diesen

Drang zur Herrschaft bekunden, schon allein dadurch Achtung, Bewunderung und Gehorsam verdienten – und damit haben wir den Kräften des Bösen schon fast gestattet, uns alle zu vernichten … Noch ist es nicht ganz zu spät, das Gleichgewicht zwischen den Kräften des Guten und des Bösen zu verändern, indem wir die Wahrheit aussprechen und in Ehren halten. Es gibt kein anderes Mittel, die Macht der Gewalt einzudämmen, als die Einheit und Kraft stiftende Fähigkeit des Menschen, andere selbstlos zu lieben.«[136]

Geschichte braucht das Weiterreichen dieser Wahrheit. Was die Welt vor Zerstörung bewahrt, ist das Weiterreichen der Liebe. Geschichte bewegt sich in einem Hin und Her zwischen denen, die sich dem Tod verschrieben haben, und den anderen, die der Liebe gewidmet sind. In diesem Sinne war der historische Jesus ein Ausdruck der Macht der Liebe. Der Marxismus dagegen, obgleich seine Quellen in der Suche nach Gerechtigkeit lagen, verlor in seiner Verknüpfung mit der abstrakten Idee von Größe das Herz. Aber der Kampf für das Gute muß trotzdem weitergehen. Von der Technik allein ist keine Hilfe zu erwarten, denn sie ist ein Beiprodukt der Suche des nach außen Gelenkten. Freisein entsteht nicht durch technischen Fortschritt, sondern, wie der berühmte amerikanische Humanist Joseph Wood Krutch es einmal formulierte, dadurch, daß man mit weniger schöpferisch leben kann.

Das Zeitalter der Psychopathen und Bürokraten

Psychopathen und Bürokraten festigen und fördern gemeinsam die Zerstückelung unserer Sicht und Wahrnehmungen, weil ihre eigene persönliche Kohäsion die Gespaltenheit benötigt. Beide sind die Feinde jeglicher Integration, die auf eine Gesamtsicht der persönlichen, ökonomischen und sozialen Dinge zielt. Durch das Medium Technik ist ihre Macht und deshalb auch die Gefahr, die sie für die Menschheit bedeuten, unermeßlich gestiegen. Zusammen kämpfen sie gegen den Zusammenhalt unserer Welt: Der Psychopath mit einem nach außen verlagerten Sein strebt die momentane Kontrolle über den anderen an. Der Bürokrat verteidigt den Status quo, um seinen Zusammenhalt und seine Existenz zu schützen.

Zu Beginn des 21. Jahrhunderts sind wir vom Ende der Natur und damit der Welt selbst bedroht, weil sich eine Technik, die scheinbar volle Herrschaft über den Planeten Erde ermöglicht, in der Hand von Psychopathen und Bürokraten befindet. Es ist, als ob sie mit dieser Technik den Bereich des Menschlichen verlassen und Leben oder Tod des Planeten und seiner Einwohner bestimmen können. Das entspricht ihren dem Tod ergebenen Absichten. Der psychopathische Typ Mensch spricht aber von der Macht des Lebens, um uns damit zu blenden.

Bill McKibben zitiert in einem provokativen Artikel über das Ende der Natur einen von ihnen: »Mit der Macht über das Leben in unseren Händen könnten wir zum Beispiel Wälder da erschaffen, wo früher kahler Boden war, Spezies vor dem Aussterben schützen. Was für eine Zeit, am Leben zu sein!«[137] Verborgen ist, daß hier nur über die *Gattung* Mensch gesprochen wird, nicht aber über das Wohlergehen der Menschheit und die Balance von allen und allem. Es ist die Zukunftsvision einer *Kontrolle* über alles außerhalb des Selbst, die so verführerisch ist.

Jeremy Rifkin ist einer der kraftvollsten Gegner der oben dargestellten genetischen Manipulation. Er schrieb: »Tausende von Jahren haben Menschen ›pyrotechnisch‹ gelebt, verbrannten, schmolzen, mischten leblose Materialien – Kohle oder Eisen. Wir wirkten von außen nach innen, um unsere Umwelt zu ändern. Jetzt fangen wir an, von innen her unsere Umwelt zu ändern, und das ändert alles – nur nicht das endlose Verlangen, unseren Planeten zu beherrschen.«[138] Was sich dahinter verbirgt, wurde ganz offen, aber ohne Einsicht, von dem Engländer Brian Stableford in seinem Buch ›Future Man‹[139] dargestellt: Genetische Technik »wird uns schließlich ermöglichen, die Tätigkeiten aller Lebewesen auf der Erde – die ganze Biosphäre – ausführlich zum Vorteil unserer Gattung zu nutzen«.

Genetisch »verbesserte« Bäume existieren schon. Weihnachtsbäume werden geklont, um Bäume zu züchten, deren Nadeln nicht auf den Fußboden fallen und ihn verschmutzen können. Viele glauben, daß diese Entwicklung nur eine Erweiterung traditioneller Zuchtpraktiken ist. Aber die Natur legt diesem Vorgehen Grenzen auf. McKibben schreibt: »Mendel konnte zwei Erbsen kreuzen, aber nicht eine Erbse mit einem Pinienbaum, noch weniger mit einem Schwein oder einem Menschen ... Unser Verstehen der natürlichen Schranken half uns, die Natur in unserem Geist zu verstehen ... Die Idee, daß die Natur definiert werden kann, wird bald veraltet sein. Nämlich alles kann geändert werden. Ein Kaninchen kann noch für den Moment ein Kaninchen sein, aber morgen wird ›Kaninchen‹ keine Bedeutung mehr haben. ›Kaninchen‹ wird ein paar Fäden der genetischen Codes sein, nicht wichtiger als eine Reihe von Plänen für den 1940er Ford ... In solch einer Welt wird nichts unmöglich sein – vielleicht sogar Immortalität ... Ob ewiges Leben irgendwelche Bedeutung haben wird, ist eine andere Sache ...! Es mag sein, daß ein völliger Zusammenbruch zustande kommt in dem Unterscheiden zwischen dem Lebenden und dem Nicht-Lebenden: Die Grenze zwischen beiden wird unscharf und ersetzt werden bei Systemen der Maschinerie von Metall, Plastik und Glas.« [140]

Dies, folgert McKibben, sei das logische Resultat unseres Denkens, daß wir immer die Welt zu unseren Gunsten dominieren müssen. Das Problem ist nicht, daß das Verbrennen von Öl Karbondioxide freigibt, wodurch (seiner Molekularstruktur wegen) die Hitze der Sonne eingefangen wurde. »Das Problem ist, daß die Natur… nicht mit unserer Bevölkerungszahl und unseren Gewohnheiten auskommen kann, aber es wird eine künstliche Welt sein – eine Space-Station.«

Darum geht es: Das Bedürfnis nach Kontrolle führt uns in die Unmenschlichkeit, in eine Roboterwelt, die sich und unseren Planeten nur zerstören kann. Wenn wir keine Erinnerung mehr an die Natur haben, werden wir für immer die Bedeutung des Menschlichen verloren haben. Wir werden uns zu Göttern gemacht haben, zu *falschen Göttern*, weil die Liebe für das Lebendige völlig von der halluzinatorischen Notwendigkeit von Macht ersetzt sein wird. Das zu verhüten wird die vorrangige Aufgabe aller dem Leben zugewandten Menschen sein müssen.

Dagegen ist die allgemein vorherrschende Gleichgültigkeit gegenüber der drohenden Katastrophe die gefährlichste Zeiterscheinung, die aufgebrochen werden muß. Die Gleichgültigkeit hat ihren Ursprung im Vermeiden jeglicher Ernsthaftigkeit. Sie fängt an mit dem Unwillen oder der Unfähigkeit, sich der Lüge über die Liebe zu stellen. Da diese Gleichgültigkeit vom täglichen Leben unterstützt wird (die dem Leben Zugewandten werden als verrückt abgetan, deshalb muß man sie nicht ernst nehmen), ist der Gehorsam ihr gegenüber eine unserer großen Gefahren. Der Gehorsam ist auch der Antrieb der bürokratischen Anpassung.

In einer Untersuchung, die ich über viele Jahre hinweg durchführte, zeigte es sich sehr eindrücklich, daß das Festhalten an Regeln und Paragraphen einer tiefen Angst vor Veränderung entspricht.

Die Aufgabe in meiner Forschung war folgende: Ich nahm die Abbildung einer der von Edwin G. Boring von der Harvard-Universität entwickelten mehrdeutigen Figuren, die entweder als schöne junge Frau oder als häßliche Alte gesehen werden können. Zuerst beseitigte ich alle Attribute der alten und häßlichen Figur, so daß nur noch das Bild der Schönen übrigblieb. In einer Reihe von zwölf Bildern fügte ich immer mehr Attribute der Alten hinzu und entfernte gleichzeitig die Attribute der Schönen. Im letzten Bild, dem zwölften, war dann nur noch die Häßliche zu sehen.

Das Interessante war, daß die *angepaßten Menschen*, die kein *eigenes Selbst entwickelt* hatten, in diesem Test an ihrer ursprünglichen Bewertung festhielten, obwohl sich die Figur tatsächlich verändert hatte. Beginnend mit dem Bild der Schönen, sollten sie einfach beschreiben, was sie sahen. Diese Menschen hielten am zuerst geformten Bild fest, bestanden darauf, daß die Schöne auch noch im letzten Bild vorhanden war, »daß sie wohl ihren Kopf weggedreht hat«. Diese Menschen können wegen ihres Gehorsams wechselnde Situationen nicht wahrhaben. Diese Angst ist die Quelle ihrer Wut und macht sie den Göttern hörig, die Autorität und leblose Regeln versprechen.[141] Wir sind so sehr vom Leben abgeschnitten, daß unser Bewußtsein diese Angst, die falschen Göttern den Weg ebnet, gar nicht wahrnimmt. Gedankenlosigkeit ist ein Ergebnis der Verdrängung drohender Gefahren.

Die Konsequenzen im täglichen Leben sind erschreckend: Die Explosion eines Heißwasserboilers verursachte den Tod einer jungen dreiköpfigen Familie.[142] Der tödliche Unfall ereignete sich an einem Donnerstagabend. Am Montag der gleichen Woche war gemeldet worden, die Wassertemperatur im Boiler des Elektrospeichers sei zu hoch. Das Gemeindeamt wurde informiert, weil die Gemeinde Eigentümerin des Gebäudes war. Diese setzte sich mit der zuständigen Heizungsfirma in Verbindung. Ein Installateur schaltete dann die Heizanlage ab. Doch die Temperatur stieg weiter. Am Mittwochmorgen wurde eine Temperatur von 125 Grad Celsius gemessen. Das Gemeindeamt wurde erneut informiert. Die Gemeinde tat nichts, weil die zuständige Firma bereits informiert war. Am Donnerstag wurde das Amt wieder informiert, daß etwas unternommen werden müsse, weil Gefahr bestehe. Die Gemeinde setzte sich mit der Stromversorgungsgesellschaft in Verbindung. Da der dafür Zuständige abwesend war, wurde der Auftrag lediglich angenommen. Am Abend ereignete sich die verheerende Explosion.

Eine Schuldzuweisung würde die eigentliche Ursache dieser Tragödie verschleiern. Diese liegt in der allgemeinen Abgespaltenheit, so daß sich niemand zuständig fühlte, sofort etwas zu unternehmen. Jeder weiß, daß Wasser bei 100 Grad Celsius kocht. Doch alle folgten den Paragraphen und verloren durch eingeschränkte Phantasie an Menschlichkeit. Die Schuld liegt in dem Verlust des Inneren, nicht in der Frage, ob jemand eine Vorschrift übersah.

Natürlich wird die herrschende Autorität nach einem Schuldigen suchen, denn nur so betäuben wir das Erkennen der Tatsache, daß wir unserer Menschlichkeit verloren haben. Deshalb ist es letztlich auch nicht von Bedeutung, ob der wirklich Schuldige gefunden wird oder nicht. Das Wichtige ist, ein Opfer zu finden, um uns von den Resten der eigenen Schuld zu befreien. Und da sind die Psychopathen wieder die besten Partner dieser Inszenierung. Die Systematisierung dieser tödlichen Gesinnungen durch die immer mehr unpersönlich werdenden technischen Strukturen der Bürokratie führt zum eigentlichen Zeitalter der Psychopathen.

Was tun für den Frieden?

Ist Frieden überhaupt möglich, wenn Menschen sich nicht selbst lieben können, die Nähe des anderen nicht ertragen?

Der Frieden kann nicht zustande kommen, wenn wir ihn nicht in uns besitzen. Der Versuch, ihn durch äußere Maßnahmen herbeizuführen, ist immer gescheitert. Die Herrschaftsstrukturen »vererben« sich, denn der Unterdrückte identifiziert sich mit ihnen, verinnerlicht sie als halluzinatorische Gegenmacht zu der Hilflosigkeit, die er für Schwäche hält. Deshalb kann er auch seinen eigenen menschlichen Wert nicht erkennen.

Solange Selbstwert auf Macht und Besitz basiert, kann Frieden nie erreicht werden. Der Weg dorthin kann nur ein individueller sein, um zu erkennen, daß Kräfte entstehen, wenn man nicht vor Leid und Schmerz davonläuft.

Die Identifikation mit Macht, ihre Anbetung, ihre Verherrlichung muß hier angesprochen werden. Das häufigste Symptom in unserer Zivilisation, mit dem wir gegen diese Identifikation rebellieren, ist der Kopfschmerz. Dieses Symptom ist das Zeichen eines inneren unbewußten Widerstandes gegen die Unterwerfung unter den Glauben an die Autorität.

Immer wieder habe ich in meiner psychotherapeutischen Praxis festgestellt, daß berechtigte Wut, die nicht zugelassen wird, weil das Innere dem Prinzip der Autorität beigetreten ist, ihren somatischen Ausdruck im Kopfschmerz findet. Dies ist natürlich kein bewußter Vorgang, weil die Bedrohung des Anerkennungs- oder Liebesentzugs für Ungehorsam gegenüber der Autorität nicht erlebt wird. Man empfindet Angst und Widerwillen vor der Möglichkeit der Wahrheit. Wir wollen ja mitmachen und glauben, daß unsere Sicherheit, durch Anerkennung errungen, unumstößlich ist. Die eigene Wut, nicht als solche erkannt, wird zum Feind und muß beiseite geschoben werden. Da das nicht möglich ist, findet sie ihren Ausdruck in körperlichen Symptomen.

Kopfschmerzen, auch chronischer Natur, gelten als Volkskrankheit, für die sich medizinisch nur selten eine klar definierte Ursache ausmachen läßt. Der Kopfschmerz ist ein Zeichen für die Schwierigkeiten, sich mit sich selbst zu konfrontieren. Aber die körperliche Reaktion beweist auch, daß Menschen sich im Grunde nicht unterwerfen möchten. Darin wiederum liegt eine Hoffnung. Nur Liebe kann Unbewußtheit in Bewußtheit umwandeln. Das setzt voraus, daß wir uns dafür öffnen, indem wir uns erst einmal uns selbst stellen.

Eine Differenzierung ist hier nötig: Die wirklich Angepaßten, die sich unterwarfen, um an der Macht teilzuhaben, hassen andere, um sich nicht selbst ihrer Schmach und ihrem Selbsthaß stellen zu müssen. Bei ihnen wird man das Kopfschmerzproblem weniger finden. Dann gibt es all diejenigen, die voller Zweifel und innerer Rebellion sind, die den Feind, der sie unterdrückt, erkennen, aber von ihm geliebt werden wollen. Sie sind die Mehrheit, sie sehen noch ein anderes Ufer und leiden deswegen öfter an Kopfschmerzen.

Um aus diesem Labyrinth herauszufinden, müssen wir unsere eigene Verstrickung in diesem Unterwerfungs- und Machtprozeß erkennen. Wir müssen erkennen, indem wir uns beobachten und sehen, daß wir von denen, die Macht ausüben, geliebt werden wollen. Das hört sich wie ein Widerspruch an, weil wir diese doch als Feind erkannt haben. Aber hier haben wir das bodenlose Unbewußte, das um Freiheit ringt.

Wir glauben, keine Liebe zu wollen, bestehen aber darauf, daß der, der sie nicht zu geben hat, sie uns gibt. So schlagen wir um uns, um diese anderen zur Besinnung zu bringen. Wie Henry Miller es treffend formulierte: Wir sind an die Mutter gebunden und rebellieren, um diese Leibeigenschaft zu verbergen.[143]

Wir wurden von ihr (und/oder Vater) verletzt, verneinen es aber, weil der Schmerz unerträglich war. Auf diese Weise bleiben wir aber für immer gebunden, wie der gehorsam Angepaßte, nur auf andere Art. Es ist diese Kette, die durchbrochen werden muß, aber ohne die Liebe zu verwerfen. Nur so werden wir frei werden und Liebe von denen akzeptieren, die sie wirklich geben können. Das wird uns befähigen, wirksam mit den wirklichen Feinden (im Gegensatz zu den halluzinatorischen) umzugehen, nämlich wie mit Menschen, die uns ähneln, die wie wir gefangen und keine Götter sind.

Wenn wir keine Liebe mehr von diesen falschen Göttern erwarten, werden wir frei von der Macht sein, die wir in ihre Hände gelegt haben. Und wenn wir davon befreit sind, wird konsequenter Umgang möglich sein. Nur wenn wir aufhören, im geheimen etwas von ihnen zu erwarten, können auch sie etwas Neues lernen. Solange sie sich nämlich als Götter sehen, die »Liebe« geben, bleiben sie in einem unbelehrbaren Zustand der Grandiosität befangen.

Uns steht die eigene Vergangenheit, die uns Angst vor Liebe einflößte, im Wege. Wenn »Nicht-Liebe« als Liebe getarnt wurde, lernt ein Kind, sich vor der Liebe zu schützen. Die Erwartung löst den unerträglichen Schmerz des Nichtgeliebtseins aus. Wenn uns dann wirkliche Liebe begegnet, macht sie angst, und wir versuchen, bei dem Liebenden eine negative Reaktion hervorzulocken, um ihn/sie als falsch etikettieren zu können.

Wenn Liebe auf Distanz gehalten wird, verhindert das die unerträgliche Nähe des alten Schmerzes. Aber noch wichtiger ist ein anderes Phänomen dieser Entwicklung: Das Gefühl des Wertlosseins, das das Nichtgeliebtsein fördert, wird verteidigt, denn wertvoll sein bedeutet, daß man Liebe erwarten kann, *und so gibt das Wertlossein eine gewisse Sicherheit.*

Das ist der eigentliche Grund, warum Menschen Führern folgen, die uns verachten, weil diese Verachtung Erleichterung verschafft. Wir laufen jenem nach, der die Verachtung verkörpert, weil wir uns selbst verachten und uns nur wohl fühlen können, wenn das, was sich in einem Winkel der Seele noch als wertvoll meldet, zurückgeschlagen werden kann. Sich wertvoll zu fühlen macht die größte Angst, denn der eiserne Vorhang, der die Erinnerung an den ursprünglichsten Schmerz verbirgt, droht niedergerissen zu werden.

Aus diesem Grund steigert eine Zeit, die von Wandel und Umwälzungen und Umbrüchen gekennzeichnet ist, den Haß im Angepaßten. Antisemitismus, Fremdenhaß sind Symptome dieses Vorgangs. Wenn die Anpassung durch wirtschaftliche Änderungen nicht mehr gelingt, wenn der gesellschaftliche Status nicht mehr erhalten bleibt, weil die Anpassung durch einen neuen Wettbewerb gefährdet ist, dann bricht das Bedürfnis nach Fürsorge und Liebe erneut durch die inneren Mauern. Aber die Angst ist nicht nur Angst vor wirtschaftlicher Entbehrung. Alle Säulen der Anpassung, die das Gefüge der Wertlosigkeit und Lieblosigkeit getragen haben, stürzen ein. Der Haß wächst, und Menschen suchen Erleichterung von der eigenen Verachtung und dem eigenen Bedürfnis nach Liebe da, wo sie von wahrer Liebe, wahrer Achtung nicht gefährdet werden können.

Ich habe schon beschrieben, wie perzeptuelle Wahrnehmungen rigide und unzulänglich werden. Wertlosigkeit und Selbsthaß sind Bestandteile der jetzigen Entwicklung in Europa und anderswo. Es gehört zur Geschichte, daß Haß und Selbstverachtung immer wieder, nachdem ein paar Mutige den Weg für Gerechtigkeit frei gemacht haben, eine Revolution übernehmen. Die Französische Revolution ist ein Exempel par excellence dafür. Nicht einer der zwölf der Revolutionsregierungen des ersten Jahres war frei von Haß und Verachtung.[144]

»Erneuerung« der Gesellschaft führt immer wieder zu Zerstörung, außer wir erkennen endlich, daß Haß, als Liebe offeriert, dem Psychopathen den Weg zur Macht ebnet. Die Korrumpierbarkeit neuer Machteliten bewirkt eine neue Günstlingswirtschaft, die dann auf Kosten des Volkes lebt. Haß, als Liebe getarnt, ist vielen Menschen eine Erleichterung, weil sie dies aus der Kindheit kennen. Es befreit sie von dem schrecklichen Schmerz, den das Verlangen nach Liebe in ihnen neu entstehen ließe. Das Vermeiden dieser verhängnisvollen Liebe bewirkt das Wechselspiel zwischen ihnen und den psychopathischen Führern. Ein Spiel, das für alle zur Destruktion führt.

Ein Patient, politisch aufgeklärt und engagiert für die Gerechtigkeit im eigenen Land, bewunderte Khomeini und Gaddhafi als Männer, die von Liebe für ihr Volk erfüllt wären. Daß sie töteten, sah er nicht. Es war wie damals, als seine Mutter angesichts eines vorbeifahrenden KZ-Transports und der ausgezehrten Gesichter und den von Grauen erfüllten Augen sagte: »Der Führer weiß nichts davon.«

Wenn man Liebe fürchtet, sucht man sie da, wo sie einen nicht bedrohen wird. Und so umarmen wir den Haß im Glauben, er sei die Liebe. Ich beschrieb ähnliches im ›Wahnsinn der Normalität‹, als ich von einer Studentin berichtete, die unter Lebensgefahr über einen Gletscher lief, um eine Eissäule zu umarmen. Wir suchen die Kälte, weil wir fürchten, an der wahren Liebe zu verbrennen.

Dieses Verhängnis der Angst vor Liebe, an dem wir alle leiden in einer Kultur, die die Menschen voneinander entfremdet, verleiht denen, die Haß als Liebe verkaufen, Macht: Wir geben ihnen die Macht, mit der sie uns alle zugrunde richten. Diese Interaktion zwischen einer Vergangenheit des Nichtgeliebtseins und dem psychopathischen Typus begünstigt »große« Männer und macht aus ihnen Götter, die uns vernichten.

Es ist wichtig, den wirklichen Feind und die Bereitschaft, mit der wir bewußt und unbewußt mit ihm ein Bündnis eingehen, zu erkennen. Es ist wichtig, die eigene Liebesfähigkeit zu erweitern, indem wir uns der Trauer des eigenen Ungeliebtseins stellen.

Ein fünfjähriger Junge sagte, er möchte ein Roboter sein, weil ein Roboter kein Herz hat. Menschliche Gefühle in sich »wohnen« zu lassen, so Suzanne Maiello[145], war für ihn lange Zeit nicht möglich. Der Roboter war für ihn gleichbedeutend mit Unverwundbarkeit. Erst durch die Begleitung der Therapeutin war Veränderung möglich, weil er doch noch tief im Innern sein Herz für unbesiegbar gehalten hatte. Viele haben dieses unbewußte Geheimnis, darin aber liegt Hoffnung.

Wenn wir uns selbst besser erkennen, werden wir weniger Götter suchen müssen und die falschen als solche erkennen. Wenn wir uns selbst weniger verachten, weil wir die Kraft haben, die alten Wunden in ihrem wirklichen Umfang zu erleben, werden wir die getarnte Verachtung erspüren. Wenn wir selbst weniger zu hassen brauchen, werden wir den Haß der falschen Götter erkennen und ihnen nicht beitreten, wenn sie für uns Feindbilder produzieren.

Ein Merkmal der falschen Götter

Typisch für diese falschen Götter ist die Fragmentierung der Perspektive: Mögen sie sich noch so liebevoll und scheinbar respektvoll geben, ihr Anliegen, bewußt oder unbewußt, ist immer die Zerstörung der Ganzheitlichkeit. Ihre uneingestandene Wut richtet sich immer gegen das ganzheitliche Verständnis.

Grundsätzlich ist der Mensch auf ganzheitliche Wahrnehmung und ein integriertes Erkennen seiner Umgebung ausgerichtet. Im Alter von nur dreißig Tagen drücken Säuglinge schon Schmerz und

Leid aus, wenn sie mit einer Zerstückelung der Einheit und Ganzheit der Perzeption der Mutter konfrontiert sind.[146] Die Unruhe im Säugling hat mit seiner ursprünglichen einheitlichen Einstellung und einem entsprechenden Bedürfnis nach Integration zu tun.

Wo Liebe ungenügend ist, kann ein Kind in die entgegengesetzte Richtung gehen, um dem Schmerz auszuweichen, den eine ganzheitliche Sicht nur bestätigen würde. So müssen solche Menschen darauf bestehen, ihre und unsere Sicht zu segmentieren. Wie raffiniert das vor sich geht, zeigte die Analyse von Margaret Thatchers Rede.

Diese Tendenz zur Abspaltung ist heute zu einer bedrohlichen Gefahr geworden. Die Probleme der Welt sind immer mehr Gesamtheitsprobleme. Wenn der amazonische, der indonesische oder afrikanische Urwald abgeholzt wird, sei aus einer Notwendigkeit wie in Afrika oder aus Profitgründen für Großindustrie oder Handel in anderen Ländern, dann hat das Auswirkungen auf unser aller Leben. Brandrodung zu diesem Zeitpunkt fügt der Atmosphäre ungefähr 2 Milliarden Tonnen Kohlendioxid pro Jahr hinzu. Das ist etwas mehr als 20 Prozent der Summe, die durch das Verbrennen von fossilem Stoff erzeugt wird. Das Resultat ist ein Temperaturanstieg und eine Veränderung der gesamten Umwelt.

Anstatt die Bedrohung ernst zu nehmen, versuchen Politiker, deren Charakter dem Psychopathen nahesteht, das Problem herunterzuspielen. Wenige wagen es, die etablierten Grenzen des Denkens und Tuns zu durchbrechen. Präsident Bush senior versuchte im April 1990 auf einer Konferenz, die von den USA einberufen worden war, den Zusammenhang zu bestreiten. Uns vor wahren Feinden zu retten würde ja bedeuten, daß man die Ausgaben für Rüstung, die einer halluzinierten Gefahr gewidmet sind, reduzieren muß.

Aber die Natur wartet nicht, sie signalisiert immer wieder Zeichen des Verfalls. Im September 1989, beim ersten Weltkongreß der Herpetologie, stellten Wissenschaftler fest, daß Frösche, Kröten und andere Amphibien vom Aussterben bedroht sind. So zum Beispiel waren in Boracea, Brasilien, von dreißig Froscharten sechs gänzlich verschwunden, und sieben zeigten dramatische Verminderungen. David Wake, Direktor des Vertebrae-Zoologie-Museums der Universität Berkeley von Kalifornien, sagte dazu: »Amphibien gab es, als es die Dinosaurier gab, und sie überlebten das Zeitalter der Säugetiere. Sie sind zähe Überlebenskünstler. Wenn die jetzt am Aussterben sind, dann ist das ein bedeutendes Warnzeichen des Verfalls unserer Umwelt.«[147]

Trotzdem werden wir von den eigentlichen Problemen, die wir lösen müssen, weggeschoben. Viele Vertreter der politischen und wirtschaftlichen Spitze legen uns Kleinlichkeit bei unseren Sorgen nahe, denn sich Gedanken zu machen bedeutet, ein »depressiver Angsthase« zu sein. Das ist an sich schon ein Manöver, uns von unseren Gefühlen abzutrennen. Angst hat nichts mit Feigheit zu tun. Aber für diese Menschen bedeutet Angst die Erinnerung an die eigene Feigheit, als sie den Schmerz ihrer Kindheitssituation nicht aushalten konnten und sich einer Macht unterwarfen.

Wenn wir uns aber uns selbst stellen und verstehen können, daß »Feigheit« eine menschliche Reaktion ist, dann befinden wir uns schon auf dem richtigen Weg und werden die wirklichen Schwachen, die sich ihrer Feigheit nicht stellen können, erkennen. Dann werden wir frei werden von diesen »Göttern« und ihren ständigen Bemühungen, uns auf ihre zersplitterten Denkweisen festzuschreiben.

Diejenigen, die sich der Größe am meisten widmen, dienen auch dem gespaltenen Denken am meisten. Das mag sich paradox anhören, weil wir glauben, daß Größe aus der Fähigkeit einer umfassenden Sicht hervorgeht. Aber Größe dient ja nur der Zementierung von Macht, nicht dem Anliegen der Gemeinschaft. Wir sehen täglich, wie industrielle oder finanzielle Größe das Eigeninteresse und nicht die Gesamtsicht der menschlichen Interessen subventioniert. Größe selbst tötet die Imagination, denn um groß zu werden, muß man skrupellose Erfolgsstrategien entwickeln. Im Wettbewerb um Führung werden die, die am rücksichtslosesten ihr Ziel verfolgen, am erfolgreichsten sein. Also begünstigt dieser Glaube an Größe wieder den Psychopathen.

Gespaltenes Denken führt zum Verlust der Phantasie und der Fähigkeit, wirkliche Gefahren zu erkennen.

Mit einer gespaltenen Sicht können einzelne Probleme losgelöst von ihrer Einbindung in ein Gesamtproblem studiert werden. Das Ozonloch, die Abholzung des Urwaldes, die Verschmutzung der Meere, der Treibhauseffekt, die Explosion der Weltbevölkerung, der Verlust von Anbauland für Agrarkulturen sind einzeln betrachtet immer nur *eine* Sache. Aber all diese Veränderungen passieren auf *einmal*. Es wird heißer und trockener zur gleichen Zeit, wie sich der Meeresspiegel erhöht, die Stürme stärker werden, der Erdmittelpunkt sich verlagert, das Eis an den Polen schmilzt. Die aber, die am meisten vom Tode in ihrer inneren psychischen Organisation bewegt sind, verneinen die Gefahr und drosseln ihre und unsere Phantasie. So reden alle über die drohenden Gefahren, aber getan wird fast nichts.

Das weltweite Flüchtlings- und Emigrationsproblem ist ein weiterer Aspekt des Verlusts an Phantasie und der konsequenten Unfähigkeit, dieses Problem zu lösen. Tatsächlich wird es als ein individuelles Problem jedes einzelnen Landes gesehen. Als Einzelproblem betrachtet, kann es aber nicht gelöst werden. Es kann nur im Rahmen der Erkenntnis gelöst werden, daß Flüchtlinge etwas mit politischer wie auch wirtschaftlicher Ungerechtigkeit zu tun haben. Ohne eine globale Betrachtungsweise der Situation aller Menschen wird nichts erreicht werden. Im Gegenteil, Lösungen, die an einer Fraktionierung der Sicht festhalten, tragen nur zur Steigerung der Wut, des Hasses und der allgemeinen Unterdrückung bei.

Fragmentierte Sicht fördert die Gefahren, die gerade die Angepaßten fürchten. Wenn diejenigen, die den Status quo verteidigen, eine Veränderung bekämpfen, fördern sie jedesmal ihren eigenen Untergang, nicht den Untergang des Herrschens, aber die Ablösung der herrschenden Klasse. Indem sie Gerechtigkeit bekämpfen, fördern sie die zerstörerischen Kräfte im Lager der Reformisten. Und so kommt es, daß nach jeder Revolution die Psychopathen immer wieder nach oben kommen. Abgelöst werden Individuen, nicht die »Klasse« der Psychopathen.

Sobald eine revolutionäre Gruppe bedrängt wird, erhöht sich ihre Bereitschaft, in Feindbildern zu denken. Auf diese Weise kommen die »Realisten« ans Ruder, jene, die alles nur aus dem Blickwinkel der Gewalt sehen. Diejenigen, die den Status quo verteidigen, sind verrückterweise nie gewillt, mit denen, die mit Vernunft Gerechtigkeit anstreben, zu verhandeln. Nur Macht macht ihnen Eindruck. Das ist die Sprache, die sie verstehen. Erst wenn eine revolutionäre Bewegung stark im Sinne von Macht wird (militärisch oder politisch), sind sie gewillt, mit ihr zu verhandeln. Dann aber geht es nicht mehr um Gerechtigkeit, sondern nur um neue Machtverhältnisse.

Erkenntnis ist deshalb die Voraussetzung für unser mögliches Wirken. Indem wir lernen, uns in unserer gespaltenen Menschlichkeit zu akzeptieren, werden wir erstens aufhören, nach Göttern zu suchen, wo keine sind. Indem wir nicht nach Göttern suchen, nehmen wir zweitens den Psychopathen die Macht. Das bedeutet drittens, daß wir uns der Unsicherheit stellen können, ohne auf magische Rettung zu hoffen. Wenn man die eigene Verletzlichkeit anerkennt, wird man dem Tod nicht auszuweichen brauchen, weil man getan hat, was zum Leben richtig war. Nur dann werden wir menschenunwürdigen Bedingungen mit dem Gleichmut der amerikanischen Indianer entgegentreten können. Man muß den inneren Preis für das Überleben erkennen. Sonst sind wir schon im vorhinein von den dem Tod Verbundenen besiegt.

Und das führt viertens dazu, daß wir frei werden, uns in unserem menschlichen Anliegen zu bestätigen. Es geht nie darum, andere zu überzeugen, nur um die eigene Position. Wenn wir den Psychopathen überzeugen wollen, merkt er, daß wir etwas von ihm wollen. Etwas, das ihm Macht über uns gibt. Wir entziehen sie ihm, indem wir nicht mehr die Anerkennung suchen, die nur wir uns selbst geben können.

Aufgaben für den Frieden

Das Wichtigste ist, bei sich selbst zu sein. Ein Mensch zu sein bedeutet, seine eigene Individualität zu entwickeln. Und das ist ein Prozeß, der nie aufhört. Dieser Kampf dauert ein Leben lang, denn unsere Zivilisation begünstigt die Fragmentierung, die Abspaltung und das Rollenspiel. Statt eigener Individualität versucht man, in den Besitz von Macht zu kommen, um sich *ganz* zu fühlen.

Das Magazin ›The New Yorker‹[148] publizierte im April 1990 einen kurzen Leitartikel, der dies zusammenfassend darstellt: »Havel und Mandela sind augenscheinlich vollkommene Menschen, die keine Macht zur eigenen Vollständigkeit benötigen. Beide haben ein privates Schicksal, für das öffentlicher Erfolg oder Scheitern nebensächlich sind. Und beide, natürlich, sind Menschen mit Grundsätzen. Aber die Qualität, die uns wirklich aufweckt, ist ihre Individualität. Jeder von ihnen kann als wirkliche Person erkannt werden, mit der Komplexität und den Grenzen eines wahren Menschen und der Messerschärfe, die daraus entsteht, daß man Entscheidungen aus dem Inneren heraus trifft. Individualität, würde man denken, ist die Voraussetzung für einen Führer, aber in der Tat ist sie in jüngster Zeit eine Seltenheit bei den öffentlichen Personen gewesen. Totalitäre Führer sind entweder so gründlich durch die Systeme, in denen sie entstanden, verarbeitet worden, so daß keine Schärfe der Persönlichkeit in ihnen erkannt werden konnte, oder, wie in den Fällen von Ceauşescu, Stalin und Hitler, sie sind so den von Wut gefütterten Zwängen versklavt gewesen, daß sie die Antithese jeglicher Individualität präsentierten.«

Und dann leitet der Artikel zu dem Besonderen in der heutigen Zeit über, das wir erkennen müssen, um dagegen kämpfen zu können: »In letzter Zeit sind unsere eigenen Führer künstlich produziert worden durch die Marketing-Werte, die das heutige amerikanische politische Leben durchdringen. Die Individualität eines Havel oder Mandela kann Unterdrückung durch brutale Regierungen überleben, aber es ist zu bezweifeln, ob sie nach einer erfolgreichen amerikanischen Präsidentschaftskampagne erkennbar bliebe. Unser ökonomisches System hat gewonnen, aber die Werte des Marktes, die durch diesen Sieg bestätigt wurden, haben unsere politische Kultur untergraben und korrumpiert.«

Weiter heißt es: »In solch einer Kultur kommt es auf das Verkaufen selbst an. Der Wert wird am Verkaufen gemessen – oder, um es in politische Sprache zu übersetzen, wenn man es schafft zu gewinnen. Und aus dieser Besessenheit zu siegen kommt ein entwürdigender Zynismus – die Unterwerfung des Präsidentschaftskandidaten unter das Urteilsvermögen der Imagemacher zum Beispiel und das Zurechtschneidern der politischen Position auf das, was das Volk hören möchte. Diese Verdünnung der individuellen Entscheidung, die Vormachtstellung des Verkaufs, hat die meisten westlichen Demokratien betroffen. Helmut Kohls Wortklaubereien über die Grenzen Deutschlands verfolgten nur die Absicht, die Stimmen jener Deutschen nicht zu verlieren, die an den Grenzen des Dritten Reiches festhalten. Was Kohl sagte, war eigentlich o. k., gerade weil er log.«

Die Werte unserer Kultur untermauern die Abgespaltenheit. Wenn wir der Ökonomie Priorität einräumen und keine Werte über die des Marktes setzen, wenn diesem erlaubt wird, unser Leben zu beherrschen, dann wird er uns zerfressen. So wird die Lüge zu einem täglich erlaubten Wert, weil sie Erfolg verspricht.

Václav Havel sagte im Februar 1990 in seiner Ansprache vor dem Kongreß der Vereinigten Staaten von Amerika: »Die Rettung dieser Menschenwelt liegt nirgendwo anders als im menschlichen Herzen, in der menschlichen Macht zu reflektieren, in der menschlichen Demut und in menschlicher Verantwortung ... Wir sind immer noch unfähig zu verstehen, daß das einzige Rückgrat all unserer Handlungen – sollten sie moralisch sein – in der Verantwortung liegt. Und diese Verantwortung geht über die eigene Familie, das Land, die Firma, den eigenen Erfolg hinaus.«[149]

Echte Selbsterkenntnis führt in eine Verantwortung sich selbst gegenüber. Und das bedeutet, sich dem Selbsthaß zu stellen, nicht vor den eigenen Wunden wegzulaufen, die Eltern und jede Autorität in ihrer Kraft wie auch in ihren Schwächen zu erkennen. Nur dann werden wir aus dem ewigen Teufelskreis der Umstürze herauskommen, der sonst nur eine Kirche durch eine andere ersetzt. Die Phantome der Feindbilder können nicht erschlagen werden, aber sie bleiben nur lebendig und »real«, solange die Ängste dahinter real bleiben. Der Selbsthaß, der den Menschen peinigt, kann nur reduziert werden, wenn wir uns den Wunden stellen.

Wir müssen dieser Wahrheit über uns ins Auge sehen, wo wir auch sind. Erkennen wir den Haß in uns selber, so erkennen wir ihn im anderen. Wenn wir ihn beim Namen nennen, werden ihn andere auch erkennen, und der Psychopath, der von ihm lebt, wird seine Macht verlieren. Es ist das Psychopathische, das in allen Winkeln unseres Lebens auf diese Weise erkannt werden kann. Sogar die Idee, daß man zum Beispiel im Fernsehen Fremdenhaß *neutral* diskutieren kann, daß man *neutrale* Informationen weitergeben kann, ist eine Erfindung des Denkens, abgespalten vom Gefühl. Indem Fremdenhaß, abgetrennt von unserer eigenen Verletzung als Mitmenschen, diskutiert werden kann, sind wir schon auf der Seite des Bösen.

Die Aufgabe ist, den Unterschied zwischen Liebe und Haß zu veranschaulichen. Niemals sich auf technische Argumente einzulassen, denn diese, vom Gefühl abgespalten, behindern das Mitmenschliche. Wir müssen politisch aktiv sein, Gruppierungen fördern, aber auch immer bereit sein, Gruppierungen zu verlassen, wenn sie nur noch an der Macht orientiert sind. Moralisch tätig zu sein bedeutet, frei zu sein, ungehindert von Verpflichtungen. Die Rolle der Propheten ist immer noch die gleiche – sie hält die Menschheit wach.

Wir, die noch im Mitgefühl verankert sind, müssen lernen, konsequent zu sein. Nicht im Sinne der Mächtigen, sondern in dem Sinn, daß wir von denen nichts mehr wollen, die nichts zu geben haben. Es ist das innere Verhängnis, die uneingestandene Not, vom Feind geliebt zu werden, die es unmöglich macht, konsequent mit dem Bösen umzugehen. Wenn diese auf unser Mitleid pochen, müssen wir dem Impuls, ihnen mit Mitgefühl entgegenzukommen, widerstehen. Dahinter steht der Wunsch, daß sie uns lieben, und der wird uns zum Verhängnis, weil wir etwas von ihnen wollen. Dies ist die härteste Lehre, denn wir sind immer bereit zu glauben, daß alle Menschen Liebe fühlen können.

Aber tatsächlich gibt es solche, die so weit von sich abgetrennt sind, daß unser Wunsch nach ihrer Größe uns zum Verhängnis wird. Ihnen nicht die Macht zu geben, ihnen Liebe vorzuenthalten, *weil* wir sie nicht von ihnen erwarten, ist die Gegenkraft, mit der wir sie bezwingen können. Wenn sie nicht mehr mit unseren Erwartungen spielen können, dann haben sie ihre Macht über uns verloren, und wir können uns dem Aufbau unserer Welt widmen, anstatt dauernd ihre Verwüstungen in Ordnung zu bringen.

Die Zukunft

Wie soll man eine Zukunft gestalten, wenn das Fundament für Liebe gestört ist? Wenn die besten unserer Kinder sich voller Empörung gegen die Erwachsenen stellen, weil diese nicht sehen wollen, wie sie die Umwelt zerstören, aber für sich selbst die Liebe *nicht* in Anspruch nehmen?

Unsere Hoffnung liegt bei den Müttern. Deshalb muß den Frauen die Möglichkeit gegeben werden, nicht mehr als Besitz des Mannes betrachtet zu werden, um das Lebendige in ihren Kindern und im Leben zu fördern.

Dies zu sagen bedeutet nicht, daß das *Mutterwerden* selbst zum zwanghaften Ziel gemacht werden soll. Das ist das Problem. Wir sind so von unserer Gesellschaft programmiert, daß »Gutsein« ein Teil des ganzen Wahnsinns wird. Es wird uns nämlich eingeflößt, daß das Gutsein selbst wichtig ist, und so wird eine »gute« Mutter zum Ausdruck der männlichen Mythologie des Erfolgs. Will jemand aus diesem Grund eine gute Mutter sein, bedeutet das, ohne Bewußtheit dem männlichen Mythos ergeben zu sein. Dieser bestimmt den Wert einer Frau, nicht ihr eigenes Anliegen. Kindergebären ist eine *Leistung* geworden. Das Zerstörerische in der vom Mann beherrschten Kultur dringt in alles Lebendige ein. Und so arrangieren sich die Opfer mit dem Täter. Und Frauen, die auf diese Weise die Welt des Mannes verinnerlicht haben, obgleich sie seine Opfer sind, können noch zerstörerischer als viele dieser Männer wirken, weil sie seine Ideologie unter dem Deckmantel des Weiblichen weitergeben.

Manche von uns hatten das Glück, von Müttern und Vätern erzogen zu werden, die selbst ihre Autonomie bewahren oder wiederfinden konnten. Das macht

Liebe ohne Besitz möglich und führt zu ihrer Weitergabe.

Dieses Ziel anzustreben muß Anliegen der Männer mehr als der Frauen werden. Diese aber müssen die Männer dazu bewegen. Allein schon danach zu streben ändert das heutige Klima und öffnet dem Neuen den Weg. Und es ist möglich, denn ein Fundament existiert in jenen Frauen und Männern, die ihren Bezug zur Liebe aufrechterhalten haben.

Ein Beispiel für das Gewahrsein der Lebendigkeit und Einzigartigkeit eines neugeborenen Babys, das Wegweiser und Hoffnung für uns darstellt, ist von Helen Thomas in ihrem Buch ›As it was‹ beschrieben.[150] Es ist nur ein einzelnes Beispiel, aber daß es dies gibt, ist alles, was wir wirklich brauchen, um uns an das zu halten, worum es wirklich geht – an die Vision, wie es sein kann, um uns aus der gegenwärtigen Sackgasse herauszubringen. Dies als Utopie zu bezeichnen, ist genau der Zynismus, der die einzige Sicht versperrt, die zu den *Gefühlen* hinführt, die wirkliche Bewegung in unserem Sein erzeugen können.

Helen Thomas schreibt: »Der Schmerz war heftig und kam in kürzeren Abständen. Ich war aber voller rastloser Energie ... Ich wollte allein sein mit diesem Jubel von Schmerz. Meine Seele sang im Triumph *nach jeder Wehe*, aber mein Körper selbst war wie ein totes Gewicht. Ich wußte nur, daß mein Kind und ich miteinander rangen, um sein Geborenwerden zu fördern. Es konnte nicht mehr in seine ruhige Dunkelheit zurückkehren. Alles hatte sich geändert. Es hatte seine gefährliche Reise ins Leben hinein begonnen – und ich mußte helfen, diese zu beschleunigen; mit der ganzen Kraft meines Körpers und mit der ganzen Kraft meines Verlangens preßte ich es nach vorn, dem Licht entgegen, dahin, wo seine Seele wartete – ich dachte dies nicht deutlich, nahm es nur verschwommen wahr … Mein Kind und ich waren dabei, uns voneinander zu befreien. Dieses seltsame, geheimnisvolle Band mußte zerschnitten werden. Es mußte es selbst werden, getrennt von mir, und ich mußte es der Menschheit übergeben … Plötzlich kommt die Wirklichkeit des Lebens und alles, was uns voneinander trennen wird, auf mich zu, und ich halte es fest. Ich möchte, daß er immer noch ganz mir gehört …, weil erkenne ich, daß dieses Band zwischen uns unvergänglich ist. Ich bin für immer seine Mutter und er mein Sohn.«

Hier haben wir die Elemente dessen, was ein wahres Selbst im Kind fördert: das liebevolle Erkennen der Einheit von Mutter und Kind, gleichzeitig aber den Respekt vor der Besonderheit dieses neuen Lebens, das sich da im Kind entwickelt. Es ist ein Miteinandersein, eine Liebe ohne Besitzergreifen. Nur das führt zu Menschen, deren Wohlsein nicht auf der Unterdrückung ihrer Mitmenschen basiert.

In solch einer Mutter-Kind-Beziehung liegt Hoffnung für den Frieden. Liebe ohne Besitzanspruch führt zu der einzigen Kraft, die nicht vor der Verletzbarkeit und Hilflosigkeit des Menschen zurückschrecken muß.

Nur wenn wir unsere Verletzbarkeit und Hilflosigkeit als zum Leben gehörend annehmen, anstatt sie zu kompensieren, wird Liebe, also Frieden sein.

Über den Gehorsam

Der Dichter und Philosoph George Santayana schrieb einmal, daß, wer seine eigene Geschichte nicht kennt, dazu verurteilt sei, diese dauernd zu wiederholen.

Warum werden wir gerade in der heutigen Zeit, die sich so viel einbildet auf ihre Informationsfülle und ihre wissenschaftlichen Erkenntnisse in der geschichtlichen und psychologischen Forschung, wieder einmal von Krieg, Zerstörung, Haß und Feindseligkeiten eingeholt? Kriege im Nahen Osten, Bruderstreit im Balkan, in Rußland, Afrika, Südamerika – wo man auch hinsieht: Folter, Mord, Gewalttätigkeit, Drogenkonsum, Kriminalität, Verachtung Frauen und Kindern gegenüber, Verrohung und Grausamkeit nehmen zu. Der Vergleich mit dem Zerfall früherer Gesellschaften und Zivilisationen, wie dem des römischen Weltimperiums, drängt sich immer mehr auf.

Wie schon oft sind die Friedfertigen paralysiert. Denn wie früher führen wir Kriege und üben Gewalt unter dem Deckmantel von Werten aus, die sie angeblich rechtfertigen. Und so töten wir im Namen einer Gerechtigkeit jene, die wir als Täter identifizieren, die aber oft selbst Opfer sind, in deren Image wir jedoch unser eigenes von uns abgewiesenes Selbstbild grausam bestrafen.

Warum also lernen wir nichts aus der Geschichte? Liegt es vielleicht daran, daß das, was uns als unsere Geschichte vor Augen gehalten wird, wenig mit den wirklichen Vorgängen sowohl von heute als auch von gestern zu tun hat? Sind wir vielleicht zur wiederholten Selbstzerstörung verurteilt, weil die geschichtlichen Erklärungen die wahren Ursprünge unseres zerstörerischen Tuns verdecken?

Es stimmt: Kriege und Gewalt können durch Unterdrückung ausgelöst werden. Schauen wir jedoch genauer hin, dann sehen wir, daß dieser Kampf für viele ein Kampf ist, durch den sie sich von alten Autoritätshörigkeiten lösen, um sich neuen zu unterwerfen. Dies ist in seinen Wirkungen nicht viel anders, als es Heinrich von Kleist in seiner Erzählung ›Michael Kohlhaas‹[151] beschreibt. Kohlhaas' Rechtsgefühl macht ihn zum Räuber und Mörder. Dieser Mann, der dem Unrecht die Stirn bot, wurde am Ende genau wie der Aggressor, der Unterdrücker, den er bekämpfen wollte.

Hier scheint mir der Kern der Sache zu liegen, warum der Mensch nicht aus seiner Geschichte lernen kann: Das, wovon wir glauben, daß es uns antreibt und mit was sich die Geschichtsforschung beschäftigt, deckt sich nicht mit den eigentlichen Vorgängen, die uns treiben. Solange aber geschichtliche Erklärungen die Ursprünge unseres zerstörerischen Wirkens verdecken, sind wir außerstande, unsere Selbstzerstörung in den Griff zu bekommen. Und heute, wenn die zerstörerischen Mittel in unseren Händen so gewaltig sind, wenn allein der Konsum dabei ist, unsere Welt zu vergiften und zu ersticken, droht uns das Ende des Lebens selbst.

Was ist es also, was das Ringen um Gerechtigkeit in gewalttätige Zerstörung hinein pervertiert? Warum enden revoltierende Menschen damit, daß sie sich selbst und andere wieder unterdrücken? Wie Henry Miller, selbst ein großer Rebell, es formulierte, führt Rebellion nur dazu, »eine Kirche zu stürzen, um eine andere aufstehen zu lassen«.[152]

Es ist uns allen klar, daß wir in einer Zeit großer Bedrohung leben. Viele fürchten die Arbeitslosigkeit; die etablierten Werte, welche die Beziehungen zwischen den Generationen, zwischen Frauen und Männern, zwischen Stadt und Land, zwischen Eltern und Kindern, Tier und Natur regulieren, sind im Begriff auseinanderzufallen.

Die Desintegration zentraler Machtstrukturen nicht nur in Rußland und Jugoslawien, sondern auch in der früheren DDR und in allen Ländern, die einen Zerfall gesellschaftlicher Werte aufweisen, verunsichert all jene, die solche äußeren Strukturen für den Zusammenhalt ihrer eigenen Persönlichkeit benötigen. Es ist ein schreckliches Paradoxon, daß gerade die Auflösung von Gehorsamkeitsstrukturen, was Freiheit, Kreativität und Spontaneität eigentlich fördert, jene unter uns bedroht, die mehr als andere für ihren Persönlichkeitszusammenhang autoritäre Strukturen benötigen. Aus diesem Grund wird jede Gesellschaft, die mehr Demokratie anstrebt, in ihrer Existenz bedroht. Die Freiheit, oder besser gesagt das Freisein, das die Gehorsamen bedroht, wird daher bei jeglicher Expansion der Freiheit eine Gegenreaktion hervorrufen. Die Folgen, wie im heutigen Rußland, sind verheerend. Die Zugehörigkeit zu einer gemeinsamen Sprache und Alltagskultur gibt solchen Menschen dann das Gefühl der Sicherheit innerhalb einer Welt der Unklarheit und Zweifel.

Wir können zum Beispiel im früheren Jugoslawien und in der ehemaligen Sowjetunion beobachten, daß Menschen sich in ihrem Sein, in ihrer »Freiheit« bedroht fühlen. Ihre Freiheit ist in der Tat bedroht. Aber sie glauben, für diese zu kämpfen, indem sie für eine »höhere« Identität kämpfen, nämlich die der ethnischen und linguistischen Homogenität. Daraus glauben sie ein eigenes Selbstwertgefühl ableiten zu können. Diese Sicht wird sowohl in der gängigen Geschichtsforschung wie auch in der Psychologie und Soziologie im allgemeinen geteilt, indem das Erringen von nationaler Identität mit dem Erreichen eines eigenen Selbstwertes und mit der Festigkeit wirklicher persönlicher Identität gleichgesetzt wird.

Die so abgeleiteten Werte sind jedoch im Grunde halluzinatorisch. Der englische Historiker Eric Hobsbawm schrieb: »Mit Ausnahme einiger Insel-Ministaaten gibt es wohl nicht mehr als ein Dutzend ethnisch und linguistisch homogene Staaten unter den etwa hundertsiebzig politischen Einheiten auf der Welt. Wahrscheinlich gibt es keine solchen Einheiten, die die Ganzheit einer Nation beinhalten; diese beanspruchen sie aber zu verkörpern. Die territoriale Verteilung der menschlichen Rasse ist älter als die Idee eines ethnisch-linguistischen Nationalstaates. Deswegen stimmt beides auch nicht überein. Die Entwicklung der modernen Weltökonomie untergräbt andauernd irgendeine ethnisch-linguistische Homogenität, weil sie riesige Bevölkerungsbewegungen verursacht. Multiethnizität und eine Vielzahl von Sprachen sind nicht zu vermeiden – außer, und auch dann nur vorübergehend, durch Massenausschluß, Zwangsassimilation, Massenvertreibung oder Genozid – kurz: durch Gewalt.«[153]

Aber das Phänomen des Nationalismus läßt erkennen, daß ein wahres Problem existiert, nämlich eine Leere im Selbst vieler Menschen. Der Nationalismus ist ein verzweifelter Versuch, diese Leere durch Symbolik und symbolische Taten zu füllen, ohne sich dieser Leere und ihren Quellen stellen zu müssen.

Diese Leere ist ein Bestandteil aller Menschen überall da, wo sie sich einer halluzinierten Liebe verschreiben mußten, um am Leben zu bleiben. Das Problem, wohl einzigartig unter allen Tierarten, ist unser Sozialisierungsprozeß.

Hier muß ich ausschweifen und etwas wiederholen,

um das Problem der Identifikation mit dem Aggressor in seiner politischen Bedeutung zu differenzieren. In dem Ausmaß, in dem unser Sozialisierungsprozeß von Gehorsam bestimmt ist, können Menschen dazu erzogen werden, sich nicht für ihre eigene Lebendigkeit zu lieben. Statt dessen lernen sie, sich für korrekte Ausführungen von Verhaltensrollen zu lieben. Indem sie dadurch ihre eigene Fähigkeit, auf empathische Art wahrzunehmen, verlieren, verlieren sie auch die Fähigkeit, den Schmerz und das Leid anderer nachzuempfinden.

Überall da, wo diese Entwicklung eintritt, wird Gewalttätigkeit und Destruktivität zum Ausdruck kommen, wenn die Wertstrukturen einer dem Gehorsam ergebenen Gesellschaft auseinanderfallen. Gewalt und Destruktivität sind Beweise wie auch die Folgen des Gehorsams. Gehorsam erzeugt Haß. Es ist der Haß auf das eigene Selbst, das verworfen werden mußte, weil es als ungenügend empfunden wurde, um sich dem Willen des Gehorsam-Verlangenden (den Eltern) zu beugen. Indem das Verwerfen des eigenen Selbst des Kindes zum Kern seiner Entwicklung gemacht wird, wird der Haß zum Zentrum (bewußt oder unbewußt) seines Seins.

Dieser Haß bleibt einigermaßen unter Kontrolle, solange der Gehorsam seine gesellschaftliche Bedeutung durch Arbeit, durch Status, durch ein Glauben an die Autoritäten (die Staatsgewalt), denen sie/er sich unterworfen hat, aufrechterhalten kann. In dem Moment aber, wo solch ein Mensch verunsichert wird, bricht der latente Haß hervor. Sie/er muß jetzt jemanden suchen, der ihr/ihm eine neue »Identität« verspricht, das heißt, die alte, aber in neuer Form: als Identifizierung mit einem Unterdrücker. Diese Identifizierung wird mit Identität gleichgesetzt. Das ist eine semantische Verdrehung. Echte Identität entwickelt sich nur durch Eigenverantwortung für das Selbst. Identität auf der Basis von Identifikation dagegen führt immer zu dem, was alle Kriegsverbrecher in Nürnberg behaupteten: Ihre Taten seien nicht ihre Schuld, sondern die des »Führers«, mit dem sie sich identifizierten.

Was uns heute heimsucht, gab es auch schon früher: Es fallen nicht nur autoritäre gesellschaftliche Strukturen auseinander, es wachsen zudem auch Haß und Destruktivität von jenen Menschen, die am tiefsten von den gesellschaftlichen autoritären Strukturen geformt wurden und von diesen abhängig sind.

Das Verheerende ist, daß Unterdrückung und Unrecht Revolte schüren. Aber immer wieder und auf allen Ebenen des gesellschaftlichen Lebens transformiert sich diese Revolte dann in eine institutionalisierte Jagd auf Opfer, hier jedoch nicht auf die wahren Täter, die die Unterdrückung und das Unrecht stifteten. Was hier vor sich geht, basiert auf dem Zusammenspiel zwischen den zum Gehorsam erzogenen Menschen und jenen politischen Führern, deren Ziel nur die Macht ist, aber nie Gerechtigkeit oder verantwortungsvolles Handeln.

Das Verhängnisvolle unserer Entwicklung besteht darin, daß der Gehorsam ein Beitreten, eine Identifizierung mit demjenigen, der Gehorsam verlangt, mit sich bringt. Dies wird zur Gefahr für jede demokratische Gesellschaft. Gehorsam ist immer Unterwerfung unter den Willen eines anderen, weil er Macht über einen hat. Wenn ein Kind von demjenigen, der es schützen sollte, körperlich und/oder seelisch überwältigt wird und wenn es zu niemandem fliehen kann, wird es von einer überwältigenden Angst heimgesucht, einer Todesangst, denn die Macht der Eltern kann das seelische Sein des Kindes in seiner autonomen Wahrnehmungs- und Reaktionsfähigkeit auslöschen.[154] Für den kleinen werdenden Erwachsenen bleibt dann nur noch die Möglichkeit eines Manövers, um die Angst, mit der keiner leben kann, in den Griff zu bekommen. Diese Angst ist so enorm, so paralysierend, daß sie beiseite geschoben, abgespalten werden muß – nicht nur verdrängt. Abspaltung bedeutet eine Absonderung von Teilen der Psyche, die einem Menschen zur Gefahr wurden, so daß sie dann nur in Isolation weiterbestehen können.

Um diese Angst, wie auch den mit ihr verbundenen Schmerz von sich weghalten zu können, geschieht etwas Außerordentliches: Das Kind fängt an, seine Unterdrücker, den Aggressor, zu idealisieren, ihn zum Objekt seiner Identifikation zu machen. Auch Erwachsene können diesen Vorgang unter den Bedingungen einer Gefangenschaft und der Folter wiederholen.

Anna Freud hat 1936 diesen Vorgang der Identifikation mit dem Aggressor verdeutlicht.[155] Es war jedoch Sándor Ferenczi, der im Jahr 1932 dies nicht nur beschrieb, sondern auch die Verankerung dieses Vorgangs in einem gesellschaftlichen Umfeld, das es den Eltern erlaubt, die Abhängigkeit ihrer Kinder für eigene Selbstwertzwecke auszunützen, klarmachte.[156] Er zeigte, wie Kinder, wenn sie elterlicher Gewalt ausgesetzt sind, paralysiert werden: »Kinder fühlen sich körperlich und moralisch hilflos, ihre Persönlichkeit ist noch zu wenig konsolidiert, um auch nur in Gedanken protestieren zu können, die überwältigende Kraft und Autorität des Erwachsenen macht sie stumm, ja beraubt sie oft der Sinne. *Doch dieselbe Angst, wenn sie einen Höhepunkt erreicht, zwingt sie automatisch, sich dem Willen des Angreifers unterzuordnen, jede seiner Wunschregungen zu erraten und zu befolgen, sich selbst ganz vergessend, sich mit dem Angreifer vollauf zu identifizieren.*« Unter solchen Bedingungen entwickelt ein Kind ein gebrochenes Vertrauen in seine eigenen Sinne.

Während dieses Vorgangs etwickelt sich etwas Grundsätzliches für jede dem Gehorsam ergebene Kultur. Ferenczi beschreibt nämlich, wie die angstvolle Identifizierung mit dem Erwachsenen im Seelenleben des Kindes auch Schuldgefühle hervorruft. Das Kind introjiziert die Schuldgefühle des Erwachsenen. Durch die Identifikation übernimmt das Kind, was der Erwachsene sich selbst nicht wissen läßt. Zusätzlich jedoch – ich habe es in diesem Buch schon beschrieben – muß erkannt werden, daß ein Kind durch das Sich-selbst-schuldig-Finden, diese introjizierte Schuld untermauert und aufrechterhält. Indem es glaubt, die Ursachen für die ungenügende Liebe, die ihm entgegenkommt, in sich selbst zu finden, bleibt die Hoffnung aufrecht erhalten, *wahre* Liebe einmal zurückerobern zu können. Damit bleibt aber eine ewige Schuld für jegliche Regung, sich nicht dem Aggressor anzupassen, wie auch der Glaube, daß dieser wirklich die Liebe besitzt, die das Kind (und der spätere Erwachsene) benötigt.

Das Resultat ist ein Persönlichkeitsgefüge, das innere Regungen zur Freiheit mit Ungehorsam gegenüber der Macht, von der man Anerkennung und Lob möchte, gleichsetzt. Gleichzeitig wird alles gehaßt, was die dahintersteckende Angst und damit die wahre Ursache des wahren Leidens aufdecken könnte. Aus diesem Grund müssen Menschen mit einer solchen Entwicklungsgeschichte alles, was zur Wahrheit, wie auch zu wirklicher Liebe führen könnte, nicht nur hassen, sondern auch zerstören.

In Zeiten wie heute, wo das gesellschaftliche Gefüge auseinanderzufallen droht, wenn Arbeit, Wohlstand, Beziehungen zwischen den Generationen und zur Natur nicht mehr in gesicherten Abläufen erlebt werden können, wenn der Glaube an die bestehenden Machtstrukturen nicht mehr aufrechterhalten werden kann, dann müssen solche Menschen eine neue Unterwerfung suchen. Dies wird im Namen der

Freiheit getan. Diese aber ist es, die solche Menschen bedroht. Und so sind wir plötzlich von irrationalem Haß und Gewalt umgeben. Wir glauben nur nicht, daß diese schon immer latent in vielen Menschen lauerten.

Dieser Haß ist das Umfeld, in dem Politiker operieren. Es sind nicht die Friedfertigen, die dieses Feld bestimmen, sondern nur die anderen (wie im Prolog des Buches erörtert, wohl nie viel mehr als 16 Prozent der Bevölkerung), die von einer unheimlichen inneren Angst getrieben sind, die sie nicht erkennen dürfen. Sie wühlen alles auf und rufen Ausbrüche von Haß und Gewalt hervor. Politiker und andere Menschen, die diese Erscheinungen mißverstehen und als »berechtigt« einstufen, können diesem Wahn nicht entgegentreten. Im Gegenteil, sie versuchen, ihn zu ihren eigenen Gunsten auszunützen, ihn zu manipulieren. Aus diesen Gründen werden jene zu politischen Siegern, die am wenigsten an ihre Menschlichkeit gebunden sind. Sie werden am erfolgreichsten diesen Haß und die dahinterliegende Angst zu ihren eigenen Machtzwecken mißbrauchen. Je mehr sie echte Liebe und Menschlichkeit unterdrücken können, je größer ihre Verachtung für das Wohlergehen der Menschen ist, desto erfolgreicher werden sie sein, denn die Todesangst der Auseinanderfallenden kreist ja um das eigene verdrängte und verachtete Bedürfnis nach echter Liebe. Durch die Identifikation mit dem Aggressor verinnerlicht man nicht nur seine Verachtung für die eigenen Bedürfnisse nach Wärme, Zärtlichkeit und Zuwendung, sondern verachtet auch, was man selbst am meisten benötigt. Je mehr solche Menschen in einem Politiker Verachtung für ihre eigene Not spüren, desto mehr wird er/sie von ihrer Schuld und Angst erlösen, solche Bedürfnisse zu haben.

Sogar bei der Wortwahl wird der Haß gegen alles Menschliche oft verneint. Indem wir zum Beispiel von »Fremdenhaß« sprechen anstatt von Haß gegen Menschen, weichen wir ihm schon aus. Die Bezeichnung »Fremdenhaß« verlegt schon seine Ursache in etwas Äußerliches – weniger Fremde, weniger Haß. Dadurch wird der eigentliche Tatbestand, daß in jenen, die zum Hassen immer bereit sind, der Haß schon vor dem Fremden da war, verschleiert.

Haß als einen inneren Vorgang zu erkennen rüttelt uns auf, denn wir alle müßten zugeben, daß wir aus *inneren* Bedürfnissen heraus hassen können. Das aber würde die Spaltung unserer Seele, mit der wir uns vor einem seelischen Untergang bewahren, auflösen, uns mit der alten Todesangst, wie auch der Wahrheit dahinter, konfrontieren. Das können wir nicht, solange die »Lösung«, die Identifikation mit dem Aggressor, unser Ausweg bleibt. Zusätzlich belastet uns die Wahrheit auch mit Schuld, denn wir spüren in wirklicher Freiheit einen unerlaubten Ungehorsam. Und so sehen wir im aufsteigenden Haß nur seine äußeren Anlässe: Die Unsicherheit und Aussichtslosigkeit, die uns in der Tat umgibt.

Um diese irrationale gesellschaftliche Entgleisung des Hasses unter Kontrolle zu bringen, müssen wir etwas differenzieren. Es gibt nämlich im Menschen zwei ganz verschiedene Arten des Hasses: den direkten und den abgeleiteten.[157] Beide Arten haben eine gemeinsame Quelle im Verletztsein. Wenn wir gedemütigt und in unserem Sein verletzt werden, steigt Aggression gegen den Aggressor in uns auf. Dadurch entwickelt sich der Haß gegen den, der uns unterdrücken und beherrschen möchte, gegen seine Aggression. Was aber durch die Identifikation mit dem Aggressor geschieht, durch die Todesangst, die uns als Kinder bedrohen kann, ist eine Verschiebung des Hasses. Anstatt ihn gegen den Aggressor und Unterdrücker zu richten, richten wir ihn gegen andere Opfer. Das ist es, was ich mit abgeleitetem Haß meine.

Als Folge der Angst und des Schmerzes einer unzureichenden Kindheit verbünden wir uns mit denen, die uns mit ungenügender Liebe entgegenkamen. So fängt das Schreckliche an: Wir lieben, was wir eigentlich hassen, und hassen, was Liebe und Mitgefühl erwecken könnte. Erinnern wir uns: Wie oft liefen wir kalten Frauen oder Männern nach, weil ihre »Liebe« uns so herrlich erschien, während wir jene, die uns mit Wärme und Zuneigung entgegenkamen, als langweilig oder sogar schwach abtaten.

Dies führt zu einem anderen Paradoxon: Diejenigen, für die Angst und Schmerz untragbar wurden, stufen sich im Grunde als schwach ein, denn nur der

Unterdrücker, der ja idealisiert wurde, um Angst zu vermeiden, ist stark. Das, was diesen Menschen die Möglichkeit zum Überleben gab, die Identifizierung mit dem Aggressor, wird so zu einem doppelten Verhängnis. Sie fühlen sich schuldig und hassen sich für eine Schwäche, die keine ist. Denn sie entspricht der Hilflosigkeit und der Abhängigkeit eines jeden Kindes, wenn es auf diese Art mißbraucht wird. Nur: Diese Hilflosigkeit kann nicht akzeptiert werden, denn damit würde der Aggressor entlarvt und die Urangst wieder aufsteigen.

Um mit diesem Haß leben zu können, müssen solche Menschen andere »Schwache« finden, auf die dieser Haß übertragen werden kann. *Das* ist die Situation derjenigen, deren Selbstgefüge durch politische und ökonomische Umwälzungen verunsichert wird, die deswegen in ihrem Schwächegefühl noch mehr getroffen und dann um so mehr befreit sind, wenn sie den im Inneren lauernden Haß auf andere projizieren können.

Das ist auch die Situation derer, die heute, zu Beginn des 21. Jahrhunderts, vom Zerfall der kommunistischen Machtideologien betroffen sind und ihren Glauben an eine Autorität, die ihnen einen äußeren Zusammenhalt bot, verloren haben. Das zeigt nun wiederum, daß es gar nicht um den Verfall von menschlichen Zielen und Werten ging, sondern allein um autoritäres Machtgehabe. Die vermeintliche Auseinandersetzung zwischen demokratischen und kommunistischen Ideologien, zwischen kapitalistischem und marxistischem ökonomischem Gedankengut, verhüllte, daß es in der Sowjetunion, genau wie in den kapitalistischen Ländern, um das Aufrechterhalten eines Machtgefüges ging. Beide Seiten waren einander in einer Weise besonders ähnlich: Es war dieselbe Art von Menschen, die in jedem System am erfolgreichsten war. Beide Systeme förderten den Typus Mensch, der am meisten von seiner Menschlichkeit getrennt war, am erfolgreichsten sein konnte. Der »neue Mensch« des kommunistischen Machtbereichs und der erfolgreiche Manager oder Politiker der kapitalistischen Hegemonie ähneln einander viel mehr, als man es wahrhaben wollte. Derjenige, der heute in Rußland am erfolgreichsten ist, ist ja derselbe, der innerhalb des früheren Systems schon emporstieg.[158] Leider hat die Gleichsetzung des kommunistischen Machtsystems mit Menschenwerten dazu geführt, daß jetzt auch die Ideale der Menschlichkeit in Frage gestellt werden.

Zurück zum Haß. Das eigentliche Problem, dem wir uns stellen müssen, um ihn in den Griff zu bekommen, ist das Erkennen, daß die Bereitschaft, den Haß auf andere abzuwälzen, schon existierte, bevor uns die politischen und ökonomischen Verunsicherungen von heute heimsuchten. Die äußeren Veränderungen sind zwar der Anlaß für die Ausartung des Hasses in Gewalttätigkeiten, aber sie sind nicht sein Ursprung. Erst wenn der Glaube an ein System schwindet, wird ökonomischer und physikalischer Verfall zum scheinbaren Auslöser von Gewalt. (Man erinnere sich etwa an die ökonomische Situation und den Zerfall der Lebensbedingungen in den letzten Hitlerjahren. Diese Umstände allein führten bemerkenswerterweise nicht zur Verunsicherung, solange der Glaube an die regierende Autorität Bestand hatte.)

Ich möchte aber nochmals ausdrücklich betonen, daß die Verschiebung des Hasses in einen Haß gegen andere, die man als schwach empfindet, nur von einer relativ kleinen Gruppierung innerhalb der Bevölkerung ausgeht. Jedoch kann diese unter dem Druck einer generellen Verunsicherung viele mit diesem Haß infizieren. Erstens, weil viele von uns vom Gehorsam befallen sind, und zweitens, weil wir alle einmal gehaßt haben. Wir können den Haß aber nicht differenzieren, weil wahrscheinlich die meisten von uns ihn in Beziehung zu wahren Aggressoren erlebt haben. So glauben wir nach einer Weile, daß die von Eigenhaß erfüllten Menschen auch einen echten Grund haben müssen, (wie wir) einen anderen Menschen zu hassen.

Damit Demokratie existieren kann, muß der Einfluß dieser Haßerfüllten zurückgedrängt werden. Wir müssen lernen, daß es Menschen gibt, die das im anderen hassen, was sie selbst in sich zu fürchten gelernt haben, nämlich ihr eigenes Bedürfnis nach echter Liebe und nach Wahrheit. Es muß verstärkt ins Blickfeld gerückt werden, daß es Menschen gibt, die sich dafür verachten und uns und sich selbst Stärke durch Gewaltanwendung versprechen.

Die resultierende Destruktivität dieser durch Nicht-

Liebe Geformten sehen wir heute überall. Sie hat viele Erscheinungsformen, nicht nur die Ausländerfeindlichkeit. Sie war schon lange im Entstehen, wie das seit Jahren zu beobachtende Anwachsen von Zerstörungswut und Kriminalität belegt. Die tödlichen Krawalle überall auf der Welt bei Fußballspielen sind nur ein Ausdruck dieser Krankheit. Die Täter sind eigentlich Opfer einer Ideologie männlicher Stärke, die aus der Lieblosigkeit erwächst. Sie dienen jedoch dieser Ideologie, indem sie Macht und Gewalt zu ihrem eigenen Ideal erheben. Ihre Handlungen geben sich den Anschein von Rebellion, aber im Grunde sind sie der Macht ergeben und deswegen konform mit dem Diktat der Autorität. Es ist die Macht des Aggressors, mit der sie sich identifizieren und die sie idealisieren.

Darin liegt auch die Verbindung des Hasses zum Rechtsextremismus. Auch für diesen rettet Gewalttätigkeit die Identität, genauso ersetzt Gehorsam zur Autorität das eigenverantwortliche Wirken und Handeln. Angesichts des Extremismus und seiner Neigung zur Revolte mag sich das für manche wie ein Widerspruch anhören. Dies relativiert sich jedoch, wenn wir im Auge behalten, daß diese Revolte der Wiederherstellung von autoritären Strukturen dient – und nicht der Freiheit. Die Suche ist eine Suche nach Unterwerfung, um sich der Verantwortung für sein eigenes Sein und Selbst zu entziehen. Es ist eine Suche nach autoritären Führern, die ihnen jene Feindbilder liefern, mit denen sie sich ihres Selbsthasses entledigen können.

Und diese Führer? Auch sie sind dem Gehorsam verbunden. Auch sie haben den Besitzanspruch ihrer sie mißhandelnden Eltern verinnerlicht. Jedoch unterscheiden sie sich von ihren Anhängern durch die Abwesenheit von Schuld- und Schamgefühlen. Sie mögen davon *sprechen*, aber *fühlen* tun sie diese nicht. Deswegen, unbehindert von Menschlichkeit, von Sympathie und Empathie, ist *alles* für sie machbar, ist ihnen alles möglich. Ihnen geht es nie um den Zusammenhang der Dinge. Daß die Welt dabei ist, sich ökologisch zu zerstören, bewegt sie nicht, nur ob ökologische Kräfte Macht haben. Dann wird ihnen entgegengewirkt, pro oder kontra, je nach den politischen Machtverhältnissen. Aber um den inneren Wert der Dinge kümmern sie sich nicht. Für sie existiert dieser Wert auch nicht, denn was sie im Grunde aus ihrem Leben gelernt haben, ist die Heuchelei. Für sie existiert keine Wahrheit, nur das Übertrumpfen selber, nur der Triumph gibt ihrem Leben Sinn. Es sind die Erwartungen anderer Menschen, zuerst die ihrer Eltern, auf die sie pfeifen, mit denen sie aus Rache spielen, aber nur, wenn man sie nicht dabei ertappen kann. Sonst lächeln sie beflissen.

Wie alle durch den Gehorsam Erzogenen sind sie der Aufrechterhaltung der Lüge um die Liebe verpflichtet. Auch sie halten das Image des Aggressors hoch, aber mit einem großen Unterschied. Sie identifizieren sich nicht mit dem Image, um es zu idealisieren, sondern um den Aggressor zu ersetzen. Ihre Rache für die Nicht-Liebe, die sie erlitten, ist der Versuch, alle zum Narren zu halten, aber mit tödlichen Folgen.

Sie verachten sich und alle für die Unterwerfung während ihrer Kindheit, aber ihre Rache ist eine Rache gegen echte Gefühle. Sie halten alle Gefühle für unecht. Im Gegensatz zum Schizophrenen beharren und bestehen sie auf beidem: Verachtung für jegliche menschliche Regung der Liebe und daß ihre Destruktivität als Liebe angenommen werden muß.

Sie sind dann geübt, ihre Motivation durch Ablenkung zu tarnen. Ihr Triumph ist es, wenn sie andere durch das Erwecken von Feindbildern mit sich reißen.

Aber ihre Rache gilt allen Erwartungen, ob sie nun von Feinden oder von Anhängern kommen. Und so zerstören sie immer wieder alles, selbst die Strukturen, die ihnen ihre Legitimation geben. Sie verlangen Gehorsam, hören aber auf, ihre Versprechen einzulösen, wenn sie glauben, daß niemand es merkt. Sie sind die ersten, die jene gesellschaftliche Strukturen schwächen, die den Menschen ein Gefühl von Sicherheit geben (soziale Fürsorge, Sicherheit bei Arbeitslosigkeit). Sie kürzen den Sozialhaushalt und reduzieren die Mittel für die Fürsorge, den öffentlichen Verkehr, die Unterstützung von Beschäftigungsprogrammen (die Mittel für Armee und Rüstungsprogramme werden natürlich nicht gekürzt!). Am Ende ist es solchen Führern gleichgültig, wenn alles zugrunde geht. Wie ich es für Nixon und andere ausführte, ist es das Zerstören selbst, das ihnen ein Gefühl des Lebendigseins gibt. Das beinhaltet auch noch die Selbstzerstörung.

Sie haben den Anschein eines Wesens ohne inneren Zweifel, weil sie dem Tod gewidmet sind. Sie haben sehr früh gelernt, daß Schuld auf andere abgewälzt werden kann. Sie verkörpern die schlimmsten Eigenschaften ihrer Eltern, die in jenen Momenten auftraten, wenn diese aus eigener Unzulänglichkeit versuchten, sie schuldig zu machen. Indem sie dies weitergeben, bringen sie uns in die Ursituation unserer eigenen Kindheit zurück und damit in die Hilflosigkeit. So werden wir Wachs in den Händen derer, die uns verachten und vergewaltigen. Was tun?

Der Haß ist in unseren Kulturen, deren Zusammenhalt auf Gehorsam basiert, ein wesentlicher Beweggrund. Diese Erkenntnis bringt uns in die Lage, diesen Affekt zu akzeptieren, ohne seine begleitenden Handlungen zu billigen.

Wir wollen den Haß nicht, aber der Affekt löst sich dadurch noch nicht auf, er wird nur unterdrückt. Indem wir ihn als berechtigt annehmen – insofern es um aggressive Wut gegen die *ursprünglichen* Aggressoren geht (Eltern, Erzieher, Schule, Staat etc.), sind wir in der Lage, ihn zu diesen vergessenen und abgespaltenen Objekten zurückzuführen. Es ist die Umsteuerung des vom eigentlichen Zielobjekt abgelenkten Hasses, die unser Ziel sein muß, nicht seine Unterdrückung.

In den Arbeiten von Monika Nienstedt und Arnim Westermann zur Sozialisation von traumatisierten Kindern[159] wird deutlich gemacht, wie dies geschehen kann: Wenn der Haß der Kinder auf ihre wirklichen Eltern als berechtigt von anderen, den Kindern wichtigen Erwachsenen, angenommen und anerkannt wird, wird es diesen Kindern möglich, sich ihrer verleugneten Angst und ihrem Schmerz zu stellen. Diese Kinder, die haßerfüllt und in ihrer Gewalttätigkeit gegen andere unsteuerbar waren, fingen dann an, sich zu verändern. Sie mußten erst den Haß auf ihre Eltern neu entdecken. Dies zeigt uns, daß die Haßerfüllten, die unsere Gesellschaft so belasten, im Grunde nicht mehr wissen, wen sie hassen. Aber sie sind im Gegensatz zu diesen Kindern älter und in Gruppen organisiert, die ihre Verachtung und ihre falsche Identität konsolidieren. Das bedeutet allerdings nur, daß man dies bedenken muß, es heißt nicht, Kompromisse einzugehen, die nur weiter die Lüge über die Wahrheit und das Zerstörerische fördern.

Konsequenter Umgang mit ihnen heißt deshalb, zwei Dinge zu tun: den Affekt so zu akzeptieren, daß er zu seiner Urquelle zurückgeführt werden kann und sich gleichzeitig seiner begleitenden Gewalttätigkeit ohne Zögern und mit aller Autorität zu widersetzen. Den Brandbomben gegen Frauen und Kinder, gegen Wehrlose und gegen Schwache muß der Staat mit aller Entschlossenheit entgegentreten. Erst dann werden die Gewalttätigen haltmachen. Nur wenn Politiker die Rolle des Hasses unterschätzen, ihn sogar legitimieren, gerät die Demokratie in Gefahr. Es stimmt auch nicht, daß der Haß, der die Opfer zu seinem Ziel macht, durch Abreaktion gemildert werden könnte. Im Gegenteil, jede einzelne zerstörerische Handlung erhöht die Zerstörungswut solcher Menschen. Nur durch noch mehr Zerstörung können sie ihre Schuldgefühle unterdrücken. Dies ist ein zusätzlicher Aspekt, warum die politischen Denkschablonen, die diesen Haß verniedlichen und ihn als Ausdruck von zum Beispiel jugendlichem Übermut sehen wollen, in der Tat Destruktivität fördern.

In Analogie zu den Forschungsergebnissen von Nienstedt und Westermann müssen diejenigen mit politischer Verantwortung und Autorität stellvertretend die Schuld und Verantwortung der Eltern und Erzieher übernehmen. Es bedarf eines Bekenntnisses, bevor es zu spät ist, um den Haß zu seinen wahren Ursprüngen zurückzuführen, damit wir ihn eingliedern und integrieren können. Das ist es, was alle unterdrückten Völker von ihren Unterdrückern verlangen. Deswegen müssen zum Beispiel beim Rassenhaß auch alle Weißen stellvertretend für die wirklich schuldigen Weißen Verantwortung tragen. Aus diesem Grund können die, die symbolisch für Autorität stehen, für alle Eltern – denn wir alle sind durch Assoziation schuldig – ein Bekenntnis in diesem Sinn in Wort und Tat ablegen: »Wir, die Elterngeneration, müssen stellvertretend bekennen, daß euch als Kindern etwas angetan wurde, was euren Haß verständlich macht.« Das wird nicht leicht sein, aber ohne dies wird die nötige Umsteuerung des Hasses nicht möglich werden.

Viele werden einen solchen Schritt als eine Utopie verwerfen. Jedoch haben Abraham Lincoln, Franklin D. Roosevelt, Sandro Bertini, wie auch in jüngerer Geschichte Willy Brandt in Auschwitz, Václav Havel, Richard von Weizsäcker und am Anfang seiner Laufbahn Michail Gorbatschow bewiesen, daß solche Selbstbekenntnisse ganze Völker zu einem verstärkten Selbstbewußtsein bringen können.

Solch ein verstärktes Selbstbewußtsein braucht aber ein moralisches Klima. Dieses kann von politischen Führern bestimmt werden, und es unterstützt dann auch ihre moralische Haltung. Diese Haltung ist die einzige, aber auch die wirkungsvollste Waffe im Kampf gegen das Psychopathische, und sie wirkt auch gegen die Infektion unserer politischen Führer.

Moral kommt nicht aus abstrakten Begriffen. Sie entwickelt sich aus der Fähigkeit, empathisch auf Schmerz und Leid im anderen zu reagieren. Wenn wir merken, daß es uns schmerzt, wenn unsere Taten anderen Schmerz und Leiden zufügen, dann fängt wirkliche Moral an. Ein Gewissen im Sinne von Schuldgefühlen, die uns dazu bringen, Buße zu tun, ist nur ein äußerliches Über-Ich. Es bewirkt nur, sich in den Augen anderer schuldig zu fühlen, nicht in den eigenen. Wenn aber nur äußere Schranken Einhalt gebieten, dann werden Heuchelei, Falschheit und Betrug jede Ebene einer Gesellschaft durchdringen. Denn die Menschen mit einem äußerlichen Gewissen – und das sind die Gehorsamen – werden die ersten sein, die die Unaufrichtigkeit und Falschheit der politischen Autoritäten erkennen, und sie werden das als Alibi gebrauchen, ihre eigenen Hemmungen abzulegen.

Das Kennzeichen solcher Zeiten ist immer die Zunahme der Gewalttätigkeit gegen die Schwächsten, die Kinder und die Frauen. Und in der Tat wächst die Gewalttätigkeit gegen Kinder und Frauen überall in der Welt. In den USA allein werden täglich fast 1900 Frauen und Kinder vergewaltigt. Eine von acht Amerikanerinnen wird zum Opfer.[160] Den letzten Zahlen vom Oktober 2002 zufolge, wurden in den USA im Jahr 2001 10,4 Millionen Gewaltverbrechen verübt, dabei kamen über 12 000 Menschen ums Leben (Opfer terroristischer Anschläge nicht mit gerechnet).[161] Dies ist das Ausmaß der Verachtung für Liebe und Mütterlichkeit.

Diese Gewalttätigkeit als Verachtung für die Liebe zu erkennen ist ein erster Schritt, um der Verachtung Schranken zu setzen. Dieser Kampf muß vom Moralischen her geführt werden, durch die Anerkennung des Leids, nicht einfach durch Strafe. Bestrafung für sich allein ist nur wieder Ausdruck von Gewalt.

Der Drang, Gewalttätigkeit nur zu bestrafen, sie aber nicht im Ausmaß ihrer Einbettung in die Ganzheit unseres gesellschaftlichen Seins zu sehen, ist selbst Ausdruck der Identifikation mit dem Aggressor. Wir suchen dann nur ein Opfer, nicht den eigentlichen Täter, der nur im Teufelskreis des Gehorsams und des sich daraus ergebenden Hasses erkannt werden kann. Am Ende müssen wir *sehen*, was wir einander antun. Nur dann werden sich unsere Herzen öffnen. Nicht die politischen Ideologien werden uns aus dieser Sackgasse führen. Es ist vielmehr der Versuch, immer wieder ehrlich mit uns selbst zu sein.

Epilog – der Haß wächst

Der Haß in der Welt wächst, und damit wachsen auch Gewalt und Zerstörung. Unsere Zeit gleicht der des Römischen Reiches. Auch dessen Untergang fing auf der Höhe seiner Macht an. Wie damals Rom sind heute die USA ein gigantisches Machtzentrum, das von der Ohnmacht ausgegrenzter und gedemütigter Völker umgeben ist. Der Terrorismus ist ein Symptom dieser aus den Fugen geratenen Welt und der wachsende Haß die Begleiterscheinung dieser gesellschaftlichen Ungleichheit. Auch zu Zeiten des römischen Imperiums war der Haß Teil des Prozesses, der zum Untergang führte. Im Jahre 88 v. Chr. wurden an einem einzigen Tag 80 000 römische Bürger von der verbitterten Bevölkerung Kleinasiens ermordet.[162]

Der Haß ist Beweggrund einer mörderischen Zerstörungslust, die dazu führt, daß Täter und Opfer immer weniger unterscheidbar sind. Nicht unterscheidbar, weil auch die Menschen in den Machtzentren Ausgrenzung und Demütigung erleben, wenn auch anders als die Menschen in den unterprivilegierten Ländern (ich werde darauf noch zurückkommen). Deshalb weist auch Arundhati Roy, die indische Schriftstellerin und mutige Kämpferin für die unterdrückten Frauen Indiens, darauf hin, daß in der jetzigen Konfrontation von Terror und dem »Krieg gegen das Böse« die beiden protagonistischen Führer, bin Laden und George W. Bush, gegenseitige Spiegelbilder sind:[163] »Was ist Osama bin Laden? Er ist das amerikanische Familiengeheimnis. Er ist der dunkle Doppelgänger des amerikanischen Präsidenten. Der brutale Zwilling alles angeblich Schönen und Zivilisierten. Er ist aus der Rippe einer Welt gemacht, die durch die amerikanische Außenpolitik verwüstet wurde, durch ihre Kanonenbootdiplomatie, ihr Atomwaffenarsenal, ihre unbekümmerte Politik der unumschränkten Vorherrschaft, ihre kühle Mißachtung aller nichtamerikanischen Menschenleben, ihre barbarischen Militärinterventionen, ihre Unterstützung für despotische und diktatorische Regimes, ihre wirtschaftlichen Bestrebungen, die sich gnadenlos wie ein Heuschreckenschwarm durch die Wirtschaft armer Länder gefressen haben. Ihre marodierenden Multis, die sich die Luft aneignen, die wir einatmen, die Erde, auf der wir stehen, das Wasser, das wir trinken, unsere Gedanken.«

Diese Menschen sind durch die Angst des Nicht-Seins, d.h. die Angst der persönlichen Vernichtung bestimmt. Diese Angst treibt sie dazu, unsterblich sein zu wollen, dem Tod zu trotzen, wie Caleb Carr es brillant in seinem Roman ›Die Täuschung‹[164] beschreibt. Solche Menschen versprechen ihren Anhängern mit geöffneten »liebenden« Armen ewiges Leben und ewige Gemeinschaft in einem Heldenparadies. Das führt nicht nur zu Selbstmordattentaten, sondern bestimmt auch die weniger direkt wahrgenommenen, aber genau so tödlichen Machenschaften von Führern in Politik und Wirtschaft in der westlichen Welt.

Das ist das Problem: die Führer, die sich ähneln und deren innerste Beschaffenheit sie der Destruktion als Lebenszweck zuführt. Sie sind die Führer mit einer Persönlichkeitsentwicklung, die ich psychopathisch nenne. Deshalb sind sie in ihren Auswirkungen nicht unterscheidbar. Auch sie haben Ausgrenzung und Demütigung erlebt, jedoch anders als ihre Gefolgschaften. Osama bin Laden, Kind eines Bau-Tycoons in Saudi Arabien, wurde als siebzehnter Sohn unter 53 Geschwistern geboren. Er erbte beim Tod seines Vaters eine Summe, die zwischen 50 Millionen und 300 Millionen Dollar liegt. Die Dynamik der Familie ist schwer einzuschätzen, doch er war das einzige Kind einer Mutter, die die 11. oder 12. Frau des Vaters war. Seine älteren Brüder nannten ihn den »Sohn einer Sklavin«.[165]

Wie ich es in ›Der Kampf um die Demokratie‹[166] beschrieben habe, geht es hier um die Mütter, die – weil ihnen die Männerwelt, in der sie leben, keine Eigenexistenz zugesteht – ihre Söhne gebrauchen, um sich durch sie Sinn und eigene Bedeutung zu verschaffen. Sie verwöhnen die Söhne, doch dieses Verwöhnen hat nichts mit Liebe für das Eigenleben des Kindes zu tun. Es geht vielmehr um das Bedürfnis einer Mutter, sich in einer Machowelt, die ihr ein Eigenleben versagt, durch den Sohn, dem ja durch sein Geschlecht Bedeutung zukommt, selbst Bedeutung zu geben.[167]

Das führt dazu, daß solche Kinder ihre Mütter als verschlingend erleben, wodurch die Angst einer persönlichen Vernichtung erzeugt wird. Dadurch entsteht eine zwiespältige Beziehung zur Mutter. Einerseites ist das Verwöhnen verführerisch, weil es dem Sohn ein Gefühl besonderer Bedeutung und Wichtigkeit gibt. Andererseits ist diese »Kraft« Ergebnis eines Spiels, und jedes Kind weiß in seiner Tiefe, daß sie illusorisch ist. Sein Selbstwert ist damit auf Sand gebaut, weshalb es immer Zweifel über sich haben muß, was dazu führt, daß sich der Sohn fortan durch »große« männliche Taten beweisen muß. Hier erwächst ein untergründiger Haß auf die Mutter. Und das Weibliche wird so untergründig zum Feind. Da der Sohn das Bild des starken, großartigen Mannes darstellen muß, fühlt er sich zugleich schuldig. Er empfindet Schuld, weil er sich dem Vater überlegen fühlt und sich wichtiger vorkommt, weil die Mutter ihn bevorzugt.

Der Psychoanalytiker Donald W. Winnicott[168] vertritt die Meinung, daß die untergründige Angst vor der Frau (daß sie einen verschlingen könnte) die Triebfeder für Männer und Frauen ist, andere Menschen dominieren zu wollen. Dadurch entkommt man der Angst, von einer Frau beherrscht zu werden. In der kindlichen Entwicklung führt dieser Prozeß zugleich zu einer Idealisierung des gefürchteten Vaters, der ja die Mutter mit seiner Gewalt unterdrückt. So rettet sich das Kind aus der Angst vor der Mutter und gleichzeitig vor dem Terror des Vaters.

Das Resultat ist eine Identifikation mit dem Aggressor, dem Vater, sowie ein Weitergeben von dessen Gewalttätigkeit und seiner Unterdrückung und Verachtung der Frau.

Bei den islamistischen Terroristen ist dies klar zu erkennen, im Fall unserer eigenen zerstörerischen Kräfte können wir diesen Vorgang nur undeutlich sehen. Die Terroristen sind das Produkt eines misogynen (frauenfeindlichen) fundamentalistischen Systems, das die Familie spaltet, so daß Männer und Frauen nicht als gleichberrechtigt freundschaftlich miteinander verkehren können: »In unserer Gesellschaft gibt es keine freundschaftlichen Beziehungen zwischen Mann und Frau«, schreibt Mona AlMunajjed.[169]

Aber in westlichen Gesellschaften geht ähnliches vor, es geschieht nur verdeckter, so daß weniger klar erkennbar ist, wer die Opfer und wer die Täter sind. Auch bei uns haben Männer und Frauen Angst voreinander. Diese ist jedoch verdeckt und wird nicht als solche wahrgenommen. Wir glauben statt dessen, nach einem idealisierten Partner zu suchen und sind deshalb nie zufrieden mit dem, den wir haben. Beziehungen, die von Angst bestimmt sind, fördern deshalb gegenseitiges Niedermachen, Betrug und Mißgunst. Auch hier erlebt ein Kind dasselbe Muster, indem Angst, Verachtung und Haß die Beziehung zwischen den Eltern charakterisieren. Wir sind nur »zivilisierter« und zeigen unsere Reaktionen auf Verletzungen und Kränkungen weniger offen. Literarische Werke wie Ibsens ›Peer Gynt‹[170] und Eugene O'Neills ›Alle Reichtümer der Welt‹[171] zeigen aber, wie der Terror immer wieder weitergegeben wird, wenn ein Kind körperlich und/oder seelisch mißbraucht wird.

So gibt es Parallelen in bin Ladens und George W. Bushs Geschichte. Bushs Vater, der frühere Präsident George H. Bush, wurde oft von seinem Vater mit dem Lederriemen geschlagen. Wie sein jüngerer Bruder Prescott beschrieb, war George H. Bush zu Tode geängstigt durch seinem Vater.[172] Auch er sprach davon, als er den Golfkrieg führte, daß Amerikaner »sich gegen das Böse zur Wehr setzen müssen«[173], genauso wie sein Sohn George W. Bush, der nach dem 11. September die »Achse des Bösen« beschwor.

Auch Bush senior züchtigte seinen Sohn und gab so weiter, was er selbst erlebt hatte. DeMause berichtete auch von einer Beziehung zwischen Bush junior und seiner Mutter, in der der Sohn zum dienenden Retter gemacht wurde.[174] Als die kleine Schwester starb und die Mutter eine Depression bekam, fiel ihm, dem Dreijährigen, die Aufgabe zu, sie durch Aufmunterung seelisch aufrechtzuerhalten. (DeMause beschrieb ihn als »Cheer leader« des seelischen Seins seiner Mutter.) Genau so sieht eine Beziehung aus, die Kinder früh zu Marionetten macht, sie ihrer eigenen Selbstberechtigung beraubt, sie mit Verachtung für sich und ihre

Welt zurechthämmert. Hier liegt die Quelle für das Verhalten solcher Menschen, wie sie der Psychiater Harvey Cleckley[175] und Jakob Wasserman in der Novelle ›Christian Wahnschaffe‹ mit dem psychopathischen Niels Heinrich beschrieb[176], die uns dann alle durch ihr Spiel mit dem Leben ins Verderben treiben.

Solche selbsternannten Helden brauchen ein Fußvolk, das ihre Ideen und die zerstörerischen Triebe, auf denen sie basieren, in die Tat umsetzt. Das ist die Tragik der Geschichte, daß Helden und Götter ihre Destruktivität über andere ausleben – und dies auch tatsächlich können, weil das Fußvolk, also wir, dabei mitmacht, weil es, gefangen in einem von Geburt an auferlegten Gehorsam, seine Unterdrücker zu Helden und Göttern macht und nicht sieht, was sie tatsächlich sind. Die Erkenntnis der Wahrheit ist so sehr mit Angst belegt, daß wir auf jene losgehen, die uns damit konfrontieren. Die Wahrheit bedroht uns zutiefst, weil unser innerer Zusammenhang auf einer Lüge basiert. Statt der Wahrheit brauchen wir »Erlöser«, die uns von unserem Unbehagen und unserem Gefühl der Wertlosigkeit entlasten. Nur so fühlen sich Menschen, die über keine wirkliche Identität verfügen, weil der Gehorsam diese unmöglich machte, vollständig und intakt.

Mit der Inszenierung von Spektakeln, die symbolisch Größe verkünden, haben die Führer die Ausgegrenzten und Gedemütigten schon immer zu Handlangern ihrer Zwecke gemacht. Die Massenveranstaltungen der Nazis, durch von Riefenstahl so verherrlicht, dienten der illusorischen Auferstehung eines geschwächten, niedergedrückten Selbstwertes. Terroranschläge haben dieselbe Aufgabe. Wenn Mütter stolz darauf sind, daß ihre Söhne sich in die Luft gesprengt haben oder dies tun werden,[177] dann kann dieser Wahnsinn nur Resultat eines unterdrückten und gedemütigten Selbstwertes der Frauen sein. Es sind die Strukturen einer Kultur, die solche Pathologie hervorbringt. Hier ist der Ursprung der eigentlichen Krankheit unserer Gesellschaften.

Noch etwas muß dazu gesagt werden: Niemals in der Geschichte war der Abgrund, der sich zwischen reich und arm auftut, so groß wie heute. Der Grund liegt zum einen natürlich in den tatsächlichen Gegebenheiten. Zur objektiven Benachteiligung der Armen kommt jedoch noch etwas hinzu: Es wird heute allen das Gefühl eingeimpft, daß weniger zu haben die eigene Schuld ist, daß Armut unmoralisch ist, unwürdig macht, weil erst der Besitz dem Menschen Bedeutung gibt und ihn sich wertvoll fühlen läßt. Es wird sogar gemordet für bestimmte Turnschuhe oder Armbanduhren, weil deren Besitz Status verleiht. Orhan Parmuk schreibt: »Man könnte sagen, daß der Reichtum der wohlhabenden Länder ihre eigene Sache wäre und die armen Länder nicht in ihren Angelegenheiten beeinflusst. Doch noch nie in der Geschichte wurde die Aufmerksamkeit der Armen so eindringlich durch Fernsehen und Hollywoodfilme auf das Leben der Reichen gelenkt. Man könnte auch sagen, die Geschichten vom Leben der Könige seien nun mal die Unterhaltung der Armen. Es ist aber viel schlimmer, denn wie nie zuvor geben sich die Reichen und Mächtigen der westlichen Welt unmißverständlich als die Richtigen und Vernünftigen aus.«[178]

Das heißt, daß jeder in einem armen Land fühlt, wie unbedeutend er ist und wie unbedeutend sein Anteil an diesem Reichtum. Solche Menschen wissen, daß sie unter sehr viel schlimmeren Bedingungen leben als die Wohlhabenden. Zugleich haben sie die Ideologie des Westens verinnerlicht und empfinden deshalb ihre Armut als eigene Schuld, durch Torheit und Unzulänglichkeit herbeigeführt. Die Reichen haben keine Ahnung von dem Ausmaß der Demütigung und Erniedrigung, das die meisten Menschen in unserer Welt erleben. Diese Gefühle führen dazu, daß manche der Gedemütigten ihren Gemeinsinn verlieren und sich von Terroristen, Fundamentalisten und Nationalisten verführen lassen. Es wird Zeit, daß der Westen zu begreifen beginnt, was in Menschen vorgeht, die sich von unserer Welt ausgegrenzt fühlen und es tatsächlich auch sind. Diese Menschen sind weit in der Überzahl. Was sie bewegt, ist ein Gefühl völliger Machtlosigkeit und Hilflosigkeit, entstanden aus Erniedrigung und der Unmöglichkeit, der eigenen Stimme Geltung zu verschaffen.

Trotzdem werden nicht alle zu Terroristen, genausowenig wie alle bei uns Kriege anzetteln wollen oder zu Rechtsextremisten werden. Auch die reichen Gesellschaften beherbergen den Haß, auch hier werden ganze Bevölkerungsgruppen gedemütigt, erniedrigt, ausgegrenzt. Auch hier wird der Haß durch nationalistische Gebärden und die Schaffung von Feindbildern von Führern für ihre eigenen Zwecke ausgebeutet.

Wie in diesem Buch bereits dargelegt, sind Haß und Gewalt immer das Ergebnis einer Demütigung, die ein Mensch bereits in der eigenen Kinderheit erlebt hat. Menschen, die als Kinder Liebe und Entgegenkommen erfahren haben, werden nicht zu Attentätern, die sich der Zerstörung verschreiben. In dem bereits zitierten Artikel berichtet Orhan Parmuk von einem armen alten Mann in Istanbul, der die Ereignisse des 11. September im ersten Moment aus Wut entschuldigte, einer Wut, die aus dem Gefühl der Benachteiligung resultierte. Als der Mann jedoch das furchtbare Ausmaß des angerichteten Blutbades erkannte, schämte er sich für seine erste Reaktion und bedauerte sie. Es kommt eben darauf an, inwiefern unsere empathischen Fähigkeiten uns die menschliche Gemeinsamkeit erleben lassen, ob Haß tatsächlich in Destruktivität ausartet. Wir züchten in unserer Kultur die Lieblosigkeit und verstehen dann nicht, wie wir Terrorismus hervorbringen, oder wie wir ihn unterbinden können.

Die »Reichen« sind nicht minder Opfer ihrer Sozialisation wie die »Armen«. Beide wurden in ihrer Kindheit gedemütigt, von ihren Bedürfnissen nach Liebe und Wärme getrennt und gehorsam gegen über Autorität gemacht, was dazu führt, daß sie Anerkennung von denen suchen, die sie mißbrauchen. Man tötet auf diese Weise das Eigene, das man hätte sein können. Bob Kerrey, ein Vietnamheld, der von Präsident Nixon mit der höchsten militärischen Auszeichnung geehrt wurde, Gouverneur und Senator von Nebraska war und jetzt Präsident der New School University in New York ist, schrieb mit dem Buch ›When I was a Young Man‹[179] seine Autobiographie. Es ist die Geschichte eines Kindes, das in einer typischen amerikanischen Mittelklassefamilie aufwuchs und dazu erzogen wurde, nur das zu fühlen, was verlangt wird, wo es darum ging, Erfolg zu haben und alles richtig zu machen. Für eigene Gefühle war kein Platz.

Das Eigene wurde systematisch vergraben, und so war es kein Wunder, daß Kerrey ein braver Soldat wurde, der danach strebte, akzeptiert zu werden, den Vorschriften zu entsprechen und keine wahren Gefühle zu haben. Auch in seinem Verhältnis zu Frauen entwickelte er keine tiefe Leidenschaft. Erfolgreich zu sein war sein einziges Ziel. In Vietnam mordete er wie viele anderen Soldaten, scheinbar ohne Haß zu fühlen, es ging um das nüchterne Ausführen von Befehlen. Erst als er monatelang mit zerfetztem Bein in einer Klinik lag und Schmerz und Einsamkeit nicht mehr verleugnen konnte, wurde ihm klar, daß sein dem Besitz und der Anerkennung gewidmetes Leben ohne Lebendigkeit war. Er erkannte, daß er erst frei sein konnte, wenn er die Furcht, Besitz zu verlieren, als Sklaverei durchschaute.

Wir sind alle Opfer eines gesellschaftlich bedingten Prozesses, der Liebe unmöglich macht, weil er sie mit Enttäuschung, Verrat und tiefer Kränkung belegt. Das Problem ist jedoch, daß die Unterdrückten der Welt das Bild des Unterdrückers als Erlöser internalisiert haben, der sie an seiner Macht partizipieren läßt und von ihrer Wertlosigkeit befreit. Deshalb fürchten viele die Freiheit und machen sich freiwillig zu Sklaven. Freiheit würde bedeuten, diese Bilder aus sich zu vertreiben und durch Eigenverantwortung zu ersetzen (siehe auch: Paulo Freire, ›Pädagogik der Unterdrückten‹[180]).

Und was ist mit den Helden und Göttern? Da ihr Gefühl der »Stärke« immer ein halluzinatorisches ist, weil es seinen Ursprung in der verführenden Bewunderung der Mutter und dem daraus resultierenden zerstörerischen Verhältnis zum Vater hat, können sie nur *falsche* Götter und Helden sein. Ihr zentrales Anliegen ist, Macht zu haben. Aber, so schreibt Barbara Tuchman in ihrer Studie ›Die Torheit der Regierenden‹[181] über die Kriege von Troja bis Vietnam, »Torheit ist ein Kind der Macht ... Macht macht häufig auch dumm und erzeugt Torheit; die Macht, Befehle zu erteilen, führt häufig dazu, das Denken einzustellen.«

Das Quälen anderer wird für solche Menschen zum Werkzeug, mit dem sie diese bezwingen. Sie zeigen damit, daß sie mit ihrem eigenen Schmerz nicht anders umgehen können als ihn an andere weiterzugeben. Eine Realität, die *nicht* von Macht geprägt ist, ist für diese Menschen nicht vorstellbar. Demütigung und Erniedrigung anderer sind ihr eigenlicher Lebensinhalt. Das zeigt sich bei bin Laden genauso wie bei Saddam Hussein, George Bush senior und George Bush junior. Ihrer aller Problem ist, daß sie von ihren Müttern als Liebesobjekt benutzt wurden und so ein völlig irreales Gefühl von Größe und Wichtigkeit bekamen (siehe dazu auch: A. Gruen, ›Der Wahnsinn der Normalität‹[182]).

Die gefährliche Entwicklung auf der weltpolitischen Bühne wurde und wird zusätzlich durch den Zusammenbruch des kommunistischen Regimes der Sowjetunion gefördert. Seitdem hat der Glaube an den Wert des maximalen Profits fast geheiligte Züge angenommen. Die Geschichte und die Tradition des Menschlichen werden damit verworfen. Tatsache ist, daß die USA, die ja das strahlende Leitbild dieser Religion abgibt, besonders stark von Armut betroffen ist. Mehr als 20 Prozent der Amerikaner sind arm, während die Zahl der Armen in Europa bei 8 Prozent liegt. In den USA sterben im ersten Lebensjahr 60 Prozent mehr Babys als in Frankreich oder Deutschland.[183]

Was sind das für Leute in Amerika, die ihr Ehrgeiz antreibt, als »National Security Strategy of the United States« eine Außenpolitik zu deklarieren, die die militärische Vorherrschaft über die ganze Welt anstrebt und sich das Recht herausnimmt, andere Staaten anzugreifen?[184] Wie unterscheidet sich ein solcher Staatsterrorismus von terroristischen Gruppen? Ist nicht Terrorismus eine logische Konsequenz all jener »Realismen«, die westliche Ideologen wie Lord Acton, George Kennan oder Henry Kissinger immer wieder predigten? Diesen zufolge haben Nationen weder permanente Freunde noch Feinde, sondern immer nur permanente Interessen. Wenn ein Feind nur deshalb zum Freund wird, weil er der Feind eines Feindes ist, kann aufrichtiges Streben nach Demokratie und Menschenwürde nur lästig sein, denn es behindert die »permanenten Interessen«.

Schauen wir uns also die wahren Interessen derer an, die sich als Götter und Helden aufspielen: bin Laden ein Millionär, George W. Bush ein wohlhabender Geschäftsmann, der schon 1988, als sein Vater Vizepräsident bei Ronald Reagan war, in Argentinien versuchte, ENRON über Rodolfo Terragno, damals Öffentlichkeitsminister von Raul Alfonsino, einen Vertrag für eine Gas-Pipeline zu verschaffen.[185]

Doch wozu brauchen wir solche falschen Götter? Warum kann offenbar ein Großteil unserer Bevölkerung nicht ohne sie leben? Wir wurden nicht nur dazu erzogen, von Autoritäten Antworten auf unsere Fragen zu erwarten. Wir entkommen durch sie auch der Verantwortung, selbst zu entscheiden. Denn selbst zu entscheiden heißt, möglicherweise schuldig gesprochen zu werden. »Ich tat, was mir befohlen wurde«, war nicht nur die Ausrede aller im Nürnberger Prozeß Angeklagten. So wird der Gehorsam auch immer wieder als »Pflichterfüllung« schöngeredet.

Andererseits benötigen wir die falschen Götter, weil wir – das heißt mindestens die Hälfte der Bevölkerung, wie zahlreiche Studien gezeigt haben[186] – durch unsere Kindheit auf ein Image geprägt sind und nicht auf die Wirklichkeit. Wir haben gelernt, die *Pose* von Stärke und Größe als die Wirklichkeit zu akzeptieren. Sie entspricht der Propaganda, die Eltern ihren Kindern über sich beibringen und die diese als Wahrheit annehmen müssen, um die lebensnotwendige Bindung an ihre Eltern aufrechtzuerhalten. Hier liegt der Ursprung der Suche nach falschen Helden und Göttern, nach Menschen, die die Pose der Stärke, selbstgefällige Entrüstung und Willenskraft am besten ausstrahlen. Wir erhoffen von ihnen Erlösung von dem Unbehagen, das jeder, der seine eigenen Wahrnehmungen nicht zum Kern seines Seins machen durfte, empfindet.

Wir brauchen die falschen Götter, weil wir kein eigenes Selbst haben. Schon der bereits erwähnte Jakob Böhme[187] wußte, daß der Mensch sein eigener Gott sein muß, daß er sein eigenes Zentrum haben muß, um nicht zu verderben, wenn er stirbt. Wenn wir jedoch als Kinder gezwungen waren, die Schwäche unserer Eltern zu verneinen, weil diese Wahrheit uns existentiell gefährdete, dann suchen wir zeitlebens nach dieser Pose der Stärke, um von der Unmöglichkeit erlöst zu werden, kein eigenes Selbst zu haben. Warum sonst unterwarfen sich in Milgrams Experiment[188] in den USA zwei Drittel der Probanten einer Autorität? Warum sonst verlangen auch heute noch zwei Drittel der Deutschen nach einer starken Hand[189] und werten Leid als Schwäche ab (ich bin auf diese Untersuchungen in meinem Buch ›Der Kampf um die Demokratie‹[190] näher eingegangen).

Das bedeutet freilich nicht, daß Menschen, die in dieser Entwicklung gefangen sind, sich nicht gegen ihre Eltern stellen können. Im Nationalsozialismus und im kommunistischen Regime Stalins galt es sogar als Ehre, wenn Kinder ihre Eltern bespitzelten. Entscheidend ist hier die Prägung auf das Image von Kraft und Entschlossenheit. Sobald ein neuer »Gott« daherkommt, der diese Rolle noch glaubwürdiger spielt, wird die Loyalität mit dem »alten Gott« in Frage gestellt.

Die Prägung auf die Pose der Eltern bringt es mit sich, daß solche Menschen ihr Opfersein nie wirklich direkt erleben können und konnten, weil die Eltern Leid und Versagen nicht tolerierten. Der Soziologe Richard Sennett sagte kürzlich in einem Interview über die Kindererziehung in Amerika, man tue so, als würde alles für das Wohl der Kinder getan.[191] Aber »es geht immer nur: Du kannst es! Du schaffst es! Nie darum, ob man das auch will.« Es ist eine seelische Art, wie Eltern ein Kind auf ihre Spur bringen. Das Gewaltmittel ist nicht mehr die körperliche Bestrafung, sondern eine seelische. Das Kind wird dazu gebracht, sich als Verräter an der gemeinsamen Sache zu fühlen, wenn es nicht mitmacht. Das Gefühl, nicht dazuzugehören, wird so zum Trauma für Kinder und Erwachsene. Es machte Bob Kerrey zum Handlanger seiner Führer und brachte viele Deutsche dazu, bei den Nazi-Greueltaten mitzumachen.[192]

So werden Menschen zu Feinden gemacht, die selbst Opfer ihrer Kindheit waren. Und die Tatsache, daß der eine Teil der Welt, der reiche, den anderen, den armen, in die Knie zwingt, fördert die Tendenz, im andern Menschen den Feind und nicht den Leidensgefährten zu erkennen. So bekämpfen sich die Unterdrückten beider Welten, wobei sich diejenigen, die zum wohlhabenden Teil gehören, nicht als Unterdrückte sehen, sondern die Gefahr bei den Armen vermuten.

Ziel ist es dann, von den andern Besitz zu ergreifen. Und weil die Menschen der »zivilisierten« Länder häufig so weit weg von ihren eigenen Gefühlen sind, spüren sie nicht den Haß, der sich hinter ihrem eigenen Tun verbirgt. Nur bei Rechts- oder Linksradikalen erkennen wir ihn. So werden Kriege geführt und Völker dezimiert unter Vorgabe »objektiver« Beweggründe.

Was »Opfer« und »Täter« dabei verbindet, ist, daß beide das »Besitzen« als zwischenmenschliche Verhaltensform verinnerlicht haben. Beide geben so weiter, was sie als »Besitz« ihrer Eltern erlebt haben. Natürlich geht es einer armen Bevölkerung auch darum, ihre objektive Existenz zu sichern und nicht zu verhungern. Viele der Terroristen stammen jedoch aus privilegierten Kreisen, ihnen geht es um etwas anderes, nämlich ihre innere Leere in ein Morden zu verkehren, um dieses dann ideologisch und religiös zu verklären.

Hier beginnt ein symbolisches Handeln, das mit realen Tatsachen nichts mehr zu tun hat – die Angriffe auf das World Trade Center und das Pentagon stehen dafür, wie die eigene Minderwertigkeit durch die Zerstörung von Symbolen der Größe des Feindes bekämpft und statt dessen die eigene »Stärke« bewiesen wird. Solche Aktionen bringen vielen Menschen grausam den Tod, an den bestehenden Machtstrukturen jedoch ändern sie nichts. Die bleiben selbst dann bestehen, wenn es den »unterdrückten« Angreifern irgendwo gelingt, sich an die Stelle der Machthaber zu setzen. Letztlich werden immer nur alte Götzen gestürzt, um sie durch neue zu ersetzen. Solange Rebellen ihr eigenes Machtstreben nicht aus ihrem Inneren vertreiben, fällt, wie Henry Miller es ausdrückte, nur eine Kirche, um eine andere auferstehen zu lassen.

Osama bin Laden war ein Playboy, der, um seine »Ehre« und Männlichkeit zu beweisen, sich plötzlich als Kämpfer gegen Amerika persönliche Bedeutung verschaffte. Wo von Ehre und Männlichkeit die Rede ist, verbirgt sich im Untergrund immer der Haß auf alles dem Leben Zugewandte. In allen von bin Laden veröffentlichten Äußerungen findet man die Betonung von Ehre und die Verachtung des Weiblichen.[193]

Auch in den amerikanischen Südstaaten hält man äußere Männlichkeitssymbole und Begriffe wie Ehre, Pflicht und Treue besonders hoch. Gleichzeitig ist hier die Mord- und Totschlagrate höher als im Norden. Die meisten Vorfahren der weißen Südstaatler stammen aus Ländern, in denen die Ehre eine wichtige Rolle im Männlichkeitskodex spielte. Bertram Wyatt-Brown betont, daß die Bedeutung der Ehre durch die Sklaverei noch erhöht wurde.[194] Da sie andere gewalttätig unterdrückten, fühlten sich die Weißen in ihrem Dünkel, ein Volk der Ehre und der Überlegenheit zu sein, bestätigt. Jedes Infragestellen dieser Überlegenheit wurde mit Gewalt bekämpft.

Wir dürfen schlußfolgern, daß gerade dort, wo Menschen ihr Eigenes genommen und durch den Willen einer Autorität ersetzt wurde, andere niedergemacht und bekämpft werden. Die eigene Opfererfahrung darf nicht erkannt werden und wird deshalb weitergegeben, indem man andere für das eigene Opfersein zum Opfer macht. Das Hochhalten von Ehre und Männlichkeit beruht darauf, daß man in seinem Tiefsten an dem eigenen Wert zweifelt. Deshalb muß man sich ständig das Gegenteil beweisen.

Männliche Treue und Ehre waren nicht nur Markenzeichen der Nazis. Sie sind auch typisch für die religiösen Fundamentalisten, egal ob sie aus dem muslimischen, christlichen oder jüdischen Lager stammen. Die Südstaatler, die im amerikanischen Bürgerkrieg Abraham Lincoln ermordeten, waren von Haß getrieben, weil sie ihre Ehre als Männer in Frage gestellt sahen. Bevor John Wilkes Booth die tödlichen Schüsse auf den Präsidenten abgab, hatte 1864 schon Luke Pryor Blackburn, ein Gelbfieberexperte, versucht, einen biologischen Krieg gegen Lincoln und die Bevölkerung mehrerer Nordstaatenstädte mit verseuchten Kleidern zu führen.[195] Die Ehr- und Männlichkeitsideologen planten auch, die Trinkwasseranlagen von New York zu vergiften und die Stadt in Flammen aufgehen zu lassen. Die Parallelen zu heutigen Ereignissen sind offensichtlich.

Diese »Männlichkeit« führte auch dazu, daß die deutsche Wehrmacht ihre eigenen kranken Soldaten aus der Armee entließ und in zivilen Heil- und Pflegeanstalten wegen mangelnder »Manneszucht« ermorden ließ.[196]

Entscheidend bei Menschen, die sich dem Haß verschrieben haben, ist, daß sie während ihrer Sozialisation nicht von Positivem berührt wurden. Der Haß ist so groß, daß sie Ideologien suchen, die diesen Haß rationalisieren. Die religiösen Ideologien unterscheiden sich von den politischen nur dadurch, daß sie ein göttliches Sendungsbewußtsein einimpfen. In oben genanntem Interview sprach Richard Sennett über die Selbstgefälligkeit als eine spezifische Form amerikanischer Dekadenz: »Sie gibt dir das Gefühl, dich nicht anstrengen zu müssen. Alles, was du brauchst, ist da. Du mußt nichts über andere Menschen wissen.«[197] Dekadenz als Selbstgefälligkeit macht das eigene Denken überflüssig, schaltet es aus. Sennett charakterisierte damit George W. Bush. Die Beschreibung trifft jedoch auf alle derart zerstörerischen Menschen zu. Sie müssen mit anderen Menschen spielen, um ihre destruktiven Triebe leben zu können.

Das innere Opfer verleitet solche Menschen dazu, einen Feind zu suchen, nicht nur, um ihn zu bestrafen, sondern auch um sich selbst dafür bemitleiden zu können, was ihr vermeintlicher Feind, der eigentlich ihr Opfer ist, ihnen angetan hat. So wird der wirkliche Feind, der ihnen das Eigene nahm, nie erkannt und die Misere immer wieder weitergegeben.

Welchen Weg gibt es, um diesen zerstörerischen Kreislauf zu unterbinden? Ich sehe ihn darin, daß wir unseren Kindern ihre Kindheit zurückgeben. Wir müssen ihre Kreativität unterstützen, auch in Krippen und Kindergärten. Und wir müssen die Mütter aus ihrer Isolation holen. Wenn den Müttern die Chance gegeben wird, über ihre Situation und ihre Gefühle zu sprechen, werden sie zu mehr Bewußtsein für ihren verständlichen Unmut über ihre von Männern aufgesetzten Rollen finden, so daß sie im Umgang mit ihren Kindern zu ihren wahren Gefühlen stehen können. Wie O'Neills Drama verdeutlicht, ist dies fast unmöglich in einer Männerwelt, die sowohl das Weibliche als auch das Leiden verachtet.

Es geht auch darum, uns selbst unsere Vergangenheit bewußter zu machen. »Der Kampf des Menschen gegen die Macht ist der Kampf des Gedächtnisses gegen das Vergessen«, schrieb Milan Kundera.[198] »Vergangenheit ist voller Leben, ihr Gesicht reizt, erzürnt, beleidigt uns, so daß wir es entweder zerstören oder neu malen möchten.« Menschen, so meint er, »wollen lediglich Herren der Zukunft sein, um die Vergangenheit verändern zu können.« Wir dürfen und wollen unsere Opfergeschichte nicht erkennen, weil sie uns Angst macht. Und anstatt aus unserer Geschichte zu lernen, fühlen wir uns von ihr beleidigt und jagen Ehre, Heldentum und einer freiwilligen Knechtschaft unter falschen Göttern hinterher. So verleugnen wir die gemeinsame Vergangenheit.[199] Aber ohne Vergangenheit haben wir nichts, auf dem wir stehen können, haben wir keinen Kontext, von dem aus wir die Energie für eine moralische Version unseres Seins organisieren können (Terrence DesPres[200]).

Erinnerung ist verbunden mit unserem Sein, aber sie ist auch eine Gefahr, weil sie gegen Macht und deren Rechtfertigung verstößt. Das bedeutet, daß Erinnerung nicht einfach Erinnerung ist. Erinnerung ist eingebettet in das ganze Gefüge unseres Seins, unserer Möglichkeit, uns als eigene Person mit eigenem Selbst und eigener Geschichte zu erleben – oder eben nicht. Wenn aber Menschen ihr Sein darauf aufbauen, andere zu beherrschen und zu erniedrigen, dann müssen sie unsere gemeinsame Vergangenheit verfälschen, um sich selbst rechtfertigen zu können. Götter und Helden helfen bei der Errichtung solcher Fiktionen. So wird Vergangenheit zu einer Ideologie, die dem Menschen aufgesetzt wird, damit er die wirkliche, selbst erlebte Vergangenheit nicht erkennt.

Der Vorgang des Erinnerns ist eng verbunden mit

dem Wesen des Menschen, der sich erinnert. »Erinnern«, schrieb Sir Frederick Bartlett 1950 in seinem Klassiker »Remembering«,[201] »ist nicht die Wiederstimulation von leblosen, fixierten, fagmentarischen Gedächtnisspuren. Es ist eine phantasievolle Rekonstruktion oder Konstruktion, die sich auf die Beziehung von Einstellungen gegenüber einer ganz aktiven Masse organisierter Reaktionen in unserer Vergangenheit aufbaut.« Bewußtsein selbst bedeutet deshalb viel mehr als einfache Wahrnehmung.

Das bringt uns zu einem weiteren wichtigen Punkt: Erinnerungen bringen Vorstellungen mit sich, und diese Vorstellungen sind selbst eingebettet, gefördert und bestimmt durch unser Erleben vor und seit der Geburt. Erst wenn Bilder – also die Dinge, die wir sehen – Bedeutung erlangen, entstehen Worte. Da wir das Sehen als etwas Selbstverständliches erleben, wird die Tatsache, daß Sehen eine Entwicklungsgeschichte hinter sich hat, verhüllt.[202]

Man könnte mit Bartlett sagen, daß alle kognitiven Prozesse von der Wahrnehmung bis zum Denken Wege sind, Bedeutungen zu schaffen, und zwar auf der Basis der uns zugestandenen Wahrnehmungsfreiheit. Deshalb kann Erinnerung nicht getrennt betrachtet werden von den Zwängen, denen wir von klein auf ausgesetzt waren, um die Dinge so zu sehen, wie Eltern, Schule und Staat es erwarteten. Solange wir, wie Kundera sagt, versuchen, die Vergangenheit zu ändern, um die Zukunft zu beherrschen, werden wir Probleme mit unserem Selbstbild und unserer Wirklichkeit haben.

Der Kontext, in dem dies geschieht, zementiert eine Entwicklung, bei der ein von äußeren Symbolen der Macht und der Stärke unabhängiger Selbstwert nicht mehr möglich ist. Sehr früh werden wir dazu gebracht, uns für Schmerzen, Angst und Unzulänglichkeitsgefühle zu schämen, also für Reaktionen, die aus der Ablehnung der eigenen Empfindungen und Wahrnehmungen emporsteigen.

So wird Hilflosigkeit zu einem prägenden Erlebnis unserer Kultur, weit mehr als bei anderen »Tierarten«. Für die menschliche Gattung ist es nicht ungewöhnlich, daß Eltern wütend werden oder ihr Kind bestrafen, wenn dieses sich verletzt, weint oder traurig ist. Die seelischen Verletzungen, die unsere Kinder täglich erleben, summieren sich und bilden das Fundament einer tiefsitzenden Verdrehung, die dann ihr Sein, ihre Identität bestimmt. Indem uns von früher Kindheit an beigebracht wird, daß man Verletzungen nicht zeigen soll, weil man nicht hilflos sein darf, wird Verletzlichsein zu einem unerträglichen, den Selbstwert herabsetzenden Zustand.

Unsere Zivilisation züchtet ein Bedürfnis nach Unverletzlichkeit. Wenn ein Sein aber dadurch geprägt wird, daß nur die Identifikation mit denen, die dieses Sein unterdrücken, uns vor der Unerträglichkeit unserer Lage retten konnte, dann verlagert sich der Sinn dessen, was ein Mensch sein kann. Dann wird eine

Ideologie, die nur Stärke verspricht, zur Rettung unseres geschwächten Selbst. Hier liegt die Wurzel des Nationalismus und jedes Fundamentalismus: Sie fördern erfolgreich einen Selbstwert, der die Qualen der eigenen Unzulänglichkeit beiseite schiebt. Dann wird Identität nicht zu einer inneren Sache, sondern zu einer zur Schau getragenen Symbolik vermeintlicher Stärke, Hegemonie und Autorität.

Kierkegaard charakterisierte deshalb unser Zeitalter als ein öffentliches.[203] Er bezeichnete damit den Zusammenschluß von Individuen, die im Grunde schwach sind, weil sie keine eigene Identität haben, weshalb sie auch keinen eigenen ethischen Standpunkt einnehmen und folglich auch keine wirkliche Gemeinschaft bilden können. Menschen werden zu fiktiven aber gefährlichen und destruktiven Einheiten reduziert (und lassen sich dazu reduzieren). Das bedrohliche Resultat ist der Massenmensch des Faschismus (des rechten wie des linken und den der religiösen Fundamentalisten), der Helden und Götter für sein geschwächtes Selbst benötigt.

Bei unserer Geburt tragen wir das Menschsein in uns. Aber unsere Sozialisation bewirkt, daß sich daraus nur eine Attrappe entwickelt, die das Menschsein zwar in Sprache und Ausdruck nachahmt, das Herz des Menschen jedoch verraten muß. Für solche Menschen führt die Suche nach Identität – weil keine innere da ist – zum Vergessen, zu fiktiven Lösungen, um die Simulation einer Identität aufrecht zu erhalten. Dieser Vorgang, in dem sich Menschen durch Identifikation mit »kraftspendenden« Symbolen aufwerten, funktioniert auf allen Ebenen. Das Handeln kann für solche Menschen kein unmittelbarer Prozeß des Sich-selbst-Verwirklichens sein. Deshalb wird eine direkte Beziehung zu sich selbst unmöglich. Übrig bleibt nur eine Identität, die auf Identifikation mit denen basiert, die uns beherrschen, weil wir sie als Götter gesucht haben.

Falsche Götter kultivieren zwei Eigenheiten: Selbstmitleid und Feindbilder. Selbstmitleid spricht das latente Opfersein an und führt so zu Selbstbetrug, indem es die Illusion einer akzeptierenden Liebe weckt. Dies wiederum fördert die Identifikation mit einem Führer. Er gibt seinen Anhängern die legitimierte Möglichkeit, das zu leben, was in ihnen ist, was sie sonst jedoch nicht zugeben können – daß sie sich wie Opfer fühlen. Feindbilder geben diesem latenten Opfersein einen Halt: Durch sie läßt sich das, was in sich selbst gehaßt wird, auf einen vermeintlichen Feind projizieren.

Ein Beispiel für die akademisch legitimierte Bereitstellung neuer, aktueller Feindbilder ist die Diskussion um den sogenannten Kampf der Kulturen als Szenario für künftige Kriege. Diese Theorie wurde erstmals im Sommer 1993 von Samuel P. Huntington als ›The Clash of Civilizations‹ in der Zeitschrift »Foreign Affairs« vorgestellt.[204] Der Politikwissenschaftler schreibt: »Meine Hypothese ist, daß die fundamentale Ursache von Konflikten in dieser neuen Welt weder ideologischer noch ökonomischer Natur ist. Was die Menschheit trennt und primäre Quelle von Konflikten sein wird, ist das Kulturelle ... der Kampf der Zivilisationen wird die Kampflinie der Zukunft sein.« Künftig soll sich westliche Außenpolitik also nicht mehr an dem Feindbild »Ideologie« sondern an dem Feindbild »Kultur« orientieren. Andere Kulturen werden dabei kurzerhand zu Feinden erklärt und die westliche Welt zur Verteidigung ihrer Rationalität und Aufklärung aufgerufen. Damit wird das Feindbild selbst zu einer Ideologie, die ihre Quellen verschleiert und unzugänglich macht.

Unter dem Deckmantel eines vermeintlichen Gegensatzes zwischen Kultur und Ideologie befinden wir uns plötzlich auf der »höheren« Ebene einer sauberen, von der »Reinheit« einer Blut-und-Boden-Mythologie getragenen fundamentalen Ur-Kraft – analog zu Hitlers These einer völkischen unkorrumpierbaren germanischen Biologie. Anstelle von Hitlers genetischen Zugriff wird hier allerdings die Andersartigkeit als kulturbedingt formuliert. Beide Denkarten beschwören jedoch ein Feindbild, um Gewalt zu rationalisieren und zu rechtfertigen.

Menschen scheinen aus der Geschichte nicht zu lernen, wenn ein Mann wie Huntington die Basis zur Schaffung eines neuen Feindbildes liefern und dies als historisch wissenschaftliche Erkenntnis ausgeben kann. Wie bei allen Feindbildern geht es darum, ein Gespenst heraufzubeschwören, um andere bekämpfen zu können, denn ohne ein solches Haßobjekt können viele sich nicht als aufrechtgehend erleben.

Der Feind. »Ja, wer ist der Feind? Sicher wird er ein schreckliches Ungeheuer sein, sonst müßten wir nicht immer wieder gegen ihn zu Felde ziehen«, schrieb Henry Miller.[205] Carl Schmitt glaubte, daß das Erkennen des Feindes der erste Schritt zur Selbsterkenntnis sei.[206] Der Feind aber sei der Fremde. Ohne sich seiner eigenen Dialektik bewußt zu sein, sagt Schmitt damit, daß man nur über den Fremden zu sich selbst gelangen kann. Er erkannte dabei nicht, daß dieser Feind und die Suche nach ihm die Suche nach dem eigenen ausgestoßenen Teil ist. Der Fremde ist das Eigene, das man zu hassen lernen mußte. Es ist der eigene Teil, der entfremdet wurde, den man für immer sucht, um ihn, wenn man ihn in dem Fremden findet, zu bestrafen und zum Schweigen zu bringen, weil er uns an den abgewiesenen Teil in uns selbst erinnert (siehe auch: A. Gruen, ›Der Fremde in uns‹[207]).

Huntington verneint unsere Gemeinsamkeiten als Menschen. Wie Hitler, nur geschickter, kreiert er einen Feind, eine Kulturabstraktion, um sich nicht selbst anschauen zu müssen. Und wir folgen dieser Verlockung, weil auch wir uns nicht selbst anschauen wollen.

Es gehört zur Taktik der Administration von George W. Bush, den Amerikanern eine Gut-versus-Böse-Weltsicht zu vermitteln, die ihnen das Gefühl gibt, von Feinden umzingelt zu sein. Natürlich muß man Terror überall, wo Menschen zu seinen Opfern werden, bekämpfen – in den USA, im Irak, in Rußland, Jugoslawien, Israel, Palästina, Indonesien. Von den extremen Fundamentalisten und Chauvinisten sind hier jedoch keine Lösungen zu erwarten. Vielmehr müssen internationale Menschenrechtsinstitutionen gestärkt und global gültige humane Gesetze durchgesetzt werden.

Die wahren Probleme sind Armut und die Ausgrenzung und Demütigung großer Teile der Weltbevölkerung. Unsere politischen Führer ignorieren dies nicht nur, weil sie, wie Barbara Tuchman meint, dumm sind. Sie erkennen sehr wohl ihre eigenen Macht- und Profitinteressen, verhüllen diese jedoch, indem sie religiöse und andere Ideologien vorgeben. Darin liegt ihre Falschheit und der Betrug an unseren moralischen Werten.

Moral beginnt da, wo wir uns wissen lassen, was wir uns selbst durch unsere Lügen und Untaten antun. Wenn aber ein Staat auf allen Ebenen Heuchelei, Falschheit und Irreführung zum Prinzip seiner Existenz macht, werden diejenigen, die keine innere Moral besitzen, die ersten sein, die diese Falschheit der Autorität erkennen. Sie werden diese Situation nutzen, um die Schranken ihres nur äußerlich aufrechterhaltenen Gewissens fallen zu lassen und ungehindert ihrem Haß nachzugehen. Das Anwachsen von Kriminalität, sei es von kleinen Betrügern oder von scheinbar ehrenwerten Großindustriellen, ist deshalb ein Anzeichen der Unmoral der Führer, die sich als Götter und Helden aufführen.

Wenn sich Führer wie der amerikanische Präsident George W. Bush über die Gesetze seines Landes und die der internationalen Gemeinschaft hinwegsetzt, um seine eigene Macht zu festigen und seine Verstrickung (und die seines Kabinetts) in die kriminellen Machenschaften von Unternehmen (Beispiel: Enron) zu vertuschen,[208] dann ist es nicht verwunderlich, wenn sich in der Welt Opfer und Täter nicht mehr auseinanderhalten lassen. Falsche Götter provozieren durch ihre grausame ignorante Unverbindlichkeit, die sie als »Stärke« ausgeben, Verzweiflung und dissoziierte Gewalt.

Die Nachrichten über die Auswüchse dieser Gewalt häufen sich, und wir alle sind in höchstem Maße beunruhigt, was noch alles passieren wird. Während ich dieses Buch im Oktober 2002 überarbeitete, erschütterten die Moskauer Geiselnahme und die Todesschützen von Washington die Welt. Diese furchtbaren Ereignisse sind nur zwei erschreckende Beispiele für die Eskalation der Greueltaten, die ihre Quellen in dem zynischen und grausamen Vorgehen der nationalen Führungen haben. Die Verzweiflung, die Putin in Tschetschenien und Bush in der ganzen Welt hervorrufen,[209] verstärken diesen Terror, anstatt ihn zu bekämpfen. Der amerikanische Schriftsteller Kurt Vonnegut sagte im November 2002 in einem Interview mit der Frankfurter Rundschau über den Irak und die USA: »Wir sind ganz offenbar dabei, unseren Planeten zu töten.«[210]

Und das ist es, worum es offenbar geht: Die falschen Götter, die uns immer wieder Stärke versprechen, indem sie einen Schwächeren zum Feind machen, weil der wahre Feind ihnen Angst macht. So stürzen sie die ganz Welt ins Verderben. Freud sprach von einem Todestrieb. Diese Menschen suchen den Tod, weil sie darin Leben halluzinieren. Und sie fesseln uns an eine Logik, die keine ist, weil der Krieg gegen den Irak nicht dazu dient, den Terrorismus bin Ladens zu bekämpfen, sondern die Gefahr heraufbeschwört, die Welt mit einem nuklearen Holocaust einzuäschern (Jonathan Schell) [211]

Falsche Götter zwingen Opfer und Täter in eine Situation, die eine Unterscheidung zwischen beiden fast unmöglich macht. Eine Entwicklung, die unsere Wahrnehmung derart verzerrt, erneuert und stärkt alles, was zur Destruktivität tendiert. Sie kann niemals Voraussetzungen für eine gesunde Menschlichkeit schaffen.

Anmerkungen

[1] G. Steiner: North of the Future. In: The New Yorker, 28. August 1989.
[2] P. Celan: Die Niemandsrose. Gedichte. Fischer: Frankfurt a. M. 1965.
[3] T. Aitmatow: Ein Tag länger als ein Leben. Fischer: Frankfurt a. M. 1985.
[4] J.-P. Sartre: Réflexions sur la Question Juive. Morihien: Paris 1946.
[5] A. Gruen: Der Wahnsinn der Normalität. dtv: München 1989.
[6] M. Keller: persönliche Mitteilung, 1990.
[7] A. Gruen: Psychologic Aging as a Pre-Existing Factor in Strokes. In: Journal Nervous and Mental Disease, 134/2, Februar 1962.
[8] E. Fromm: Empirische Untersuchungen zum Gesellschaftscharakter. Gesamtausgabe, Band 3. dtv: München 1989.
[9] Q. McNemar: Psychological Statistics. Wiley: New York 1949.
[10] Die »Gaußsche Normalverteilung« ist das Ergebnis der Häufigkeit von Merkmalen, das durch das Zusammenwirken vieler Einflußfaktoren zustande kommt und grafisch eine Glockenform hat. Der Mittelwert liegt in der Mitte, die Kurve fällt nach beiden Seiten symmetrisch ab. Die erste Standardabweichung (links und rechts des Mittelwertes) beträgt 34 Prozent, die zweite 14 Prozent und die dritte 2 Prozent.
[11] A. Gruen: Der Fremde in uns. Klett-Cotta: Stuttgart 2000.
[12] H. V. Dicks: Personality Traits an National Socialist Ideology. A Wartime Study of German Prisoners of War. In: Human Relations, Band III, 1950.

[13] Fromm, siehe Anm. 8.
[14] Zitiert nach P. Deussen: Jakob Böhme. Über sein Leben und seine Philosophie. Brockhaus: Leipzig 1911.
[15] T. Aitmatow: Der Richtplatz. Unionsverlag: Zürich 1986.
[16] J. Wassermann: Christian Wahnschaffe (1919). dtv: München 1989.
[17] A. Gruen, siehe Anm. 5.
[18] A. Frefel: Rumänien, das Konzentrationslager des Ostens. In: Tages-Anzeiger, Zürich, 21. Dezember 1989.
[19] P. Niemelä: Idealized Motherhood and the Later Reality. 6th International Congress of Psychosomatic Obstetrics and Gynecology. Berlin, 2. bis 6. September 1980.
[20] S. Diamond: Kritik der Zivilisation. Campus: Frankfurt a. M. 1976.
[21] Vgl. A. Gruen: Die Familie. Wegbereiter oder Verhinderer der Autonomie. Internationales Sozialpädagogisches Symposium, SOS-Kinderdorf Innsbruck, 12. bis 14. Oktober 1989.
[22] J. Liedloff: Auf der Suche nach dem verlorenen Glück. Beck: München 1980. – E. B. Leacock: Myths of Male Dominance. Monthly Review Press: New York 1981.
[23] A. Gruen: Der Verrat am Selbst. Die Angst vor Autonomie bei Mann und Frau. dtv: München 1986.
[24] A. Gruen: Der frühe Abschied. Eine Deutung des Plötzlichen Kindstodes. Kösel: München 1988. – A. Gruen: Ein früher Abschied. Objektbeziehungen und psychosomatische Hintergründe beim Plötzlichen Kindstod. Vandenhoeck & Ruprecht: Göttingen 1999. – A. Gruen und J. Prekop: Das Festhalten und die Problematik der Bindung im Autismus. In: Praxis der Kinderpsychologie und Kinderpsychiatrie, 35/7, 1986.
[25] A. Gruen und J. Prekop siehe Anm. 24.
[26] H. Miller: Vom großen Aufstand. Arche: Zürich 1964.
[27] Zitiert nach B. und A. Gelb: O'Neill. Deka: New York 1964.
[28] Vergleiche über den Besitz der Realität in: M. Siirala: From Transfer to Transference. Therapeia Foundation: Helsinki 1983.

[29] N. Ascherson: The ›Bildung‹ of Barbie. In: The New York Review of Books, 24. November 1983. Siehe auch A. Gruen, Anm. 5.

[30] H. S. Sullivan: The Interpersonal Theory of Psychiatry. Norton: New York 1953.

[31] T. Blixen: Das träumende Kind. In: T. Blixen: Wintergeschichten. DVA: Stuttgart 1985.

[32] W. Scherf: Kinderspiele als Provokation des Grausigen. In: Mythen, Märchen und moderne Zeiten. Herausgegeben von A. C. Baumgärtner und K. E. Maier. Deutsche Akademie für Kinder- und Jugendliteratur: Würzburg 1987.

[33] C. Edvardson: Gebranntes Kind sucht das Feuer. dtv: München 1989.

[34] E. Werner: Individual Differences, Universal Needs. A 30-Year Study of Resilient High Risk Infants. Zero to Three, National Center for Clinical Infant Programs, Washington, D. C., VIII, 4. April 1988. – A. J. Hostetler: Why Baby Cries. Data May Hush Sceptics. In: Monitor, Juli 1988.

[35] Dunst, Cushing und Vance (1985). In: G. G. Williamson (siehe Anm. 36).

[36] G. G. Williamson: Motor Control as a Resource for Adaptive Coping. Zero to Three, National Center for Clinical Infant Programs, Washington, D. C., IX, 1. September 1988.

[37] Dazu ausführlich A. Gruen siehe Anm. 23.

[38] R. D. Laing: Das geteilte Selbst. Eine existentielle Studie über geistige Gesundheit und Wahnsinn. dtv: München 1987.

[39] Zitiert nach C. Magris: Donau. Biographie eines Flusses. dtv: München 1991, S. 132.

[40] Vgl. die 1892 erstmals erschienene Erzählung von C. P. Gilman: Die gelbe Tapete. Frauenoffensive: Berlin 1978.

[41] R. Norwood: Wenn Frauen zu sehr lieben. Rowohlt: Reinbek 1986.

[42] H. Moravec: Mind Children. Der Wettlauf zwischen menschlicher und künstlicher Intelligenz. Hoffmann und Campe: Hamburg 1990, S. 154,

[43] N. Cohen: Das Ringen um das Tausendjährige Reich. Revolu-

tionärer Messianismus im Mittelalter und sein Fortleben in den modernen totalitären Bewegungen. Franke: Bern 1961. Zitiert nach der überarbeiteten englischen Neuausgabe: The Pursuit of the Millennium. Oxford University Press: Oxford 1970.

[44] J. Bushnell: Mutiny Amid Repression. Indiana University Press: Bloomington 1985.

[45] A. Gruen siehe Anm. 5.

[46] Zitiert nach F. Müller: Schwarz – Rot – Gold. In: Tages-Anzeiger, Zürich, 18. Januar 1990.

[47] W. V. Silverberg: The Schizoid Maneuver. In: Psychiatry, 10/383, 1947.

[48] R. M. Rilke: Die Weise von Liebe und Tod des Cornets Christoph Rilke. Suhrkamp: Frankfurt a. M. 1996.

[49] A. Gruen siehe Anm. 23.

[50] A. Gruen siehe Anm. 23.

[51] A. Gruen siehe Anm. 5.

[52] E. Rosenstock-Huessy: Die Sprache des Menschengeschlechts. Lambert-Schneider: Heidelberg 1964.

[53] A. Hacker: Affirmative Action. The New Look. In: The New York Review of Books, 12. Oktober 1989.

[54] Increasing High School Completion Rates. New York State Department of Education Report, 1987.

[55] J. Fallows: Wake Up, America! In: The New York Review of Books, 1. März 1990.

[56] M. Danner: A Reporter at Large. Beyond the Mountains III. In: The New Yorker, 11. Dezember 1989.

[57] P. Campeanu: The Revolt of the Romanians. In: The New York Review of Books, 1. Februar 1990.

[58] E. Radzinskij: Mein Freund Josif Wissarionowitsch. In: Süddeutsche Zeitung, 22./23. Juli 1989.

[59] The Talk of the Town. In: The New Yorker, l. Januar 1990.

[60] R. J. Barnet: Reflections. After the Cold War. In: The New Yorker, 1. Januar 1990.

[61] A. L. Bucharina: Nun bin ich schon weit über zwanzig. Steidl: Göttingen 1989.

[62] O. Mandelstam: Mitternacht in Moskau. Ammann: Zürich 1986.
[63] N. Mandelstam: Hope abandoned. Atheneum: New York 1974.
[64] N. Mandelstam: Hope against Hope. A Memoir. Atheneum: New York 1970.
[65] C. Tophinke: Das Prinzip Langeweile. In: Tages-Anzeiger Magazin, Zürich, 7. Oktober 1989.
[66] V. Havel: Neujahrsansprache 1990. In: The New Yorker, Januar 1990.
[67] In einer Rundfunksendung von L. v. Gienanth: Beziehung zum Frieden. Bayerischer Rundfunk, 4. Oktober 1989.
[68] B. Myerhoff: Number our Days. Simon & Schuster: New York 1978. Hervorhebung von mir.
[69] Siirala, siehe Anm. 28.
[70] E. Eng: Creative Patient/Patient Therapist. In: The Psychotherapy Patient, 4/1, 1987. – The Creative Patient. Hrsg. von E. M. Stern. – E. Eng: Love that is not all Pain is not all Love. IX International Symposium on the Psychotherapy of Schizophrenia, Turin, 14. bis 17. September 1988.
[71] Bericht des Schweizer Fernsehens am 8. Februar 1990: Warum verschwindest du nicht?
[72] E. Eng, siehe Anm. 70.
[73] F. Donner: Shabono. Eine Frau in der magischen Welt der Iticoteri. Zsolnay: Wien 1983.
[74] E. Eng, siehe Anm. 70.
[75] A. Porchia: Voices. Knopf: New York 1988.
[76] R. Eckstein und R. L. Motto: From Learning for Love to Love of Learning. Brunner-Mazel: New York 1969.
[77] Leacock siehe Anm. 22.
[78] Zitiert bei Leacock, siehe Anm. 22.
[79] A. Kardiner: My Analysis with Freud. Norton: New York 1977.
[80] A. Gruen: The Discontinuity in the Ontogeny of Self. Possibilities for Integration or Destructiveness. In: Psychoanalytic Review, 61/4, 1974/5.

[81] G. Bychowski: Aktivität und Realität. In: Internationale Zeitschrift für Psychoanalyse, 29, 1933.

[82] C. G. Jung: Erinnerungen, Träume, Gedanken. Walter: Olten 1985.

[83] V. E. Pilgrim: Muttersöhne. Claassen: Düsseldorf 1986. Vgl. auch A. Gruen, Anm. 5.

[84] E. O'Neill: Alle Reichtümer der Welt. Fischer: Frankfurt a. M. 1965.

[85] H. Cleckley: The Mask of Sanity. Mosby: St. Louis 1964.

[86] A. France: Die Insel der Pinguine. Musarion: München 1919.

[87] P. Levi: Ist das ein Mensch? Ein autobiographischer Bericht. dtv: München 1992.

[88] Zitiert nach R. A. Caro: Annals of Politics. The Johnson Years. A Congressman goes to War. In: The New Yorker, 6. November 1989.

[89] R. A. Caro: Annals of Politics. The Johnson Years. Buying and Selling. In: The New Yorker, 18. Dezember 1989.

[90] Ebenda.

[91] Ebenda.

[92] Ebenda.

[93] R. A. Caro: Annals of Politics. The Johnson Years. The Old and the New I. In: The New Yorker, 15. Januar 1990.

[94] Ebenda, 29. Januar 1990.

[95] Caro, siehe Anm. 88.

[96] R. A. Caro: Annals of Politics. The Johnson Years. The Old and the New IV. In: The New Yorker, 5. Februar 1990.

[97] Ebenda.

[98] R. N. Goodwin: President Lyndon Johnson. The War within. In: New York Times Magazine, 21. August 1988.

[99] R. Steel: The Ancient Mariner. In: The New York Review of Books, 30. Mai 1985.

[100] Goodwin, siehe Anm. 98.

[101] Caro, siehe Anm. 88.

[102] Zitiert bei M. Siirala: The Voice of Illness. Meilen: New York 1964, S. 145.

[103] A. Whitehead: Science and the Modern World. MacMillan: New York 1925.

[104] Zu Descartes vgl. M. Siirala, Anm. 88, S. 171. – E. Rosenstock-Huessy: Out of Revolution. Autobiography of Western Man. Argo: Norwich 1969 (Kapitel ›Farewell to Descartes‹ und ›The Survival Value of Humour‹).

[105] E. G. Schachtel: Metamorphosis. On the Development of Affect, Perception, Attention and Memory. Basic Books: New York 1959, S. 171.

[106] E. F. Keller: A Feeling for the Organism. Freeman: New York 1983.

[107] E. F. Keller: Liebe, Macht und Erkenntnis. Männliche oder weibliche Wissenschaft? Hanser: München 1986.

[108] E. F. Keller: From Secrets of Life to Secrets of Death. In: Body Politics. Herausgegeben von M. Jacobus, E. F. Keller u. a. Routledge: London 1990.

[109] C. W. Mills: The Sociological Imagination. Oxford University Press: New York 1959.

[110] E. Fromm: Politics and Psychoanalysis. In: Voices of Dissent. Grove: New York 1955.

[111] M. Siirala: Psychotherapy of Schizophrenia as a Basic Human Experience, as a Ferment for a Metamorphosis in the Conception of Knowledge and the Image of Man. In: Psychotherapy of Schizophrenia. Herausgegeben von D. Rubinstein und Y. O. Alanen. Excerpta Medica: Amsterdam 1972.

[112] M. Harrington: The New Lost Generation. Jobless Youth. In: New York Times Magazine, 24. Mai 1964.

[113] L. Roberts: Vietnam's Psychological Toll. In: Science, 241, 8. Juli 1988. H. Hendin, A. P. Haas: Wounds of War. Basic Books: New York 1984.

[114] Fromm, siehe Anm. 110.

[115] Gruen, siehe Anm. 24.

[116] M. Ribble: The Rights of Infants. Columbia University Press: New York 1943.

[117] P. Roth: A Conversation in Prague. In: The New York Review of Books, 12. April 1990.
[118] Gruen, siehe Anm. 23, S. 117 ff.
[119] Roth, siehe Anm. 117.
[120] E. Canetti: Das Gewissen der Worte. Fischer: Frankfurt a. M. 1981.
[121] J. Collier: Indians of the Americas. Mentor: New York 1948.
[122] J. Berger: Keeping a Rendezvous. In: The Nation, 7. Mai 1990 (zitiert den Historiker Immanuel Wallerstem). – J. E. Stieglitz, Globalization and its Discontents. Norton: New York 2002.
[123] B. Baumann: Wie alles anfing. Trikont: München 1975.
[124] J. Raban: Gott, der Mensch & Mrs. Thatcher. Steidl: Göttingen 1990.
[125] Zitiert nach Raban, ebenda.
[126] Ebenda.
[127] Beide Zitate bei J. Newhouse: Profiles. The Gamefish. In: The New Yorker, 10. Februar 1986.
[128] Raban, siehe Anm. 124.
[129] Zitiert nach Raban, siehe Anm. 124.
[130] Ebenda.
[131] Ebenda.
[132] G. Breitling: Wachstum für alle. Unpubliziert (Genf 1989).
[133] Ebenda.
[134] Zitiert nach J. Berger, siehe Anm. 122.
[135] D. Mattera: Sophiatown. Coming of Age in South Africa. Beacon: Boston 1989.
[136] R. Sampson: Von der Staatsraison zur Raison des Herzens. Symposion Macht und Frieden, Monte Verità, Tessin, September 1989.
[137] B. McKibben: Reflections. The End of Nature. In: The New Yorker, 11. September 1989.
[138] Ebenda.
[139] Ebenda.
[140] Ebenda.
[141] M. Ullman und A. Gruen: Behavioral Changes in Patients

with Strokes. In: American Journal of Psychiatry, 117/11, Mai 1961.
[142] Wenn Boiler zu Bomben werden. In: Tages-Anzeiger, Zürich, 12. Mai 1990.
[143] Miller, siehe Anm. 26.
[144] R. R. Palmer: Twelve who Ruled. Princeton University Press: Princeton 1941.
[145] S. Maiello, persönliche Mitteilung im Februar 1990.
[146] E. Aronson und S. Rosenbloom: Space Perception in Early Infancy. Perception within a Common Auditory-Visual Space. In: Science, 172, 1971.
[147] Zitiert nach M. Baringa: Where Have all the Froggies Gone? In: Science, 247, 2. März 1990.
[148] Talk of the Town. In: The New Yorker, 9. April 1990.
[149] V. Havel in einer Ansprache vor dem Kongreß der Vereinigten Staaten im Februar 1990
[150] H. Thomas: As it was. Harper: New York 1926.
[151] H. v. Kleist: Michael Kohlhaas. dtv : München 1997.
[152] Miller, siehe Anm. 26.
[153] E. Hobsbawm: The Perils of the New Nationalism. In: The Nation, 4. November 1991.
[154] A. Gruen, siehe Anm. 23 – A. Gruen, siehe Anm. 24 – Gruen: Ein früher Abschied, 1999). – M. Nienstedt und A. Westermann: Pflegekinder. Psychologische Beiträge zur Sozialisation von Kindern in Ersatzfamilien. Votum: Münster 1990. – Laing, siehe Anm. 38.
[155] A. Freud: Das Ich und die Abwehrmechanismen. In: Die Schriften der Anna Freud. Band l. Fischer: Frankfurt a. M. 1987.
[156] S. Ferenczi: Sprachverwirrung zwischen den Erwachsenen und dem Kind. In: Ders.: Bausteine zur Psychoanalyse. Band 3. Ullstein: Berlin 1984, S. 518 f.
[157] A. Gruen: Haß, Fremdenhaß und Rechtsextremismus. In: Neue Zürcher Zeitung, 30. November/ 1. Dezember 1991.
[158] The Coup Next Time. In: Mother Jones, November/Dezember 1991.

[159] M. Nienstedt/A. Westermann, siehe Anm. 154.
[160] Mißhandelte Frauen. Zwischen Aufstand und Erniedrigung. In: AI-Magazin, 3. März 1992.– In den USA täglich fast 1900 Vergewaltigungen. In: Neue Zürcher Zeitung, 25./26. April 1992.
[161] Press Release des FBI National Press Office vom 28. Oktober 2002.
[162] O. Sprengler: Der Untergang des Abendlandes. Band 2. C. H. Beck: München 1922, S. 392. – E. Gibbon: The Decline and Fall of the Roman Empire. Dell: New York 1963.
[163] A. Roy: Wut ist der Schlüssel. In: Frankfurter Allgemeine Zeitung, 28. September 2001.
[164] Carleb Carr: Die Täuschung. Wilhelm Heyne Verlag: München 2001.
[165] T. Powers: The Trouble with the CIA. In: The New York Review of Books, 17. Januar 2002.
[166] A. Gruen: Der Kampf um die Demokratie. Der Extremismus, die Gewalt und der Terror. Klett-Cotta: Stuttgart 2002.
[167] R. V. Sampson: The Psychology of Power. Pantheon: New York 1966.
[168] D. W. Winnicott: Some Thoughts on the Meaning of the World Democracy. In: Human Relations, Band III, 1950.
[169] M. AlMunajjed: Women in Saudi Arabia Today. St. Martin's Press: New York 1997.
[170] H. Ibsen: Peer Gynt. Ein dramatisches Gedicht. Reclam: Stuttgart, 1982. Siehe auch Anm. 5.
[171] O'Neill, siehe Anm. 84.
[172] L. DeMause: The Emotional Life of Nations. Karnac: New York 2002.
[173] J. E. Smith: George Bush's War. Henry Holt: New York 1996, S. 68.
[174] Persönliche Mitteilung L. DeMause im Oktober 2002.
[175] Cleckley, siehe Anm. 85.
[176] Wassermann, siehe Anm. 16.
[177] Angst vor Selbstmordattentätern. In: Neue Zürcher Zeitung, 3. Oktober 2002.

[178] O. Pamuk: The Anger of the Damned. In: The New York Review of Books, 15. November 2001.

[179] B. Kerrey: When I was a Young Man. A Memoir. Harcourt: New York 2002.

[180] P. Freire: Pädagogik der Unterdrückten. Kreuz: Stuttgart 1971.

[181] B. Tuchman: Die Torheit der Regierenden. Von Troja bis Vietnam. Fischer: Frankfurt a. M. 1986.

[182] Gruen, siehe Anm. 5.

[183] T. Judt: Its Own Worst Enemy. In: The New York Review of Books, 15. August 2002.

[184] Open Letter to Congress. In: The Nation, 14. Oktober 2002.

[185] Enron: Crony Capitalism. In: The Nation, 4. Februar 2002.

[186] H. V. Dicks, siehe Anm. 12. – G. Hofmann: Starke Hand gesucht. Eine Studie der Friedrich-Ebert-Stiftung. In: Die Zeit, 20. Dezember 2000. – Fromm, siehe Anm. 8. – S. Milgram: Das Milgram-Experiment. Zur Gehorsamkeitsbereitschaft gegenüber Autorität. Rowohlt: Reinbek 1974.

[187] J. Böhme, siehe Anm. 14 (Deussen: Jakob Böhme, 1911).

[188] Milgram, siehe Anm. 186.

[189] Hofmann, siehe Anm. 186.

[190] Hofmann, siehe Anm. 186.

[191] Folgt nicht Amerika. Ein Interview mit R. Sennett. In: Der Spiegel, 14. Oktober 2002.

[192] C. R. Browning: Ganz normale Männer. Das Reserve-Polizeibataillon 101 und die »Endlösung« in Polen. Rowohlt: Reinbek 1996.

[193] Interview mit Osama bin Laden im Fernsehsender al-Jazeera, Dezember 1998. Zitiert in: The New York Review of Books, 15. November 2001.

[194] Zitiert von Fox Butterfield. In: New York Times, 27. Juli 1998.

[195] E. Steers Jr.: Blood on the Moon. The Assassination of Abraham Lincoln. (Besprechung von B. Wyatt-Brown: Anatomy of a Murder. University Press of Kentucky, 2002.) In: The New York Review of Books, 22. Oktober 2002.

[196] C. Beil: Wehrmachtsoldaten als Opfer nationalsozialistischer

»Euthanasie«-Morde. In: Neue Zürcher Zeitung, 28./29. September 2002.
[197] Siehe Anm. 191.
[198] M. Kundera: Das Buch vom Lachen und Vergessen. Suhrkamp: Frankfurt a. M. 1982.
[199] A. Gruen: Erinnerung, Symbolik und Identität. In: Bauten und Orte als Träger der Erinnerung. Hrsg. v. Hans-Rudolf Meier, Marion Wohlleben. Hochschulverlag an der ETH Zürich 2000.
[200] T. Des Pres: The Survivor. An Anatomy of Life in the Death Camps. Oxford: New York 1980.
[201] F. Bartlett: Remembering. A Study in Experimental and Social Psychology. Cambridge University Press: Cambridge 1950.
[202] B. Balàzs: Der Film. Werden und Wesen einer neuen Kunst. Zsolnay: Wien 1961.
[203] S. Kierkegaard: Die Krankheit zum Tode, Hamburg 1995.
[204] S. Huntington: The Clash of Civilizations. In: Foreign Affairs, Sommer 1993.
[205] Miller, siehe Anm. 152.
[206] H. Meier: Die Lehre Carl Schmitts. Vier Kapitel zur Unterscheidung Politischer Theologie und Politischer Philosophie. Metzler: Stuttgart 1994.
[207] A. Gruen, siehe Anm. 11.
[208] A. Lewis: Bush and the Iraq. In: The New York Review of Books, 7. November 2002.
[209] J. le Carré: Der Kampf ist verzweifelt geworden. In: Neue Zürcher Zeitung am Sonntag, 27. Oktober 2002.
[210] Bush will alle ausrotten. Ein Interview mit Kurt Vonnegut. In: Frankfurter Rundschau, 2. November 2002.
[211] Jonathan Schell, The Case against War, The Nation, 3. März 2003.

Literaturverzeichnis

Aitmatow, T.: Ein Tag länger als ein Leben. Fischer: Frankfurt a. M. 1985.

Aitmatow, T.: Der Richtplatz. Unionsverlag: Zürich 1986.

AlMunajjed, M.: Women in Saudi Arabia Today. St. Martin's Press: New York 1997.

Angst vor Selbstmordattentätern. In: Neue Zürcher Zeitung, 3. Oktober 2002.

Aronson, E. und S. Rosenbloom: Space Perception in Early Infancy. Perception within a Common Auditory-Visual Space. In: Science, 172, 1971.

Ascherson, N.: The ›Bildung‹ of Barbie. In: The New York Review of Books, 24. November 1983.

Balàzs, B.: Der Film. Werden und Wesen einer neuen Kunst. Zsolnay: Wien 1961.

Baringa, M.: Where Have all the Froggies Gone? In: Science, 247, 2. März 1990.

Barnet, R. J.: Reflections. After the Cold War. In: The New Yorker, 1. Januar 1990.

Bartlett, F.: Remembering. A Study in Experimental an Social Psychology. Cambridge University Press: Cambridge 1950.

Baumann, B.: Wie alles anfing. Trikont: München 1975.

Beil, C.: Wehrmachtssoldaten als Opfer nationalsozialistischer »Euthanasie«-Morde. In: Neue Zürcher Zeitung, 28./29. September 2002.

Berger, J.: Keeping a Rendezvous. In: The Nation, 7. Mai 1990.

Blixen, T.: Wintergeschichten. DVA: Stuttgart 1985.

Breitling, G.: Wachstum für alle. (Unpubliziert, Genf 1989).

Browning, C. R.: Ganz normale Männer. Das Reserve-Bataillon 101 und die »Endlösung« in Polen. Rowohlt: Reinbek 1996.

Bucharina, A. L.: Nun bin ich schon weit über zwanzig. Erinnerungen. Steidl: Göttingen 1989.

Bushnell, J.: Mutiny Amid Repression. Indiana University Press: Bloomington 1985.

Bychowski, G.: Aktivität und Realität. In: Internationale Zeitschrift für Psychoanalyse, 29, 1933.

Campeanu, P.: The Revolt of the Roumanians. In: The New York Review of Books, 1. Februar 1990.

Canetti, E.: Das Gewissen der Worte. Fischer: Frankfurt a. M. 1981.

Caro, R. A.: Annals of Politics. The Johnson Years. In: The New Yorker, 6. November 1989, 18. Dezember 1989, 15. Januar 1990, 29. Januar 1990, 5. Februar 1990.

Carleb Carr: Die Täuschung. Wilhelm Heyne Verlag: München 2001.

Celan, P.: Die Niemandsrose. Gedichte. Fischer: Frankfurt a. M. 1965.

Cleckley, H.: The Mask of Sanity. Mosby: St. Louis 1964.

Cohen, N.: Das Ringen um das Tausendjährige Reich. Revolutionärer Messianismus im Mittelalter und sein Fortleben in den modernen totalitären Bewegungen. Franke: Bern 1961.

Collier, J.: Indians of the Americas. Mentor: New York 1948.

Danner, M.: A Reporter at Large. Beyond the Mountains II. In: The New Yorker, 11. Dezember 1989.

DeMause, L.: The Emotional Life of Nations. Karnac: New York 2002.

DesPres, T.: The Survivor. An Anatomy of Life in the Death Camps. Oxford: New York 1980.

Deussen, P.: Jakob Böhme. Über sein Leben und seine Philosophie. Brockhaus: Leipzig 1911.

Diamond, S.: Kritik der Zivilisation. Campus: Frankfurt a. M. 1976.

Diamond, S.: Gespräch mit Hans-Jürgen Heinrichs. Das Fremde verstehen. Psychosozial: Gießen, 1997.

Dicks, H. V.: Personality Traits and National Socialist Ideology.

A Wartime Study of German Prisoners of War. In: Human Relations, Band III, 1950.

Donner, F.: Shabono. Eine Frau in der magischen Welt der Iticoteri. Zsolnay: Wien 1983.

Eckstein, R. und R. L. Motto: From Learning for Love to Love of Learning. Brunner-Mazel: New York 1969.

Edvardson, C.: Gebranntes Kind sucht das Feuer. dtv: München 1989.

Eng, E.: Creative Patient/Patient Therapist. In: The Psychotherapy Patient, 4/1, 1987.

Enron: Crony Capitalism. In: The Nation, 4. Februar 2002.

Fallows, J.: Wake Up, America! In: The New York Review of Books, 1. März 1990.

FBI Press Release, 28. Oktober 2002: US-Kriminalstatistik 2001.

Ferenczi, S.: Sprachverwirrungen zwischen den Erwachsenen und dem Kind. In: Ders.: Bausteine zur Psychoanalyse. Band 3. Ullstein: Berlin 1984.

Folgt nicht Amerika. Ein Interview mit R. Sennett. In: Der Spiegel, 14. Oktober 2002.

France, A.: Die Insel der Pinguine. Musarion: München 1919.

Frefel, A.: Rumänien, das Konzentrationslager des Ostens. In: Tages-Anzeiger, Zürich, 21. Dezember 1989.

Freire, P.: Pädagogik der Unterdrückten. Kreuz: Stuttgart 1971.

Freud, A.: Das Ich und die Abwehrmechanismen. In: Die Schriften der Anna Freud. Band 1. Fischer: Frankfurt a. M. 1987.

Fromm, E.: Politics and Psychoanalysis. In: Voices of Dissent. Grove: New York 1955; Übers. Arno Gruen (Unter dem Titel ›Die Auswirkungen eines triebtheoretischen Radikalismus auf den Menschen‹ auch in: E. Fromm: Gesamtausgabe. Band 8. dtv: München 1989).

Fromm, E.: Empirische Untersuchungen zum Gesellschaftscharakter. Gesamtausgabe. Band 3. dtv: München 1989.

Gelb, B. und A.: O'Neill. Delta: New York 1964.

Gibbon, E.: The Decline and Fall of the Roman Empire. Dell: New York 1963.

Gilman, C. P.: Die gelbe Tapete. Frauenoffensive: Berlin 1978.

Goodwin, R. N.: President Lyndon Johnson. The War within. In: New York Times Magazine, 21. August 1988.

Gruen, A.: Psychologic Aging as a Pre-Existing Factor in Strokes. In: Journal Nervous and Mental Disease, 134/2, Februar 1962.

Gruen, A.: The Discontinuity in the Ontogeny of Self. Possibilities for Integration or Destructiveness. In: Psychoanalytic Review, 61/4, 1974/5.

Gruen, A.: Der Verrat am Selbst. Die Angst vor Autonomie bei Mann und Frau. dtv: München 1986.

Gruen, A. und J. Prekop: Das Festhalten und die Problematik der Bindung im Autismus. In: Praxis der Kinderpsychologie und Kinderpsychiatrie, 35/7, 1986.

Gruen, A.: Der Wahnsinn der Normalität. Realismus als Krankheit: eine grundlegende Theorie zur menschlichen Destruktivität. Kösel: München 1987 (dtv: München 1989).

Gruen, A.: Der frühe Abschied. Eine Deutung des Plötzlichen Kindstodes. Kösel: München 1988.

Gruen, A.: Ein früher Abschied. Objektbeziehungen und psychosomatische Hintergründe beim Plötzlichen Kindstod. Vandenhoeck & Ruprecht: Göttingen 1999.

Gruen, A.: Die Familie. Wegbereiter oder Verhinderer der Autonomie. Internationales Sozialpädagogisches Symposium, SOS Kinderdorf Innsbruck, 12. bis 14. Oktober 1989.

Gruen, A.: Fremdenhaß und Rechtsextremismus. In: Neue Zürcher Zeitung, 30. November/1. Dezember 1991.

Gruen, A.: Der Verlust des Mitgefühls. dtv: München 1997.

Gruen, A.: Erinnerung, Symbolik und Identität. In: Bauten und Orte als Träger von Erinnerung. Hrsg. v. Hans-Rudolf Meier, Marion Wohlleben. Hochschulverlag an der ETH Zürich 2000.

Gruen, A.: Der Fremde in uns. Klett-Cotta: Stuttgart 2000.

Gruen, A.: Der Kampf um die Demokratie. Der Extremismus, die Gewalt und der Terror. Klett-Cotta: Stuttgart 2002.

Hacker, A.: Affirmative Action. The New Look. In: The New York Review of Books, 12. Oktober 1989.

Harrington, M.: The New Lost Generation. Jobless Youth. In: New York Times Magazine, 24. Mai 1964.

Hendin, H., Haas, A. P.: Wounds of War. Basic Books; New York 1984.

Hobsbawm, E.: The Perils of the New Nationalism. In: The Nation, 4. November 1991.

Hofmann, G.: Starke Hand gesucht. Eine Studie der Friedrich Ebert Stiftung. In: Die Zeit, 20. Dezember 2002.

Hostetler, A. J.: Why Baby cries. Data May Hush Sceptics. In: Monitor, Juli 1988.

Huntington, S.: The Clash of Civilizations. In: Foreign Affairs, Sommer 1993.

Ibsen, H.: Peer Gynt. Ein dramatisches Gedicht. Reclam: Stuttgart 1982.

Increasing High School Completion Rates. New York State Department of Education Report, 1987.

Interview mit Osama bin Laden im Fernsehsender al-Jazeera, Dezember 1998. Zitiert in: The New York Review of Books, 15. November 2001.

Interview mit Kurt Vonnegut: Bush will alle ausrotten. In: Frankfurter Rundschau, 2. November 2002.

Judt, T.: Its Own Worst Enemy. In: The New York Review of Books, 15. August 2002.

Jung, G. G.: Erinnerungen, Träume, Gedanken. Walter: Olten 1985.

Kardiner, A.: My Analysis with Freud. Norton: New York 1977.

Keller, E. F.: A Feeling for the Organism. Freeman: New York 1983.

Keller, E. F.: Liebe, Macht und Erkenntnis. Männliche oder weibliche Wissenschaft? – Hanser: München 1986.

Keller, E. F.: From Secrets of Life to Secrets of Death. In: Body Politics. Women and the Discourse of Science. Herausgegeben von M. Jacobus, E. F. Keller u. a. Routledge: London 1990 .

Kerrey, B.: When I was a Young Man. A Memoir. Harcourt: New York 2002.

Kierkegaard, S.: The Sickness unto Death. Doubleday: New York 1954.

Kleist, H. v.: Michael Kohlhaas. dtv: München 1997.

Kundera, M.: Das Buch vom Lachen und Vergessen. Suhrkamp: Frankfurt a. M. 1982.

Laing, R. D.: Das geteilte Selbst. Eine existentielle Studie über geistige Gesundheit und Wahnsinn. dtv: München 1987.

Leacock, E. B.: Myths of Male Dominance. Monthly Review Press: New York 1981.

Le Carré, J.: Der Kampf ist verzweifelt geworden. In: Neue Zürcher Zeitung am Sonntag, 27. Oktober 2002. .

Levi, P.: Ist das ein Mensch? Ein autobiographischer Bericht. dtv: München 1992.

Lewis, A.: Bush and Iraq. In: The New York Review of Books, 7. November 2002.

Liedloff, J.: Auf der Suche nach dem verlorenen Glück. Beck: München 1980 .

Magris, C.: Donau. Biographie eines Flusses. dtv: München 1991.

Mandelstam, N.: Hope against Hope. A Memoir. Atheneum: New York 1970 .

Mandelstam, N.: Hope abandoned. Atheneum: New York 1974.

Mandelstam, O.: Mitternacht in Moskau. Ammann: Zürich 1986.

Mattera, D.: Sophiatown. Coming of Age in South Africa. Beacon: Boston 1989 .

McKibben, B.: Reflections. The End of Nature. In: The New Yorker, 11. September 1989.

McNemar, Q.: Psychological Statistics. Wiley: New York 1949.

Meier, H.: Die Lehre Carl Schmitts. Vier Kapitel zur Unterscheidung Politischer Theologie und Politischer Philosophie. Metzler: Stuttgart 1994.

Milgram, S.: Das Milgram-Experiment. Zur Gehorsamskeitsbereitschaft gegenüber Autorität. Rowohlt: Reinbek 1974.

Miller, H.: Vom großen Aufstand. Arche: Zürich 1964.

Mills, C. W.: The Sociological Imagination. Oxford University Press: New York 1959.

Moravec, H.: Mind Children. Der Wettlauf zwischen menschlicher und künstlicher Intelligenz. Hoffmann und Campe: Hamburg 1990.

Müller, F.: Schwarz – Rot – Gold. In: Tages-Anzeiger, Zürich, 18. Januar 1990.

Myerhoff, B.: Number our Days. Simon & Schuster: New York 1978.

Newhouse, J.: Profiles. The Gamefish. In: The New Yorker, 10. Februar 1986.

Niemelä, P.: Idealized Motherhood and the Later Reality. 6th International Congress of Psychosomatic Obstetrics and Gynecology. Berlin, 2. bis 6. September 1980.

Nienstedt, M. und Westermann, A.: Pflegekinder. Psychologische Beiträge zur Sozialisation von Kindern in Ersatzfamilien. Votum: Münster 1990.

Norwood, R.: Wenn Frauen zu sehr lieben. Rowohlt: Reinbek 1986.

O'Neill, E.: Alle Reichtümer der Welt. Fischer: Frankfurt a. M. 1965.

Open Letter to Congress. In: The Nation, 14. Oktober 2002.

Palmer, R. R.: Twelve who Ruled. Princeton University Press: Princeton 1941.

Pamuk, O.: The Anger of the Damned. In: The New York Review of Books. 15. November 2001.

Pilgrim, V. E.: Muttersöhne. Claassen: Düsseldorf 1986.

Porchia, A.: Voices. Knopf: New York 1988.

Powers, T.: The Trouble with the CIA. In: The New York Review of Books, 17. Januar 2002.

Raban, J.: Gott, der Mensch & Mrs. Thatcher. Steidl: Göttingen 1990.

Radzinskij, E.: Mein Freund Josif Wissarionowitsch. In: Süddeutsche Zeitung, 22./23. Juli 1989.

Ribble, M.: The Rights of Infants. Columbia University Press: New York 1943.

Rilke, R. M.: Die Weise von Liebe und Tod des Cornets Christoph Rilke. Suhrkamp: Frankfurt a. M. 1996.

Roberts, L.: Vietnam's Psychological Toll. In: Science, 241, 8. Juli 1988.

Rosenstock-Huessy, E.: Die Sprache des Menschengeschlechts. Lambert-Schneider: Heidelberg 1964.

Rosenstock-Huessy, E.: Out of Revolution. Autobiography of Western Man. Argo: Norwich 1969.

Roth, P.: A Conversation in Prague. In: The New York Review of Books, 12. April 1990.

Roy, A.: Wut ist der Schlüssel. In: Frankfurter Allgemeine Zeitung, 28. September 2001.

Sampson, R.: Von der Staatsraison zur Raison des Herzens. Symposion Macht und Frieden, Monte Verità, Tessin, September 1989.

Sampson, R.: The Psychology of Power. Pantheon: New York 1966.

Sartre, J.-P.: Réflexions sur la question juive. Morihien: Paris 1946.

Schachtel, E. G.: Metamorphosis. On the Development of Affect, Perception, Attention and Memory. Basic Books: New York 1959.

Schell, Jonathan: The Case against War, The Nation, 3. März 2003.

Scherf, W.: Kinderspiele als Provokation des Grausigen. In: Mythen, Märchen und moderne Zeit. Herausgegeben von A. C. Baumgärtner und K. E. Maier. Deutsche Akademie für Kinder- und Jugendliteratur: Würzburg 1987.

Siirala, M.: The Voice of Illness. Meilen: New York 1964.

Siirala, M.: Psychotherapy of Schizophrenia as a Basic Human Experience. In: Psychotherapy of Schizophrenia. Herausgegeben von D. Rubinstein und Y. A. Alanen. Excerpta Medica: Amsterdam 1972.

Siirala, M.: From Transfer to Transference. Therapeia Foundation: Helsinki 1983.

Silverberg, W. V.: The Schizoid Maneuver. In: Psychiatry, 10/383, 1947.

Smith, J. E.: George Bush's War. Henry Holt: New York 1966.

Spengler, O.: Der Untergang des Abendlandes, 2. Band. C. H. Beck: München 1922.

Steel, R.: The Ancient Mariner. In: The New York Review of Books, 30. Mai 1985.

Steers, E. jr.: Blood on the Moon. The Assassination of Abraham

Lincoln. In: The New York Review of Books, 22. Oktober 2002.

Steiner, G.: North of the Future. In: The New Yorker, 28. August 1989.

Stieglitz, J. E.: Globalization and its Discontents, Norton: New York 2002.

Sullivan, H. S.: The Interpersonal Theory of Psychiatry, Norton: New York 1953.

Thomas, H.: As it was. Harper: New York 1926.

Tophinke, C.: Das Prinzip Langeweile. In: Tages-Anzeiger Magazin, Zürich, 7. Oktober 1989.

Tuchman, B.: Die Torheit der Regierenden. Von Troja bis Vietnam. Fischer: Frankfurt a. M. 1986.

Ullman, M. und Gruen, A.: Behavioral Changes in Patients with Strokes. In: American Journal of Psychiatry, 117/11, Mai 1961.

Wassermann, J.: Christian Wahnschaffe (1919). dtv: München 1989.

Werner, E.: Individual Differences, Universal Needs. A 30-Year Study of Resilient High Risk Infants. Zero to Three, National Center for Clinical Infant Programs, Washington, D. C., VIII, 4. April 1988.

Whitehead, A.: Science and the Modern World. MacMillan: New York 1925.

Williamson, G. G.: Motor Control as a Resource for Adaptive Coping. Zero to Three, National Center for Clinical Infant Programs, Washington, D. C., IX, 1. September 1988.

Winnicott, D. W.: Some Thoughts about the Meaning of the World Democracy. In: Human Relations, Band III, 1950.

Wyatt-Brown, B.: Anatomy of a Murder. University Press of Kentucky, 2002.

Personenregister

Acton, Lord 251
Aitmatow, Tschingis 15, 24
Alfonsino, Raul 251
AlMunajjed, Mona 242

Barbie, Klaus 36 f.
Bartlett, Frederick 260
Baumann, Bommie 165
Bennett, William 82
Biano, Ochwiay 107
bin Laden, Osama 239, 240, 243, 251, 255, 268
Bismarck, Otto von 23
Blackburn, Luke Pryor 256
Blixen, Tania 42 ff.
Böhme, Jakob 23, 252
Booth, John Wilkes 256
Boring, Edwin G. 187
Bosky, Ivan 180
Brecht, Bert 17
Breitling, Günther 178 f.
Bucharin, Nikolaj Iwanowitsch 83
Busby, Horace 137
Bush, George H. 199, 243, 250
Bush, George W. 239, 250 f., 257, 265, 267

Bushnell, John 64
Bychowski, Gustav 105

Canetti, Elias 161, 162
Caro, R. A. 133, 137
Carr, Caleb 239
Ceaușescu, Nicolae 26, 79, 204
Celan, Paul 15
Cleckley, Harvey 112, 244
Cohen, Norman 62, 63
Collier, John 162, 163
Cox, Ava Johnson 133
Crick, Francis 147

DeMause, Lloyd 243
Descartes, René 144
DesPres, Terrence 259
Dicks, Henry 20
Donner, Flora 93
Duvalier, François (»Papa Doc«) 79

Edvardson, Cordelia 44 f., 87 f.
Eichmann, Adolf 51
Eng, Erling 91–94

Ferenczi, Sándor 221

France, Anatole 126
Freire, Paulo 249
Freud, Anna 221
Freud, Sigmund 99 f., 152, 268
Fromm, Erich 19 ff., 149, 151

Goodwin, Richard N. 139
Gruen, Arno 65, 73 f., 196, 240, 250, 253, 265

Hacker, A. 76 f.
Havel, Václav 87, 204 ff.
Hayward, Max 85
Hitler, Adolf 23, 58, 99, 109, 122, 125, 135, 204, 265
Hobsbawm, Eric 216
Ho Chi Minh 141
Humphrey, Hubert 140
Huntington, Samuel P. 263, 264
Hussein, Saddam 23, 250

Johnson, Lyndon B. 23, 125, 133–139, 141
Jung, Carl Gustav 107

Kardiner, Abraham 100
Keller, Evelyn Fox 146
Keller, Martin 18
Kennan, George 251
Kennedy, John F. 23, 139
Kerrey, Bob 248, 253
Khomeini, Ayatollah 58, 195
Kierkegaard, Søren 262
Kissinger, Henry 251

Kleist, Heinrich von 214
Klima, Ivan 159
Klimova, Helena 159
Kohl, Helmut 205
Kovic, Ron 93
Krutch, Joseph Wood 182
Kundera, Milan 258

Laing, Ronald 50
Langgässer, Elisabeth 45
Leacock, Eleanor Burke 95
Lejeune, Pater 96
Lenin, eigentl. Wladimir Iljitsch Uljanow 83
Levi, Primo 132
Lincoln, Abraham 171, 172, 256

Maiello, Suzanne 196
Mandela, Nelson 204, 205
Mandelstam, Ossip 84
Mandelstams, Nadeschda 85
Marcuse, Herbert 150 f.
Mattera, Don 181
McClintock, Barbara 146
McKibben, Bill 184 ff.
Miller, Henry 32, 192, 255, 265
Mills, C. Wright 147
Mitterrand, François 173
Moltke, Helmuth James Graf von 38
Moravec, Hans 60 f.
Moulin, Jean 36
Mussolini, Benito 23
Myerhoff, Barbara 89

Napoleon 23, 109
Niemelä, Pirkko 27
Nienstedt, Monika 233
Nixon, Richard 23, 140, 248
Norwood, Robin 55

O'Neill, Eugene 34, 111–116, 122 f., 243, 258

Pilgrim, Volker Elis 109
Porchia, Antonio 94

Raban, Jonathan 169, 171, 173, 175
Radzinskij, Edward 80
Rayburn, Sam 134
Reagan, Ronald 23, 251
Ribble, Margaret 153
Rifkin, Jeremy 184
Rilke, Rainer Maria 72
Robespierre, Maximilien de 23
Roth, Philip 157, 158
Roy, Arundhati 238

Sampson, Ronald 181
Santayana, George 213
Sartre, Jean-Paul 16
Schell, Jonathan 268
Scherf, Walter 43 f.

Schmitt, Carl 265
Scholl, Sophie 87
Sennett, Richard 253, 257
Siirala, Marti 90, 150
Silverberg, W. V. 72
Simmel, Georg 142
Stalin, eig. Jossip Wissarionowitsch Dschugaschwili 23, 58, 80, 83 f., 109, 204
Steel, Ronald 140
Steiner, George 14
Stevenson, Coke 136, 137
Sullivan, Harry Stack 41

Terragno, Rodolfo 251
Thatcher, Margaret 23, 169–176, 198
Thomas, Helen 210
Tuchman, Barbara 249, 266

Vonnegut, Kurt 267

Wake, David 199
Wassermann, Jakob 25
Watson, James 147
Westermann, Arnim 233
Whitehead, Alfred N. 144
Winnicott, Donald W. 241
Wyatt-Brown, Bertram 256

Arno Gruen:
Der Fremde in uns
265 Seiten, gebunden, ISBN 3-608-94282-3

Der Fremde in uns, das ist der uns eigene Teil, der uns abhanden kam und den wir zeit unseres Lebens, jeder auf seine Weise, wiederzufinden versuchen. Manche tun dies, indem sie mit sich selbst ringen, andere, indem sie andere Lebewesen zerstören. Der Widerstreit zwischen diesen zwei Ausrichtungen des Lebens, die beide von derselben Problematik bestimmt sind, wird über die Zukunft unseres Menschseins entscheiden.

Die Einsichten dieses Buches sind engstens verknüpft mit dem Leben und Leiden der Patienten, deren Eltern Nazi-Täter waren. Ihr Leben steht exemplarisch für die Suche nach dem Fremden in uns und der Aussöhnung mit ihm. Ihr Mut, sich mit diesem Schicksal auseinanderzusetzen, trug außerordentlich dazu bei, das Rätsel zu entschlüsseln, das im Weitergeben des eigenen Opferseins durch das Tätersein liegt.

»... Ein wichtiges Buch, das nicht nur den einzelnen als Individuum anspricht, sondern auch Wege zur positiven Entwicklungsfähigkeit der Gesellschaft aufzeigt...
Ein Buch, das gerade in der gegenwärtigen Debatte über den Umgang mit Rechtsradikalen Durchblick verschafft.«
ekz-Informationsdienst

Arno Gruen:
Der Kampf um die Demokratie
Der Extremismus, die Gewalt und der Terror
190 Seiten, gebunden, ISBN 3-608-94224-6

Was empfinden Menschen, die sich nur dann lebendig fühlen, wenn sie gewalttätig sind? Wie ist es zu verstehen, daß gerade Menschen anderen gegenüber pathologisch gehorsam sind, obwohl sie von ihnen zutiefst traumatisiert oder verletzt wurden? Täter und Opfer halten die gefährlichste Symbiose aufrecht, ein ganzes Leben lang nacheinander zu suchen.

Der linke und rechte Extremismus, die Gewalt in ihren verstecktesten Formen und der offene Terror gegen andere und sich selbst: das sind die Endpunkte der Zerstörungsspirale, die sich scheinbar naturnotwendig dreht. Kann sie nicht angehalten werden?

Was ist zu tun? Arno Gruen plädiert für Kultur der inneren Autonomie, die sich nicht als Stärke inszeniert oder Überlegenheit vorgibt. Autonomie ist Übereinstimmung mit den eigenen Gefühlen und Bedürfnissen. Wer derart frei ist, braucht keine Posen, spielt keine Rollen und keine öffentliche Selbstinszenierung. Die Verteidigung gegen den Terror, das Führen von Kriegen ist teurer als alle Investitionen in das Leben. Nur so lassen sich demokratische Gesellschaften retten.

Klett-Cotta